本书系重庆市教育委员会哲学社会科学重大理论研究阐释专项课题"重庆探索超大城市高品质生活高效能治理研究"（24SKZDZX08）研究成果。

大城智治

超大城市基层治理的
实践与探索

周振超　金　莹等　著

社会科学文献出版社
SOCIAL SCIENCES ACADEMIC PRESS (CHINA)

-

序言　数智时代的重庆基层治理

周振超

城市治理是国家治理体系和治理能力现代化的重要内容。系统研究如何转变超大城市发展方式、探索超大城市现代化治理新路径，对于实现高效能治理，建设统筹发展和安全的现代化大都市具有重要意义。

基层强则国家强，基层安则天下安。推进超大城市现代化治理，必须抓好基层治理现代化这项基础性工作。近年来，重庆统筹推进乡镇（街道）和城乡社区治理，加强基层治理各项举措的系统集成，不断提高基层治理的社会化、法治化、智能化、专业化水平，基层治理更有力度、温度和效度。

党建统领，将党的政治优势、组织优势转化为治理效能。把党的领导贯穿基层治理全过程，树立"问题发现靠党建、问题发生查党建、问题解决看党建"的理念，以党建"一条线"串起基层治理"千条线"，促进治理体系全覆盖、治理要素全参与。例如，构建党建统领"141"基层智治体系，推动基层政府职能体系重构、运行机制重塑、资源力量重组。

建体系、强机制，提升基层治理能力。重庆不断完善简约高效的基层管理体制，健全政府职责体系，推进工作布局现代化、社会治理现代化、体制机制现代化、治理方式现代化。进一步厘清区县部门与乡镇（街道）之间权责，向基层放权赋能。完善横向联动、纵向贯通的统筹协调体系和"多位一体"联动处置机制，形成问题联治、风险联控、工作联动、平安联创的良好局面。完善网格化管理、精细化服务、信息化支撑的基层治理平台，构建市、区县、镇街、村社、网格五级协同作战体系，配齐配强"1+3+N"（网格长 + 专职网格员、兼职网格员、网格指导员 + 其他各类力量）网格治理团队，探索出"双网格化"治理模式，有效提升基层治理水平。

健全基层群众自治制度，打造全民参与的开放治理体系。一是打造人人有责、人人尽责的社会治理共同体。完善群众参与基层治理的制度化渠道，畅通和规范市场主体、新社会阶层、社会工作者和志愿者等参与基层治理的途径。发展壮大群防群治力量。二是有效激发基层群众参与治理的主动性和创造性。推进基层法治和德治建设，实现"硬治理"与"软治理"同频共振。一方面，推进多层次多领域依法治理和全要素依法治理，推动更多法治力量向引导和疏导端用力，让法治理念全面融入基层治理实践。另一方面，弘扬践行"坚韧、忠勇、开放、争先"城市精神，加强社会领域的价值治理，坚持制度建设与思想建设共同推进。

提高整体智治水平，优化基层智慧治理能力建设。以数字技术赋能，推动跨部门数据共享、流程再造和业务协同，有效消除政府层级与职能部门间的信息阻隔。深度融合现代科技与基层治理，用好大数据这个"显微镜""透视镜""望远镜"，构建从"城市大脑"到"微观细胞"的智能化基层治理体系。加快智慧城市建设步伐，不断健全三级数字化城市运行和治理中心，推动城市治理各方面有机衔接、协调联动。

作为我国辖区面积和人口规模最大的城市，重庆积极探索超大城市现代化治理新路子。本书以重庆基层治理实践为研究对象，聚焦数字赋能带来的超大城市基层治理理念、模式和手段创新，重点介绍了通过加强数字技术、人工智能同基层治理相结合，用一套"组合拳"构建起全方位、立体化基层治理体系的典型做法。本书涉及如下基层治理探索：扎实推进党建引领基层治理，实施"党建扎桩·治理结网"改革，重构"一中心、四板块、一网格"基层智治体系，推动城市治理从条块分割向整体协同、高效处置转变，新媒体时代流量城市治理，渝快办的基本经验，数智化赋能基层文化治理，基层卫生健康的数字化，线上线下"双网格"赋能基层治理等。

（本文原载于人民论坛网 2023 年 4 月 21 日《重庆：打好"组合拳"推进基层治理现代化》，有较大改动）

Contents 目录

政府运行数智化 / 第一篇

明城市（区）是经济建设、政治建设、文化建设、社会建设、生态文明建设和党的建设全面发展，精神文明建设成绩显著，市民文明素质和社会文明程度较高的城市（区），是培育和践行社会主义核心价值观的"排头兵"。

在学术概念层面，文明城市（区）是指在全面建成小康社会，推进社会主义现代化建设的新发展阶段，坚持科学发展观，经济和社会各项事业全面进步，物质文明、政治文明与精神文明建设协调发展，精神文明建设取得显著成就，市民整体素质和城市文明程度较高的城市（区）。[①] 文明城市（区）称号是反映城市（区）整体文明水平的综合性荣誉称号。[②]

文明城市（区）含义的界定需要厘清两个内容：一是文明城市与现代化城市的关系。现代化城市是一座城市以追求经济、政治、文化发展的新水平和新阶段为指向，竭力提升城市与公民文明程度，逐步向文明社会、文明世界发展推进的过程。[③] 文明城市（区）既要具备现代化城市的特征，又要实现物质文明与精神文明的双向提升。二是文明城市（区）的空间规定。文明城市（区）应符合规模性要求，需要分别在地域、经济、人口和生态四个领域具有一定规模。

综上而言，文明城市（区）是指经济建设、政治建设、文化建设、社会建设、生态文明建设和党的建设全面发展，精神文明建设成绩显著，社会文明程度和市民文明素质较高，城市文化品位和群众生活质量较高，崇德向善、文化厚重、和谐宜居的城市（区）。

2. 全国文明城市（区）测评体系的基本内容

2004 年以来，全国 160 多个城市（区）根据《全国文明城市测评体系》开展了全国文明城市（区）创建活动。《全国文明城市测评体系》既包含基本内容、主要指标等统一性规定，也设置了四种类型的测评指标体系（直辖

---

① 鲍宗豪：《当代中国文明论：文明与文明城市的理论研究》，东方出版中心，2019，第32 页。

② 许德明、朱匡宇：《文明与文明城市〈全国文明城市测评体系〉研究》，上海人民出版社，2005，第26 页。

③ 鲍宗豪：《文明中国行》，东方出版中心，2019，第34 页。

Contents　目　录

渝北文明城区创建的社区参与研究

类延村 于佳洁*

全国文明城市（区）是反映城市整体文明治理水平的综合性荣誉称号。2020年，党的十九届五中全会提出，到2035年"国民素质和社会文明程度达到新高度，国家文化软实力显著增强"。2022年8月，《民政部 中央文明办关于推动社区社会组织广泛参与新时代文明实践活动的通知》印发，要求进一步发挥社区社会组织作用，助力拓展新时代文明实践中心建设。重庆市渝北区在2008年获得"全国文明城区"称号，是西部首个全国文明城区。2021年3月，《重庆市文明行为促进条例》正式施行，为深化文明城区建设提供了新的权威性依据。如何激发社区参与文明城区建设的动力，促进渝北区文明城区建设成为实践社会主义核心价值观的典范，成为亟待思考的治理命题。

一 文明城市（区）建设的基本概念与范畴

（一）文明城市（区）

1. 文明城市（区）的概念界定

在政策概念层面，《全国文明城市测评体系》（2021年版）指出全国文

---

* 类延村，西南政法大学政治与公共管理学院教授、副院长，重庆城市治理与发展研究院副院长，主要研究方向为城市治理、信用治理；于佳洁，江西艺术职业学院助教，主要研究方向为社区治理。

明城市（区）是经济建设、政治建设、文化建设、社会建设、生态文明建设和党的建设全面发展，精神文明建设成绩显著，市民文明素质和社会文明程度较高的城市（区），是培育和践行社会主义核心价值观的"排头兵"。

在学术概念层面，文明城市（区）是指在全面建成小康社会，推进社会主义现代化建设的新发展阶段，坚持科学发展观，经济和社会各项事业全面进步，物质文明、政治文明与精神文明建设协调发展，精神文明建设取得显著成就，市民整体素质和城市文明程度较高的城市（区）。[①] 文明城市（区）称号是反映城市（区）整体文明水平的综合性荣誉称号。[②]

文明城市（区）含义的界定需要厘清两个内容：一是文明城市与现代化城市的关系。现代化城市是一座城市以追求经济、政治、文化发展的新水平和新阶段为指向，竭力提升城市与公民文明程度，逐步向文明社会、文明世界发展推进的过程。[③] 文明城市（区）既要具备现代化城市的特征，又要实现物质文明与精神文明的双向提升。二是文明城市（区）的空间规定。文明城市（区）应符合规模性要求，需要分别在地域、经济、人口和生态四个领域具有一定规模。

综上而言，文明城市（区）是指经济建设、政治建设、文化建设、社会建设、生态文明建设和党的建设全面发展，精神文明建设成绩显著，社会文明程度和市民文明素质较高，城市文化品位和群众生活质量较高，崇德向善、文化厚重、和谐宜居的城市（区）。

2. 全国文明城市（区）测评体系的基本内容

2004年以来，全国160多个城市（区）根据《全国文明城市测评体系》开展了全国文明城市（区）创建活动。《全国文明城市测评体系》既包含基本内容、主要指标等统一性规定，也设置了四种类型的测评指标体系（直辖

---

① 鲍宗豪：《当代中国文明论：文明与文明城市的理论研究》，东方出版中心，2019，第32页。

② 许德明、朱匡宇：《文明与文明城市〈全国文明城市测评体系〉研究》，上海人民出版社，2005，第26页。

③ 鲍宗豪：《文明中国行》，东方出版中心，2019，第34页。

市、省会市、地级市、县级市），不同类型的城市等级有相对应的测评指标。

《全国文明城市测评体系》《全国文明城市测评体系操作手册》《全国文明城市创建动态管理措施（负面清单）》构成创建文明城市（区）的完整依据和操作指南。《全国文明城市测评体系》（2021 版）的指标体系包含 9 个测评项目、10 项测评内容、140 条测评标准（见表 1）。《全国文明城市测评体系》通过划分子项、设定权数，从而全面测评城市（区）的文明程度。

《全国文明城市测评体系操作手册》规定更为细致，详细规定了每项指标申报的具体要求。《全国文明城市创建动态管理措施（负面清单）》则分别规定了处罚措施，根据情节严重程度采取对应举措。

表 1　全国文明城市测评体系评价指标（2021 年版）

测评板块	测评内容	测评指标
"1" 个文明	建设具有强大生命力和创造力的社会主义精神文明	习近平新时代中国特色社会主义思想学习宣传教育
		理想信念教育
		文明培育
		文明实践
		文明创建
"8" 个环境	廉洁高效的政务环境	党风廉政建设
		政务行为规范
	公平正义的法治环境	法治宣传教育
		基层民主建设
		公民权益维护
	诚信守法的市场环境	诚信建设制度化
		文明诚信服务
	健康向上的人文环境	国民教育
		科学普及
		公共文化服务
		文化产业
		民族团结进步

续表

测评板块	测评内容	测评指标
"8"个环境	和谐宜居的生活环境	经济发展和科技进步
		城市运行管理
		城市市容市貌
		健康中国建设
		社会保障
		双拥共建
	安全稳定的社会环境	公共安全体系建设
	有利于可持续发展的生态环境	环境管理与环境质量
		土地资源管理
	促进青少年健康成长的社会文化环境	健全领导体制和工作机制
		开展思想道德教育实践活动
		加强学校教育
		加强家庭教育和社会教育
		营造良好社会文化环境
"1"个机制	长效常态创建工作机制	组织领导
		群众支持参与

资料来源：《全国文明城市测评体系》（2021年版）。

另外，未成年人思想道德建设也是文明城市（区）建设的重要部分。《全国未成年人思想道德建设工作测评体系》（2021年版）指标体系已经容纳5个测评项目和34条测评标准。未成年人思想道德建设工作测评分数85分以上的城市（区）具备参评文明城市（区）资格。

（二）文明城市（区）建设的社区参与

社区是社会发展的链接性组织。社会体系依次为邻里、社区、区域、社会，社区发挥贯通上下的功能；从社区成员活动的关系链层面，社会体系依次是家庭、从业单位、社区、社会。① 这表明在我国社会整体框架中社区与

---

① 廖年忠：《社会转型使其城市社区精神文明建设的运作机制》，沈阳出版社，2019，第92页。

其上下结构联系密切。

作为城市治理的基层组织，社区在文明城市（区）建设过程中承担着重要的角色。文明城市（区）建设的社区参与涉及社区居委会、驻区单位和社区居民等多元主体。文明城市（区）的社区参与主要围绕文明培育、文明实践、文明创建、文明宣传以及未成年人思想道德建设 5 个方面进行。

总体而言，文明城市（区）建设的社区参与指以物质文明与精神文明协调发展和人的全面发展为目标，以以人为本原则为核心，依托社区职能促进文明城市（区）建设的过程。

二　社区参与渝北文明城区建设的基本实践

（一）渝北区及 S 社区的基本概况

1. 渝北区及所属 S 社区简介

渝北区，属重庆中心城区、重庆主城都市区，地处重庆市西北部。渝北区总面积 1452.03 平方千米，下辖 19 个街道、11 个镇。2022 年常住人口为 220.58 万人，其中城镇常住人口 197.85 万人，城镇化率 89.70%。渝北区获得全国文明城区、国家生态文明建设示范区、国家卫生城区、全国乡村治理体系建设试点单位等荣誉称号。

S 社区隶属于渝北区仙桃街道，成立于 2020 年 5 月。辖区总面积约 2.4 平方千米，社区共有居民楼 109 栋，规划户数 5812 户，现已入住 1965 户，网格内商铺数为 1031 个，累计居民 5642 人。社区党支部有正式党员 22 名，社区专职工作者 10 名。为便于网格化管理，S 社区根据面积、位置以及居民数量等因素，划分出 5 个网格，每个网格配置 2 名网格长和 1 名网格员（见表 2）。S 社区具有"大规划、小入住"的特点，社区楼栋空置率比较高，此类社区在渝北区分布较为广泛，也是渝北文明城区维持建设优势需要面对的重点议题。由此而言，本研究以 S 社区为例具有较强的代表性。

表 2　S 社区各网格基本情况

网格名称	居民楼栋数（栋）	规划户数（户）	入住户数（户）	商铺数（个）	特殊人群				
					空巢老人（户）	精神病人（户）	残疾人（户）	吸毒人员（个）	矫正人员（个）
一网格	11	1786	707	270	1	2	1	0	0
二网格	30	1252	413	231	2	0	4	0	0
三网格	26	607	332	102	0	0	5	0	0
四网格	11	685	249	302	0	0	1	0	0
五网格	31	1482	264	126	0	0	1	0	0
合计	109	5812	1965	1031	3	2	12	0	0

2. 渝北区文明城区建设历程

渝北区是最早参与全国文明城市（区）创建的城区之一，从 1987 年开始创建"省级卫生县城"活动；2005 年获得"全国创建文明城市工作先进城区"的称号；2008 年获得"全国文明城区"荣誉称号，成为重庆市首个获该荣誉的城区。

自成功创建全国文明城区之后，渝北区开始探索常态化建设路径。2016 年，渝北区出台了《渝北区创建全国文明城区长效机制工作方案》；2022 年，制定《渝北区文明城区常态管理考核方案》，形成"日督查、周汇总、月调度、季例会、年考核"五个一工作机制；2022 年，渝北区召开全国文明城区建设工作推进会，强调要向全国文明典范城市迈进。从被确立为全国文明城区，渝北区已连续五届保持该殊荣。

（二）S 社区参与渝北文明城区建设的主要举措

1. 推进社区文化阵地建设

（1）打造配备齐全的社区文化活动室

一方面，社区设立文化活动室为居民文化实践提供场地支持。S 社区开辟 758.7 平方米的文化活动室，内设类别丰富的多维功能空间（见表 3）。同时，社区合理分配各类项目用地的面积，设置相应配套设施以方便居民日常使用，如书画室、棋艺室、电子阅览室等。

表3　S社区文化阵地建设建筑面积统计

单位：平方米

项目	面积	项目	面积
便民服务中心	110	远程教育室	30
文化活动室	360	其他	108.7
党员活动室	100	合计	758.7
电子阅览室	50		

另一方面，社区强化文化活动室制度建设，为社区文化实践提供规范依据。S社区先后制定《图书室管理制度》《电子阅览室管理制度》《多功能室管理制度》等14项制度（见表4）。社区管理人员和居民严格执行各项规章制度，合理化利用功能室组织文化实践活动。

（2）注重社区综合文化服务中心的制度建设

社区对综合文化服务中心实施规范化和标准化管理。S社区为综合文化服务中心制定了档案管理、岗位职责、功能室管理、文化队伍管理、经费投入保障、群众基本文化需求反馈等系列制度（见表4）。

表4　S社区综合文化服务中心的制度内容

制度分类	内容划分	制度名称	制度数量
档案管理制度	管理群众文化档案	《S社区档案管理制度》	1项
岗位职责制度	处理社区文化活动工作	《文化工作制度》	13项
		《文化干部职责》	
		《文化工作人员行为规范》	
		《文化工作考勤制度》	
		《文化干部职责》	
	管理公共文化设施设备	《公共文化设施负责人岗位职责》	
		《公共文化设施设备管理制度》	
	服务社区居民	《免费开放须知》	
		《服务承诺制度》	
		《向公众开放服务制度》	
	安全和卫生管理	《值班管理制度》	
		《卫生管理制度》	
		《免费开放安全预案》	

续表

制度分类	内容划分	制度名称	制度数量
功能室管理制度	文化活动室管理	《图书室管理制度》《图书馆管理人员工作职责》《图书馆借阅制度》《电子阅览室须知》《电子阅览室管理制度》《多功能室管理制度》《排练厅管理制度》《排练厅服务须知》《棋艺室管理制度》《展览室管理制度》《文体活动室管理制度》《视听室管理制度》《会议室管理制度》《休闲娱乐管理制度》	14 项
文化队伍管理制度	文体活动队伍管理	《文体活动队伍工作制度》	2 项
	文化志愿者管理	《文化志愿者管理制度》	
经费投入保障制度	经费投入保障	《经费投入保障制度》	1 项
群众基本文化需求反馈制度	群众基本文化需求反馈	《关于公共文化服务群众基本文化需求反馈的通知》	1 项
其他制度	疫情防控要求	《S 社区文化场地预约管理制度》	1 项

（3）利用社区综合文化服务中心组织各类文体活动

丰富辖区文化活动是社区打造基层公共文化服务阵地的基本要求。S 社区定期召开社区文化建设专题会议，探索文化活动的新形式、新内容。据统计，2022 年 S 社区共组织 35 次文化活动，包含主题活动、志愿服务、展览活动、宣传教育活动等类别（见图 1）。例如，"我们的中国梦——文化进万家""全民艺术普及""我们的节日"系列主题活动。

2. 建立新时代文明实践站

（1）理顺新时代文明实践站组织架构

新时代文明实践站形成"实践站专职人员 + 各分队志愿服务人员"的工作格局。S 社区文明实践站组建志愿服务总队并下设专业志愿服务队。志愿服务总队主要人员构成是社区工作人员，社区党支部书记担任文明实践站站长兼志愿服务总队队长、社区副主任和社区党支部副书记担任文明实践站副站长兼志愿服务总队副队长。专业志愿服务队则由社区专职干部、网格员、社会组织、志愿者、物业企业、共驻共建单位分别组织成立。

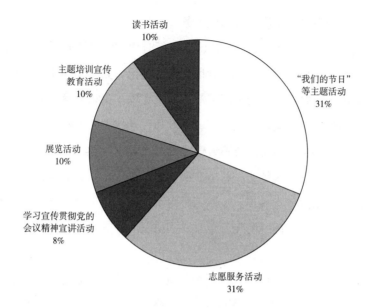

图1 S社区2022年各类文化活动占比

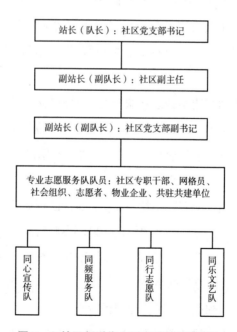

图2 S社区新时代文明实践站组织架构

（2）开展新时代文明实践志愿服务

首先，充实志愿者队伍。S社区成立新时代文明实践志愿服务分队，实现注册志愿者参与率大于50%。社区党支部书记、党员干部和社区能人被纳入志愿服务人员储备；党员干部示范带动，实现在职党员参与率达80%；社区人才、"五老"（老党员、老专家、老教师、老战士、老模范）人员、致富带头人、老年协会和妇女协会等组建特色志愿服务队伍。

其次，提升志愿者能力。社区文明实践站负责培训志愿者，分层分类开展学习培训。站内工作人员、志愿服务组织负责人每年参加渝北区志愿服务联合会的集中培训，围绕防疫、急救、消防、心理等接受专业技能培训，提高专业服务能力。

最后，激发志愿者活力。社区把党员参与文明实践志愿服务与常态化主题党日等具体实践相结合，采取嘉奖激励措施。与辖区内生活超市合作推广"爱心超市"活动，按照1积分等价于1元人民币的兑换原则，制作20积分、10积分、5积分的兑换券发放给志愿者。

（3）整合社区文明实践的现有资源与平台

首先，社区利用现有服务阵地搭建文明实践活动平台。社区依托文化服务中心、党群服务中心等社区综合服务设施，激活闲置资源、打通封闭资源。

其次，社区推动文明实践志愿服务与"五长联动"机制深度融合。"五长联动"机制即"4+1"机制："4"是以社区为单位设立社区长、网格长、片区长、楼栋长，"1"指物业长。"五长"逐级对辖区社会事务实行动态管理，开展宣传动员和组织居民参与工作。

最后，社区设立文明实践站特色品牌。S社区打造"一所一品牌、一站一特色"模式，设立"春"字品牌特色：以"春晖行动"促进教育培训、养老服务，以"春风行动"组织创业和职业培训解决就业难题，以"春雨行动"开展普法宣传和法律咨询活动。

（4）以群众需求和积分奖励深化居民参与

一方面，以群众需求为策略导向，激励社区参与居民文明实践活动。S

社区通过"需求采集—人员招募—活动实施—评估优化"全流程项目管理，聚焦群众急难愁盼问题，重点关注特殊群体困难，为符合国家补贴条件的失业人员和农村户籍人员免费提供家政类、餐饮类、技工类技能培训20多项。

另一方面，推广社区文明积分制，从物质层面激发群众参与文明实践的积极性。S社区将居民参加学习培训、参加公益活动、遵守道德规范、践行文明行为等内容纳入积分管理，网格长和网格员记录居民日常文明活动的基础积分、加分、减分情况，根据累计积分评定"合格"或"优秀"等级，制作积分兑换券，供居民在生活超市兑换代金券使用。

3. 开拓多元化文明宣传渠道

（1）依托文明实践站创新理论和文明宣传

一是依托新时代文明实践站、社区文化服务中心进行理论宣讲和文明宣讲。S社区推动理论常态化进基层，构建师资库、资源库，形成社区课程清单，精准策划开展理论微宣讲。二是充实社区文明宣讲队伍力量。S社区通过单位推荐、社会招募、比赛选拔等方式，组建讲理论、讲政策、讲法律、讲科技、讲健康、讲典型等新时代文明实践"六讲"志愿服务队。三是创新理论宣讲形式。社区开展"一刻钟微宣讲""组合式宣讲""服务式宣讲""线上＋线下宣讲"活动，促进文明实践线上线下同频共振。

（2）借助网络新媒体落实社区网信宣传工作

一是推动网络阵地管理的制度化建设。S社区设立网络新媒体台账，建立并依规施行备案制度、审校制度和管控指令。二是优化网络舆情监测与应急工作。S社区按要求安装舆情交办系统，制定完善《S社区网络舆情应急预案》。三是强化网络宣传舆论引导，收紧管理微账号。四是健全网络安全管理，加强网络安全日常管理。

（3）利用公益广告和道德模范开展社会宣传

一方面，正确价值导向被要求融入公益广告普及宣传。S社区运用多种方式长期刊播公益广告，量化要求户外广告发布数不少于广告总数的20%。开辟宣传专用渠道，S社区利用社区公告栏、小区宣传栏及其他媒介，定期发布文明城区建设的工作规划、重要举措、办事情况以及重要意义。

另一方面，典型示范引领道德实践。社区定期推荐道德模范候选人，围绕道德模范、身边好人、最美志愿者进行宣传推选和基层巡讲。社区还强化宣传推介，制作发布微故事、微视频等，展示新时代文明实践的亮点成效。

4. 落实"家—校—社"协同育人

（1）社区助力家庭文明建设和家庭教育工作

一是深化文明家庭创建工作。S 社区积极施行《全国文明家庭激励与管理办法》，组织辖区家庭参与评选区级"文明家庭"。不仅如此，S 社区还推进多样化的家庭文明创建工作。除了评选"文明家庭"之外还组织"最美家庭""孝善家庭""书香家庭""绿色家庭""五好家庭""廉洁家庭""平安家庭"创评活动，社区以多元化形式和视角宣传展示良好家庭家风，发挥示范带头作用。

二是深化家庭教育工作。S 社区组织家长、儿童参加家庭教育流动学校讲师团授课，规定一年开展不少于 1 次。社区遵照《重庆市家庭教育促进条例》《重庆市家庭教育指导大纲》，每年开展 4 次以上教育活动。如，"清风常伴·廉洁齐家"家庭立德助廉、"书香润万家"家庭阅读等系列活动。

（2）社区促进文明校园创建和未成年人思想道德建设

社区建立健全学校、家庭、社会结合的思想道德教育网络。S 社区与辖区内学校领导、教师交流联系，鼓励辖区学校参与区级"文明校园"评选。依托市民学校、家长学校等中间载体，进行道德教育、法治教育、健康教育和职业技术教育等。如，"传承红色基因"、"小萝卜头"进校园活动等。此外，S 社区协助推进仙桃街道未成年人心理健康辅导站建设，依托心理健康辅导志愿者队伍，培育未成年人健康心态。

（三）S 社区参与渝北文明城区建设的初步成效

1. 制度层面：常态化管理制度初步成形

S 社区制定的文明城区建设工作管理制度主要分为党建组织文明建设、综合文化服务中心建设、志愿服务与养老服务、新时代文明实践站、未成年人教育以及网络文明宣传 6 个类别，共计 50 项。社区管理制度内容涉及文明宣传、文明培育、文明实践和未成年人思想教育等方面。从社区文明建设制度的领域范围和数量上分析，可见社区常态化管理制度已初步成形。

表5　S社区文明建设日常管理制度

制度板块	制度内容	制度数量
党建组织文明建设	《社区党组织党员积分管理实施办法》《意识形态工作报告制度》	2项
综合文化服务中心建设	《S社区档案管理制度》《图书室管理制度》《文体活动队伍工作制度》等	33项
志愿服务与养老服务	《养老服务站管理制度》《养老服务安全制度》《志愿服务站管理制度》《文明交通志愿者管理制度》	4项
新时代文明实践站	《新时代文明实践站工作制度》《新时代文明实践站管理制度》	2项
未成年人教育	《未成年人活动室管理制度》《家长学校管理制度》	2项
网络文明宣传	《网络新媒体备案制度》《网络新媒体审校制度》《社区新媒体管控指令》《网络新媒体监督管理办法》《网络舆情应急预案》等	7项
总计		50项

2. 平台层面：社区服务站点实现多元搭建与标准运行

（1）社区文明服务平台多元发展

首先，社区综合文化活动中心承接电子阅览室、图书室等活动场地，并且设立了各类制度规范，为社区居民提供可开展多样化、多元化文明实践的活动阵地。

其次，社区新时代文明实践站以拓展文明实践服务渠道和志愿服务内容为突破口，有效发挥"凝聚群众、引导群众、以文化人、成风化俗"的重要作用，激发社区实践站工作活力，增强社区凝聚力。

最后，社区志愿服务站则倡导"奉献、友爱、互助、进步"的志愿者精神，明确社区公益服务、环保服务、文体活动、社区公益服务四大志愿服务项目，设置专人专位的志愿服务岗，由社区干部长期值守，承接政策咨询、办事服务、理论宣讲、文明引导、视听力残疾人员信息无障碍服务。

（2）社区文明平台运作逐步标准化

一是明晰社区养老服务站的服务流程及标准。S社区养老服务中心设立服务接待区，制定《养老服务站管理制度》和《养老服务安全制度》，提供社区养老、居家养老、特色养老3类服务项目，包括助餐、助医、助行、助法、器具租赁、康复运动等服务。同时，社区养老服务中心与光大养老合作建立"百龄帮"App，设立"让长者幸福开心每一天"的居家服务标准，明晰"居家养老服务—养老平台下单—上门服务"的服务流程，为社区老人提供居家养老服务。

表6 社区养老服务站居家服务流程及标准

服务类型	服务项目	居家服务标准
膳食服务	助餐	A.树立良好的服务形象，明确服务宗旨，增强服务意识 B.自尊自爱，和蔼热情 C.不得泄露长者的隐私及其私人信息 D.尊重长者的生活习惯和合理要求，不得干涉长者的私生活 E.上门服务过程中不得擅自引领他人进入长者家中 F.服务人员要有强烈的工作责任感，对工作要有耐心，对长者要有爱心
生活服务	代办、代购	
	助医	
	助行	
	家庭保洁	
	物品保洁	
	理发、剃发	
	擦身	
	助浴	
	家具家电维修	
	抽油烟机清洗	
	冰箱清洗	
	空调清洗	
	洗衣机清洗	
心理服务	精神慰藉主动关爱	
健康服务	器具租赁	
	康复服务	
	康复按摩	
文娱服务	文化娱乐	
咨询服务	法律咨询、生活信息咨询	

二是明晰社区未成年人保护工作室的服务流程及标准。S社区成立未成年人保护工作室，制定《未成年人活动室管理制度》，明晰未成年人保护工作室和工作室儿童主任工作职责，并绘制未成年人保护工作室流程图来规范保障未成年人安全事宜。学校则每年制订教学计划，由街道、社区与相关单位联合组织讲座培训、外出实践等多元化教学形式。

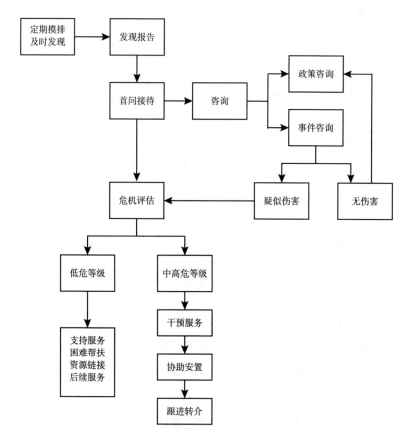

图3　社区未成年人保护工作室流程

三是明晰社区调解工作室的服务流程及标准。S社区设立社区调解工作室，成立社区人民调解委员会及协调小组，设计社区调解工作流程图来处理社区调解事宜。社区调解工作室与律师事务所合作，配备法律顾问在社区定期值班，设置社区义务法律顾问联系卡，为社区居民提供法律咨询。

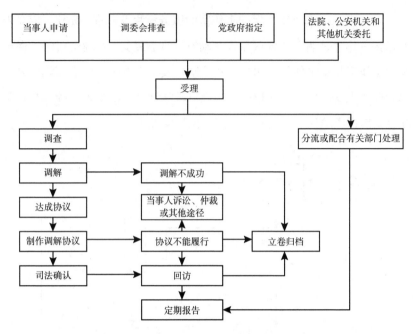

图 4　社区人民调解委员会居民调解工作流程

三　渝北文明城区创建社区参与存在的主要问题

（一）社区文明建设未形成有效的治理合力

一方面，社区未形成完备的社区组织体系。从社区的组织结构而言，现行社区组织框架尚不成熟，社区的自治功能亟待强化。以 S 社区为例，社区主要承担基层政府下放的职能和任务，其内部集体协商环节较为薄弱，文明建设的应景式处理、被动应付现象突出。

另一方面，社区人员的治理能力较为薄弱。社区居委会成员整体学历水平明显偏低。据调查，渝北区社区居委会组成人员中，本科学历仅占15%，高中学历占26%，其余均为大专学历，整体综合素质、组织能力和沟通能力偏低，制约了社区文明建设工作的开展。

（二）社区文明建设的工作职责划分不清

一是社区文明建设未有专项机制和人员支撑。社区文明建设的职责产生交叉、不明确。渝北区社区未普遍组建文明城区建设工作专职工作小组，通常由社区文化宣传工作人员临时承担。相关人员职责无法明晰，同级部门间协调配合难度大。

二是社区承担事务超出自身职责范围。社区自身承担任务烦琐，协助部门开展其他工作较多，工作人员履职超出职责范围。基层政府下责不下权，存在社区权责不对等现象。任务叠加加重社区工作压力，削弱工作效率。

（三）社区居民文明建设的参与热情不高

一方面，社区居民文明建设的集体意识偏弱。社区居民凝聚力不强，居民之间存在疏离感，对社区文明建设行动缺乏情感认同。此外，社区人口流动性强，流动人口对社区缺乏归属感，存在心理隔阂。外加居民大多工作忙碌，在社区活动上耗费精力的意愿低，导致社区居民对社区活动的参与度低。

另一方面，社区文明实践活动缺乏充足人力支持。年龄限制和参与意愿不足是社区文明建设缺乏人力支持的主要原因。社区居民年龄结构失衡，老年人虽参与热情较高，但受生理能力和行动限制，不便广泛参与；辖区年轻人因可供分配的闲暇时间少，缺乏参与社区实践的主观意愿，这加剧了社区文明实践活动中人力资源缺乏的情况。

四 优化社区参与文明城区建设的对策建议

（一）强化党建对社区文明建设的引领

1. 发挥社区党支部对文明建设的核心领导作用

（1）充分发挥社区党组织政治引领作用

一是社区应当充分发挥党组织的政治引领作用。社区既要重视基层党组织建设，又要积极参与文明城区建设，以凸显基层党组织的政治功能。二是社区应构建贯通协调、有效联动的组织框架和领导体系。文明城区建设需要通过加强党的领导来统筹社区力量推动各项工作，提高各项目标任务的执行效率，形成合力推进的格局。三是社区各级党员领导干部要重视文明城区建设工作。社区党员领导干部应将其视为中心任务和重要工作，主动承担起社区参与文明建设职责。

（2）厘清社区党组织与社区精神文明建设的关系

社区党组织是社区文明建设的领导核心，是引领、推进文明城区创建的重要保障。作为一项协同性工作，社区文明建设的关键在于推进治理组织性，需要着力构建"党委领导、队伍落实、群众参与"的多主体协同体系。同时，社区文明建设应凸显社区党组织对社区工作的全面领导。在找准二者定位的基础上，社区要健全以"党建带文明建设、文明建设促党建"的工作机制，形成"党建＋文明建设"一体化的工作模式，以形成党建与文明建设相互融合、带动提升的良性发展态势。

（3）改进社区党组织在文明建设中的工作方法

一方面，要创新社区党建工作机制和完善社区组织架构。社区应搭建以社区党组织为主体，社区居委会和公共服务中心为两翼，社区共建协调委员会、党建工作指导委员会、党员服务群众联络委员会等为依托的"一体两翼三会"社区新架构。社区以构建科学合理的社区组织架构的方式改进工作，使其参与文明城区建设的效果更佳。

另一方面，聚焦于社区基层实际开展工作。社区党组织要注意完善社区组织体系的配套建设，优化社区群团组织和其他中介组织建设。这为居民自治组织依法开展文明实践提供了有力支持。社区党组织要求社区干部密切联系群众，注意倾听居民文明需求及其对文明建设工作的想法和建议，将"为民、利民、便民"转化成文明建设工作重点。

2. 发挥社区党员和辖区在职党员文明建设行动优势

（1）集纳社区党员和在职党员的信息

一是规范管理12371党建信息平台，维护党组织和党员基本信息。社区要依托党建信息化平台，汇总分析各类群体。再综合党员特色技能和优势，筛选专业人员开展匹配度高的活动，解决群众在文明行动中面临的重难点问题。二是建立社区党员台账，做好在职党员、离退休老党员、流动党员、非公企业党员等分类，设置社区文明建设方面的党员示范户、党员示范岗等荣誉头衔，凸显各类党员的先进性。三是建立健全在职党员社区活动卡制度。依托党员登记卡、活动记录卡、情况反馈卡、党员证、党徽等"三卡一证一徽"要求，科学有序管理在职党员，增强其在社区文明建设中的表率意识。

（2）整合社区内党员队伍资源

一是细化社区内党员分类，组建社区文明建设的党员后备军。将社区内党员分为社区党员和在职党员两大类后，社区可根据人员基本情况和意愿来细化党员类别。如，政治素质高、身体素质好、可根据社区需求集结的党员作为处突队员；身体素质好、可根据社区需求集结的年轻党员作为支援队员等。

二是整合党员志愿服务队，调动社区党员志愿者投身文明建设。社区要组织党员志愿服务队重点围绕文明建设工作开展各类志愿服务，包括政策宣传类、环境保护类、义务劳动类等多元类型，提高党员的知晓率、参与率。社区党员要以身作则遵守道德和行为规范，主动抵制不文明行为且自觉践行文明行为。

三是分类管理党员，引导各类党员参与社区文明工作的建设与管理。依据在职党员的职业特点，社区要注意多在非工作日为其安排文明实践，鼓励其在工余时间参加社区文明服务。根据在职党员工作单位的不同性质安排对口任务，如可安排法务人员为社区提供法治宣讲、法律咨询服务等。社区离退休党员则要发挥闲暇时间多的优势，主动参与净化身边环境、参加公益劳动、关心楼组内困难户等行动。

（3）实现党员力量文明建设效益最大化

一方面，建立健全社区党建工作联席会议制度。社区通过党建工作联席会议强化与各驻区单位党组织间的横向联系，将社区文明建设的工作范围向非公企业延伸，工作对象向在职党员、流动党员延伸。社区要深化文明建设工作共驻共建，扩大社区党建在文明工作中的覆盖面，充分发挥辖区内外党员的作用。

另一方面，探索和推广社区党员和在职党员共同参与文明建设和管理的有效形式。社区要以党员服务中心为纽带，定期给党员传授文明城区建设的重要性，鼓励社区党员和在职党员投身社区文明建设。社区党员和在职党员要结合社区文明建设工作需要，带动身边群众共同提高社区文明水平和文明素质。

（二）健全社区参与文明城区建设的机制

1.动员机制：优化文明建设的宣传和组织效果

（1）强化社区参与文明城区建设的组织动员

首先，针对社区工作人员，社区要加强对其文明建设工作的培训、教育和管理，激励、调动和保护好其参与社区文明建设的积极性，鼓励发挥个人优势服务社区整体文明建设。

其次，针对辖区企事业单位，社区要通过开展文明建设活动带动文明单位创建活动，激发单位参与的积极性。社区要加强与企事业单位的文明共建工作，充分利用企事业单位的资源、设施、人才、信息等综合优势，促进企事业单位党员成为社区文明建设中的有生力量。

最后，针对社区居民，社区要实现集中活动机制化，将居民日常行动与文明实践融合。社区要根据传统节日、工作日程等，安排相对固定的时间，使参与文明城区建设逐步融入并成为群众的日常习惯和生活方式（宋昕松，2020）。社区还要组织群众参与意愿度高的文明活动，如惠民电影放映等，提高文明建设影响力。

（2）把宣传思想工作当作社区文明创建的利器

一是社区要丰富和创新宣传方法。社区要借助媒体力量，深度融合传统媒体和新媒体的优势。社区要巩固文明城区建设的舆论阵地，有效引导价值观领域的舆论导向，持续推广多地参与文明城区建设的有益经验。要运用媒体及时宣传正面典型和先进经验，形成舆论强势，指引群众从主动关心到自觉参与社区文明建设。

二是社区要善于利用各种宣传资源优化社区文明宣传。一方面，社区要利用各种宣传载体，依托基层文化教育基地、道德讲堂等进行文明教育。同时，鼓励多个行业领域健全规章制度，完善市民公约、乡规民约、学生守则等行为准则，引导文明理念成为基本遵循。另一方面，组建特色志愿服务队宣介党的新思想、新政策、新理论，将常态化宣讲贯穿于广场文化活动、融媒体平台等多元载体，[①] 拓宽群众参与面，以达到提高人们精神境界、培育文明风尚的目的。

三是社区要利用正面榜样的示范作用和反面典型的警戒功能。社区通过典型示范，发掘正面榜样所蕴藏的价值观、道德观，引导群众从思想认同转化为自觉实践，实现从理念接受到行动落实的转变。同时，社区要定期曝光失信败德典型案例，适当加大力度形成舆论引导，以此加强规则概念、维护公序良俗。社区可在文明建设工作中开展专项治理，对照文明问题时发布"文明红黑榜"。

2. 执行机制：强化文明建设的执行效力

（1）通过建立严格的领导责任制落实主体责任

在领导责任制方面，社区应实施文明建设"一把手"工程。社区要建立严格的领导责任制和班子成员联系点制度，明确班子成员的责任，指导联系分管小组创造性开展工作。在主体责任方面，党组织书记需明确参与文明城区建设的第一责任人。责任人要负责统筹规划，将新时代文明实践融入社区发展的各项工作，形成高位推动、部门联动、成果共享的工作格局。[②] 在具体工作开展时，社区文明工作负责人要以《渝北区全国文明城区测评体系》为指导，依照现有的《渝北区创建全国文明城区长效机制工作方案》和《建设新时代文明实践中心指导手册》及相关配套文件，逐一分析解读，推动工作开展。社区要加大参与文明城区建设工作的考核力度，确立由"一把手"负总责的责任目标机制，严格监督责任人的履职情况。

（2）理顺社区内外关系以强化文明建设执行效力

一方面，对于上下关系，社区要理顺与街道、驻区单位之间的关系。社

---

① 杨达：《建设新时代文明实践中心的有益探索》，《红旗文稿》2021年第4期。

② 杨达：《建设新时代文明实践中心的有益探索》，《红旗文稿》2021年第4期。

区要积极与街道和有关部门保持联络，让其深入基层支持、帮助、指导社区的文明建设工作；要继续筹划各处级单位与社区结对的共建活动，增强内容凸显效果。

另一方面，对于内与外的关系，社区要理顺与小区的关系。在参与文明城区建设过程中，社区要在保证自身职能正常发挥的基础上，通过协调会、共建会等形式及时反馈建设情况，协调与小区、城区之间的关系，明确社区是连接城区和小区的纽带，打造文明社区和文明小区是创建文明城区的有力支持。

（3）建立科学系统的社区文明建设工作机制

首先，从宏观层面明确社区文明工作规划与方案。社区通过制定计划周全、目标明确、措施具体的年度文明城区创建方案，明确社区领导小组以及落实部门的目标和任务，将社区文明建设工作纳入年度工作计划、年度目标管理、年度考核工作，从而形成全员参与、执行严格的工作机制。

其次，在实际运转中逐步规范社区文明建设工作的运行。社区组织定期召开会议及时沟通交流情况，协调解决社区服务中的重点、难点和热点问题；综合考量组织机构、政策扶持、经济效益等多方面因素，循序制定一系列的政策规定和管理办法，逐步形成包含社区服务达标标准、工作标准和设施等级标准等内容的管理制度，以规范文明建设工作。

最后，社区自身要强化督导考核。社区要以各网格作为责任区，将社区人员督查与群众督查相结合、日常测评和年底考核相结合，以此作为社区文明实践工作督导考核依据。

3. 激励机制：完善文明建设的考核评价

（1）构建社区文明建设的考评指标体系

社区文明工作考评要设定具体的指标考核体系，量化考核分值和细化考核内容，从定性评估上升为定量评估，提高社区文明建设的科学化、制度化和规范化程度。需要注意的是，社区文明考评设置考核指标必须以人民满意度为核心指标，既尽可能全面系统，又要考虑地域实际和地域特色，突出重点。因此，社区文明考评应该采取多元主体参与的考评方式，将自我考评（15%）、上级领导考评（30%）、社区同人考评（20%）和社区居民考评（35%）相结合，通过科学设置权重比例，较为客观地反映社区文明建设的状况。另外，社区要将文明工作考评实绩作为社区干部整体工作考核的重要内容，实现考评结果与社区干部奖惩结合。

（2）推动精神激励与物质激励相结合

社区文明建设的精神激励机制是通过设立目标、调动荣誉感、宣传表彰先进事迹等来激发人们积极性的动力机制，[①] 主要包括目标激励、荣誉激励。在社区文明建设中，目标激励可以围绕总体目标的需要，设置一些难度适中、明确具体的阶段性目标，以诱发参与动机，提升工作绩效。荣誉激励可通过口头奖励，颁发奖状奖章等、设立光荣榜等形式，增强上进心和成就感。

物质激励机制包括多种多样的形式，可以设立社区文明建设创新奖、参与奖、鼓励奖、成就奖等多种奖项，也可以提供津贴、奖金、奖品等物质方面补给，或是提供休假、游览参观等奖励。另外，要注重物质激励机制的公正、合理、规范，以确保人们做出的贡献能与获得的报酬相匹配。

（3）实现正激励与负激励结合

正激励与负激励结合推动社区文明建设工作整体水平提升。社区要正面激励在文明建设工作中态度端正、积极表现、有突出成绩的单位和个人，而对于行为不端、思想散漫的个别分子也要采取批评教育、适当惩罚等负面激励措施。此外，社区可以采取季度"红黑榜"形式公布文明实践的正面进步典型和负面批评对象。社区根据常态化管理考核办法，制定社区文明建设的具体考核指标，将考评工作纳入日常管理并定期总结，通过"红榜"典型传授经验、"黑榜"典型检讨发言的方式，营造良性工作氛围。[②]

---

① 廖年忠：《社会转型使其城市社区精神文明建设的运作机制》，沈阳出版社，2019年版，第58页。

② 覃维华、罗梅凤：《广西来宾市：推动新时代文明实践热在基层暖在人心》，《党建》2021年第3期。

（三）完善文明城区建设的社区实践平台体系

1. 链接群众需求，强化实践设计

（1）以多元手段识别社区群众文明服务需求

一是依靠网格化管理全面掌握居民需求。社区要有效利用社区网格化管理，组建"网格信息搜集"志愿服务网格员队伍，全方位搜集群众需求。各社区网格长将负责区域的数据纳入相应的信息台账，实现社区区域需求信息的全覆盖。

二是探索多样化形式进行群众调查。社区可以结合常态化调查与随机调查，采取多样化形式，如问卷调查、走访辖区单位等方式，准确把握常住居民相关情况。社区也可以运用线上线下渠道，采取上门询问、电话询问、网上征询等方式，征集统合并分析群众需求，为社区文明实践的基本走向提供数据支撑。

三是建立社区文明实践需求库。社区文明实践需求库链接社会资源建立资源库，搭建文明服务对接平台满足群众需求。① 社区文明实践需求库可明晰信息的分布和整体结构，链接群众需求，统筹社会力量建立对应的资源库，是平台建设工作的突破口。

（2）创新社区平台的"菜单"式服务模式

一是创建"点单制"社区志愿服务系统。社区组织志愿服务团队，依照实际情况详细罗列服务清单，在文明实践平台系统上以"菜单"的形式公布；开设居民自助选择端口自主点单，收集"点单"需求，通过"点单＋派单"模式按需配送资源和服务，形成"提前申请—审批备案—网上公示—动态发布"的工作流程。②

二是开发设计社区文明实践小程序。社区居民根据需要进入小程序

---

① 宋昕松：《打造"小平台"发挥"大作用" 基层新时代文明实践中心的建设与完善》，《人民论坛》2020 年第 36 期。

② 孙向荣：《探索新时代文明实践中心建设的新路径——以烟台市芝罘区为例》，《上海城市管理》2019 年第 3 期。

"点单"，由站点"派单"、志愿者"接单"、群众"评单"，形成"点、派、接、评"的志愿服务工序对接闭环系统。[①] 同时，探索"淘宝"式服务机制，将社区实践站作为平台的线下提供服务方，把群众需求发布到平台，让志愿者和志愿服务组织通过网络平台获取服务需求信息，促进供需双方对接。[②]

2. 突出共建共享，打造实践平台

（1）构建"线上＋线下"的社区平台实践模式

从"线上"角度，社区可以构建文明建设网络平台。渝北区应该加强文明城区建设的数字统筹，将社区"云平台"建设融入渝北数字政务建设的数据流，以数据流强化职能流的衔接，以信息联通与共享为基础，创新文明城区建设的方法与形式。从"线下"角度，社区要主动整合各类公共服务平台资源。以文明实践站为阵地建立理论宣讲平台，以文化站建立文化服务平台，以科普活动室建立科普服务平台，以青少年校外活动场所建立教育服务平台等，实现各类资源统筹整合。

（2）科学精准回应群众的文明实践服务需求

一方面，社区要设计科学完备的实践平台操作流程。社区要经过详细全面的调研、实际亲身体验之后，设计契合群众要求的一系列操作流程。最终形成社区受理群众需求后统一协调、归口办理、持续督导的路径，继而明晰后续受理工作、公开工作流程、规范服务工作、统一工作监督标准，总体上提高社区文明实践服务的科学化、规范化水平。

另一方面，形成精准回应共性和个性需求的志愿服务项目。社区要细化实践平台的运作，注重目标分众化、行动轻便化、服务项目化（张明海，2021）。以四川汶川县开发"汶川无忧时间银行"微信小程序为例，汶川县社区打造"群众线上点单—新时代文明实践中心下单—文明实践志愿者送服务"模式，利用网络平台精准回应需求，为市民提供文明实践服务。

---

① 吴理财、罗大蒙：《志愿服务"集装器"：基层公共服务资源整合及其生产机制——以皖北S镇"新时代文明实践"为例》，《求实》2022年第2期。

② 万亚伟：《浙江宁波市：志愿服务助力新时代文明实践》，《党建》2019年第7期。

3. 创新多元模式，深化实践活动

（1）打造社区文明实践特色品牌

一方面，实施"一社一品"，即一个社区打造一个品牌，呈现社区文明实践的独特性。社区可结合自身实际情况，从多个角度考量，选择社区优势的项目品牌。例如，从理论宣讲出发，以"蒲公英宣讲""小载体讲大道理"等典型宣讲形式为载体，形成基层宣讲品牌。从文化活动出发，组织实践站文艺团队才艺大赛，形成文化文艺活动品牌等。

另一方面，可以突出地域主题。社区可从自然环境、风土人情等角度考量创新模式，建设具备独有历史气息、现代化特色、地域性亮点的文明品牌。如，广西壮族自治区来宾市武宣县打造"贝侬山歌传理论"宣讲品牌，创新壮乡山歌的传唱形式，将党的创新理论转化为"山歌词"，用传统形式表达以增强宣讲的亲和力和接受度。

（2）开拓文明实践载体和形式

一是建立多元立体的文明实践机制。社区可以丰富多样的精神文明活动为依托，强化实践效果，提升文明建设的质量与水平。例如，湖南省武冈市组织的"善星小集"志愿服务实践，创新建立嘉许激励制度，参与者可按照参加活动次数和劳动强度换取爱心积分，凭积分到"善星小集"兑换农副产品。

二是突出群众参与，探索文明实践创新。社区要在建设内容和管理运行上创新模式，最大限度发挥群众特长，整合各自优势。社区要采取多元化形式契合群众思想特点，有效引导群众实现接纳程度最大化，增强新时代文明实践实效性和普适性。

三是精细设计文明实践活动载体和形式。社区能够因地制宜开设阵地，利用城区楼院、小区活动场、广场公园、文化场馆等区域开展文明实践。如，重庆市荣昌区就近发掘可用场地资源，创新利用城区楼院、田间地头和农家小院作为文明实践阵地，在群众家门口开设理论宣讲的"小院讲堂"。

（四）充分发挥社区网格员在文明建设中的功能

1. 明确网格员的文明建设职责

（1）明确网格员在社区文明建设工作中的管理职责

一是文明相关政策法规的宣传。网格员在宏观上需要宣传党和国家关于精神文明建设的路线方针政策，党委、政府的决策部署以及国家的法律法规等。二是基础信息的采集。网格员借助信息化平台的数据搜集和整理功能，负责采集网格内人员重要基础信息并更新人口流动情况，动态掌握辖区网格内居民的实时情况。三是社区文明建设社情民意的收集。网格员及时收集居民对社区文明实践的反馈信息，听取居民参与感受和想法建议，及时掌握并向社区反馈。四是排查矛盾纠纷，维护社区和谐稳定。

（2）规范社区参与文明创建中网格员管理的工作流程

网格员要对网格内发现的文明建设问题进行整理归纳。网格员按管理流程，对制约社区和谐稳定的问题采取措施。在整个流程中，网格员承担着重要的信息传递功能，是矛盾及时解决，不致造成蔓延、激化的关键。对此，社区要重视对网格员的岗位培训，着重提高业务知识水平、增强问题预警意识，提高其组织、沟通、协调技能和发现问题、解决问题的能力。

2. 提升网格员参与文明建设的动力

一是夯实社区文明建设的物质保障。社区也可以通过其他方式来适当提高社区管理人员福利待遇。例如，提供休假和考察学习机会等。二是激励机制与督导问责机制相结合。把社区文明建设工作纳入网格员评优评先和绩效考核。建立健全网格员常态督导问责机制，强化跟踪问效。三是加强网格员骨干队伍建设，构筑骨干网格员学习平台，系统性地组织骨干参加岗位技能训练、外出调研考察。

（五）引入社会力量参与社区文明建设

1. 统筹社会力量参与文明城市建设

一是增强社区与驻区单位的互动。将驻区单位的设施资源转化为社区资源。社区通过党建工作联席会议、签订合作协议等渠道与共建单位进行协调，形成共建共享格局。二是重视社区物业管理公司的作用。社区要建立与物业公司的沟通协调机制，协调好两者关系，最大限度发挥物业公司在社区文明建设中的独特优势。三是要开拓社区文明建设资金筹集的社会渠道。通过成立社区文明建设基金会大力招商引资，鼓励社会企业参与社区公益性文化事业建设。社区要创新"骨干＋招募"的人才吸纳方式，组建文明实践队伍。队伍以单位党员、基层干部等人员为骨干成员，打造本土化文明实践队伍。①

2. 鼓励市民参与和监督文明城区的建设

一方面，鼓励社区居民积极参与文明城区建设。要激发社区居民和社区单位成员的积极性，共同营造"共商社区事务、共享社区资源、共建社区家园"的良好氛围。社区要积极为居民参与文明城区建设创造机会与条件，同时创新载体和形式，使居民能够主动置身其中发挥作用。这是社区参与文明城区建设的必要条件。

另一方面，鼓励社区居民积极监督文明城区建设。一是建立公共服务评价体系，方便群众对社区文明服务进行客观评价，实现服务要求、服务内容、服务态度、工作绩效、居民满意度等指标的动态监测与公开查询。二是着力构建科学、公平、有效的群众监督体系。社区要将社区居民考评结果纳入社区干部绩效考核，发挥群众主体作用，使群众监督获得应有的地位和价值。三是成立社区文明共建协会，集结社区居委会、辖区单位和社区居民，考察社区文明建设工作并及时向辖区单位、学校等公布文明建设情况，依靠以群众代表为主的基层议事规则来提高群众参与度，共商共建社区文明。

综上所述，社区参与文明城区建设是推进城市文明建设的有效措施和基础工程。未来，关于社区参与文明城区建设的研究应更注重探索制度体系建设的规范价值和方法论进路，促进社区文明建设中人民主体性的发挥，以实现文明建设的基层深化和效应辐射功能，使文明成为生活的重要准则和行为方式。

---

① 杨达：《贵州省新时代文明实践中心建设的基层治理探索》，《红旗文稿》2019 年第 24 期。

新媒体时代流量城市治理生态演变及策略选择

王　山　马　榕*

　　随着以互联网为基础的信息技术的不断发展，微博、微信、博客等新型传播媒介开始出现在人们的生活中，并重构着人们的话语体系和生活空间，开始将人们带入网络虚拟空间。互联网的产生和发展推动人类生活日渐网络化与虚拟化，逐渐将人类社会形塑为线上空间与线下空间相融合的"双边社会"，而这种虚拟与现实的结合恰恰勾画出了互联网时代人类社会的美丽图景。这种空间变革给城市治理带来了极具革命性的影响，城市治理维度由单一的物理空间拓展为数字空间与物理空间虚实交互的新格局，城市治理更加科学与智慧。

　　信息技术的出现与发展塑造了数字网络世界，物理世界的政治、经济、社会、文化、军事等活动要素都一一映射到网络世界之中，[①]不受现实中时间、地理位置、身份地位、贫富差距等的限制，每一要素的发展自成特征，形成了与物理世界不同的事物存在。媒体传播就是一个生动的例子。物理世界中，媒体传播往往通过报纸、杂志、电视等传统媒介工具进行，传播主体与接收主体之间几乎没有互动，媒体传播是单向的输入，而对输出效

---

*　王山，西南政法大学政治与公共管理学院副教授，主要研究方向为智能技术与城市治理创新；马榕，湖南大学公共管理学院硕士研究生，主要研究方向为智慧社会治理。

① 周宏仁：《网络空间的崛起与战略稳定》，《国际展望》2019年第3期。

果无从得知。当前，实时社交媒体的兴起使得媒体传播具有实时性与互动性，传播主体与接收主体之间的界限不再清晰，每个人在接受信息的同时又在创造信息、传播信息，而这只有在网络世界中可以实现。进入新媒体时代，媒体传播发生了颠覆性的变化，网络世界的规则体系与运行规律也反过来重塑城市治理体系与模式，特别是流量城市概念的提出，[①] 使新媒体时代背景下的城市治理模式有了区别于传统治理模式的新理念、新方式。本文要回答的问题是：新媒体时代城市治理模式发生了怎样的转变。本文以重庆流量城市治理为案例，对新媒体技术对城市治理的空间、权力、话语产生的影响进行深入分析，以期为新媒体时代城市治理的创新性发展提供借鉴。

一　流量城市：新媒体时代城市治理的新视角

新媒体时代的兴起与快速发展，使人类生活的重心从物理世界向网络世界转移，公众开始频繁游离于物理世界与网络世界。特别是网络游戏、平台短视频、实时通信工具、社交媒体平台等具有较强吸引力的网络新事物出现之后，网络空间对物理空间的冲击就更为显著。埃文－佐哈尔、张南峰认为，各种社会符号现象都应该视为系统，系统由若干个不同的子系统组成，彼此间相互依存但行为不同，整体上作为一个有组织的整体而运作。[②] 政府、市场和社会共同作为社会大系统的子系统，彼此之间相互扰动与影响。当前，信息技术作为干扰系统的环境要素，使得社会子系统发生了巨大变化，产生了更细分的网络子系统与物理子系统，各要素之间相互作用的规律也随之发生变化。受到信息技术的干扰以及社会子系统变化的影响，政府子系统与市场子系统也逐渐构建起与之相适应的网络世界。

---

① 吴晓林：《数字时代的流量城市：新城市形态的崛起与治理》，《江苏社会科学》2022 年第 4 期。

② 〔以色列〕伊塔马·埃文－佐哈尔、张南峰：《多元系统论》，《中国翻译》2002 年第 4 期。

（一）流量城市的概念与特征

社会本质上是由实体的人相互作用而构成的，从物理世界与网络世界的映射关系来看，人与人之间的互动关系就像是网络中节点与节点之间的链接关系，即网络世界中人与人之间的互动表现为网络节点之间的连接，节点与节点相互连接成线、成网，则是网络。节点是网络世界的基本构成要素，对应到物理世界中就是作为个体的人。由此，构建起物理世界与网络世界的映射关系。映射关系的形成在于网络世界根植于物理世界，生活在物理世界中的人是网络世界的创造者，网络世界是虚拟的、被创造的，它的毁灭与构建深深依赖于人。

个体的人映射到网络世界中表现为节点，节点类型从提供者与使用者的视角来划分，可分为用户节点与资源节点，即访问资源节点所提供服务与数据的人和提供服务或数据的人，而衡量用户节点访问资源节点的频率就是流量。流量多，访问资源节点的用户就多，整个网络空间对该资源节点的注意力就越显著。当前，流量作为评判网站价值的标准，是指一定时间内浏览某网站的用户数量及用户停留时间。[①] 随着智能设备的普及与万物互联的兴起，流量从最开始的用户数量与质量衡量指标，演变为互联网运作的核心发展逻辑。这使得互联网竞争成为注意力的竞争、流量的竞争，并逐渐渗透到物理世界中，实现网络世界对物理世界的反向影响，并悄然塑造与改变着物理世界。流量城市就是新媒体时代网络世界与物理世界相互作用与塑造的产物之一。

流量城市是网络世界的新兴产物，只有从网络空间的视角来定义流量城市的内涵，才能够把握流量城市的关键特征。可以确定的是，流量城市已然是一种城市新形态，对城市治理的治理理念、基础组件、组织结构和工具机制等都具有事实深刻的影响。然而，流量城市并不是物理世界与网络世界共同形成的综合体，不是自然流、物质流、经济流、社会流和信息流等多种流

---

① 胡泳、李雪娇：《反思"流量至上"：互联网内容产业的变化、悖论与风险》，《中国编辑》2011年第11期。

量大规模汇集的城市，[①] 而是网络世界特有的存在事物，其核心要素是流量。流量是用户注意力的体现，流量城市就是用户注意力达到一定阈值的城市，其关键在于该城市在网络世界中构建的形象受到用户的高度关注。

信息技术的迅速发展重构了城市治理实践，引起了巨大的治理变革，使政府治理的空间维度扩展到网络空间。作为网络世界产物的流量城市有两个关键特征。其一，网络用户关注度高。人的有限数量决定了流量的有限，进而必然形成争夺流量的竞争局面。流量城市是争夺流量游戏中的获胜者，是短期或长期内获得用户高度关注、影响力广泛的城市。相比于其他非流量城市而言，流量城市的一举一动都受到关注，其正面或负面影响更深、更广，在网络空间中的话语权也更强一些。但与此同时，由于流量不受城市治理主体的控制，城市治理在某种程度上就受到流量流失的威胁。因此，治理行为就不得不考虑舆论影响，甚至在网络空间的城市形象维持与构建中主动迎合互联网多数用户的偏好，以实现流量稳定与增加。其二，流量城市并不是一个纯粹的网络概念，它随时会与物理世界进行互动交流。既有物理世界对网络世界的反馈，如城市发生洪涝灾害映射到网络世界，尽管注意力可能集中在被操控的信息上，但仍然需要依托于真实信息；又有网络世界对物理世界的重构，例如流量变现。流量变现是一种"注意力经济"，通过贩卖或转化用户注意力实现商业价值，[②] 这是最基本的流量变现模式。流量城市的流量变现体现在大量网络用户的访问与关注上，网络世界中流量城市的流量提升可能转化为物理世界中城市形象的提升、旅游经济的发展以及人口的迁移等，进而对城市治理产生影响。

（二）流量城市的城市治理新要求

习近平总书记指出："做好城市工作，首先要认识、尊重、顺应城市

[①] 吴晓林：《数字时代的流量城市：新城市形态的崛起与治理》，《江苏社会科学》2022年第4期。

[②] 程明、周亚齐：《从流量变现到关系变现：社群经济及其商业模式研究》，《当代传播》2018年第2期。

发展规律。"[1] 流量城市的特征对城市治理提出了新要求。然而，流量城市为何要如此重视流量或者说网络用户的注意力？新媒体时代，流量背后代表的不仅仅是用户关注度，还代表着公众的集体城市偏好，是满足人民美好生活需要、促进城市发展进入良性循环的关键表征。此外，流量变现一直是互联网产业发展的底层逻辑，流量城市的流量变现带来的是旅游经济高速发展、人口迁移、城市共同体意识出现、城市文化认同与延续等难以通过传统治理方式实现的城市治理目标。因此，流量城市是一种难得的标签与资源，城市治理必然要顺应流量城市的特征，发挥出最大的治理效能。

第一，城市治理要致力于城市形象与声誉的构建与维持。城市形象是客观存在与主观感受的结果，[2] 由于个体主观理解的差异性，城市形象的构建便具有了多样性。城市形象是由人口、地理、历史、文化、建筑等要素共同组成的综合体，有些要素是客观存在而难以改变的，但另一部分因素是可以通过各种技巧性的方式进行有意识地营造与构建的。流量城市离不开有意识的城市形象构建，城市治理主体需要将城市最具特色与吸引力的城市形象展现给网络用户，吸引并使其沉浸在精心打造的城市形象中，实现流量增长与稳定。对于流量城市而言，一开始出现在大众视野之中的城市形象很容易被固定下来，倘若后续城市形象被颠覆，就可能引起城市形象与声誉受损。此外，流量城市想要以新的形象吸引流量，必须有足够的精力投入和物理世界中的支撑。悬浮而虚空的城市形象构建将引起反噬，对流量城市发展造成实质威胁。

第二，城市治理要开展重视个体话语权的合作治理。新媒体时代改变了传统治理中政府主导的局面，使得个体通过媒体传播有了更为有力的话语权，并深刻影响着现代社会治理格局。政府关注个体话语权的最初表现为系

① 《习近平主持召开中央财经领导小组第十一次会议强调 全面贯彻党的十八届五中全会精神落实发展理念推进经济结构性改革 李克强刘云山张高丽出席》，《人民日报》2015 年 11 月 11 日。

② 黄骏：《以城为媒：社交媒体时代的城市形象》，清华大学出版社，2023，第 2 页。

列信息公开、危机沟通、意见征集，公众虽然有一定的政策影响力与话语权，但是决策权仍然牢牢掌握在政府主体手中。如今，个体话语通过迅速的媒体传播，能够大量汇集民众意见，实现个体话语到集体话语的转变，从而对政府治理施加公众压力，使其不得不考虑"民意"。对于流量城市而言，获得足够关注与媒体传播最为有效的路径是满足网络用户的个体或集体诉求，这不仅能够将现有流量稳定下来，还能够打造积极听取民众意见的"听劝"形象，进而吸引新一波的流量。即使用户诉求难以满足，治理主体也要通过技巧性的话语或充足的理由进行合理性解释，才能获得民众的原谅与支持。可以看出，网络空间为政府与公众提供了一个相对平等的平台，改变了公众以往处于治理劣势的局面。一方面，用户凭借其来去自如的选择权以及自由的话语权对流量城市的政府予以监督，是"用脚投票"的真实展现；另一方面，流量城市必须在一定程度上迎合网络用户的偏好，维持与创新城市形象，以吸引和稳定流量。

二　重庆：一个流量城市的治理实践

重庆曾经是一个以制造业为主的传统工业城市，相比北京、上海、杭州等具有特色的城市，重庆还未探索出特色化的城市发展道路。2018 年，洪崖洞、李子坝"穿楼"轻轨、长江索道、鹅岭二厂等景点一夜之间在各大社交媒体、短视频平台上热传，重庆突然成为全国游客心中的"网红城市"，大波流量迅速聚集。

然而，公众的注意力资源是有限且短暂的，公众难以对"旧"的东西保持长久的注意力与专注度。重庆爆火之后，至今仍然维持着"网红城市"的标签，甚至将国外流量也吸引进来，成为名副其实的流量城市。不可否认的是，重庆独特的人文景观、地形特征、巴渝文化等是其成为流量城市的根本原因，而重庆市政府准确识别并抓住洪崖洞等景点爆火这个机遇也是重庆成为流量城市的关键。重庆市政府不断维持与深化流量城市的标签，并且从城市发展战略上将打造旅游城市作为促进经济持续发展的重要动力，采取系列措施将流量转化为财政收入。重庆作为流量城市，其治理并没有停留于"吸引流量"，而是将治理重心由物理世界转移到网络世界，利用流量进行有效治理与发展。

（一）城市形象不断更新与转型

旅游景点的爆红为重庆积累了深厚而庞大的流量，使重庆成为流量城市。重庆市政府通过景点的爆红逐渐认识到重庆特有的地形优势、火锅文化、人文景观等旅游资源高度契合当代年轻人思想与观念。基于这一认知，重庆市政府将城市发展定位为旅游城市建设，以旅游业推动城市高质量发展。一是维持热门景点的流量，通过电影拍摄、公共服务、明星引流等方式确保热门景点的流量维持在一定水平。2019 年，重庆市政府打出了"带上剧本来重庆，其他事情交我办"的口号，通过免费提供协拍服务、补贴上映扶持资金等方式吸引剧组来渝拍摄。爆款电影中对重庆美景的描绘，精准触达上亿互联网用户，为重庆旅游宣传提供了素材支撑。二是重庆市政府以温馨的公共服务接待来自外地的游客，如为李子坝"穿楼"轻轨提供观景台，交通管制千厮门大桥，不断完善旅游投诉热线与反馈服务，让外地游客感到被尊重和重视。政府在流量城市治理中改变了以往传统将公众视为被动接受者的治理观念，将政府"服务者"的角色落实到位，以平等视角与公众进行互动，将公众需求置于首位，真正履行"人民的公仆"的政府职责。三是重庆不再局限于旅游风光等同质化内容与现有热门景点来获取流量，而是通过展现独特的文化符号、经济实力、科技成就、自然景观以及历史底蕴来塑造城市形象，实现城市形象的转型与升级。2024 年，重庆轨道交通 4 号线"背篓专线"火遍社交媒体平台与短视频平台，重庆这座城市再添"烟火味""人情味""包容"等正面形象，让城市的流量再一次汇聚升级。"背篓专线"体现的城市文化是包容与人文情怀，这种文化内涵构成了超越洪崖洞、鹅岭二厂等热门景点的深层文化流量引力，使得重庆城市形象更为丰富与立体，彰显出独特的文化深度与历史厚度。

（二）流量城市的治理变革

2023 年重庆市旅游业统计公报显示，2023 年重庆市全市旅游及相关产业实现增加值 1206.82 亿元，同比增长 13.5%，占全市生产总值比重的 4.0%，发展旅游就是发展经济。重庆市政府认识到，网络世界的空间、权力与话语格局已然发生转变。短视频平台等新兴媒体传播渠道成为宣传的重心；社会公众的力量能够通过网络汇聚起来，形成强大的集体力量，对城市治理产生影响；话语权不再掌握在政府手中，人人都可以发表意见。因此，重庆市政府从根本上转变治理理念，将自身作为吸引顾客的"生意人""服务者"，尽可能满足公众诉求与偏好。重庆市政府在掌握社交媒体、短视频等网络平台的流量规律与底层逻辑的基础上，开展城市治理。

其一，治理场域拓展网络空间。重庆市政府开发多个渠道运营短视频平台，各个政府部门几乎都有自身开发运营的短视频账号，涉及抖音、小红书、微信视频号等多个社交媒体与短视频平台。其中，重庆市文化和旅游发展委员会微信视频号 5 月初至 7 月底，发布的短视频数量达 220 个，平均每天发布 2~3 个，内容均与文化和旅游传播有关，获得了大量网友的点赞和关注。政务新媒体是提高政府公共治理能力、推动服务型政府建设的重要途径，是政府"顺势而为"拓展治理场域的结果。[①] 在网络世界的权力规则体系与话语体系中，政务新媒体吸引流量的行为是政府调适角色，实现"服务型政府"的必然行为，因为只有贴近生活和情感的政府角色与亲民、服务、透明的政府功能才更容易获得公众关注。[②]

其二，尊重公众话语权。重庆市政府善于发现与利用公众意见，让公众参与到旅游产业和城市的治理与发展中来，以此增强公众参与感和获得感。2024 年，重庆市文化和旅游发展委员会邀请明星助力推广重庆旅游，吸引了大批粉丝流量，为重庆文旅带来了新流量。正因为重庆市文化和旅游发展

---

① 金婷：《浅析政务新媒体的发展现状、存在问题及对策建议》，《电子政务》2015 第 8 期。

② 曹洵、方若琳、杜楠楠：《政务新媒体在服务型政府转型中的"边界调适"与"角色冲突"——以广东省政务微信为例》，《电子政务》2018 年第 11 期。

委员会这一举动，网友们直呼"重庆文旅是听劝的"。"听劝"在互联网未兴起以前是比较困难的，因为物理空间的优势主导者始终是政府，即使有传统政策文件征集公众意见的互动方式，但也因为双方主体地位不对等而效果甚微。但是，网络空间的产生不仅为政府与社会公众构建了一个实时交流互动的平台，并且重构了政府与公众的权力体系，公众监督政府的权力增强，政府主动满足公众的动力增强。

其三，善于利用意见领袖影响力。意见领袖是能够左右多数人态度倾向的少数人，他们往往消息灵通、精通时事，或有特殊才干。[①] 新媒体时代，意见领袖的内涵与类型更为丰富，特别是网络意见领袖，往往指的是拥有大量流量的博主、偶像等，其行为往往能够引起流量的迅速聚集。2025 年 3 月，国际顶流网红来到重庆，以一镜到底的直播镜头让全球网友见识了李子坝"穿楼"轻轨、洪崖洞、长江索道等著名景点，直播间人数观众突破 800 万人，为重庆带来了"泼天流量"，并迅速转化为实际效益。此次直播使荣昌卤鹅知名度大增，据荣昌区商务委员会相关负责人介绍，"这次卤鹅全网爆火之后，卤鹅线上订单增长了 105% 左右，个别企业订单成倍增长"[②]。面对这次爆火，荣昌区政府迅速反应，提出"4321"工作思路，出台《荣昌卤鹅产业高质量发展行动方案》，制定《荣昌卤鹅加工技术规范》等，实现了从流量到产业的深度转化。

三　新媒体时代城市治理的空间、权力与话语转变

（一）网络空间的生产与再造：新媒体时代城市治理空间的扩展

18 世纪，大量的俱乐部、咖啡馆等场所开始在欧洲等地出现，为人们提供了自由交流的场所，在启蒙思想的传播过程中起着重要的作用。哈贝马斯认为这类场所是存在于国家和社会之间的公共空间，是公众讨论公共话题

---

① 〔美〕保罗·F. 拉扎斯菲尔德、伯纳德·贝雷尔森、黑兹尔·高德特:《人民的选择：选民如何在总统选战中做决定》，中国人民大学出版社，2011，第 128 页。

② 《一家荣昌非遗老字号卤鹅的"触网"记》，《重庆日报》2025 年 4 月 21 日。

的公共领域。[①] 当前，互联网技术蓬勃发展，带来了新一次的传播媒介革命，将人类社会由以报纸、杂志、电视为代表的传统媒体时代带到了以微博、微信、网络论坛为代表的新媒体时代。媒介革命所带来的媒体形态的变革，不仅是沟通传播工具的嬗变，也是公共空间的再生产，它日渐将人们生活的空间分割为线下物理空间和线上的虚拟空间。而正是信息技术发展所产生的新空间扩展了城市治理的空间，同时也对传统的城市治理空间进行了再造。可以说，新媒体绝非只是作为一种简单的交流工具而存在，它已经超越了传统意义上的"工具"范畴。以微信、微博、网络论坛等为代表的新媒体形成了一个与现实生活相关联的新型空间：网络社会。

网络社会的形成是信息技术的发展对社会的一次革命性重构，是对社会空间的"虚拟化"映射与延伸。网络社会中形成的双向交流网络推动各个主体通过信息的交流与共享，形成了一种具备平等话语权和包容多元文化的空间文化。这种空间文化的形成得益于两点：一是网络空间的生产是网络居民自组织的行为结果，网络空间中的行为规则和伦理道德都是网络居民之间构成的"村规民约"，不受外部其他组织的干扰，因而具有自由的价值内涵；二是在自组织的基础上网络居民可以自由地沟通和交流，并秉持着包容性的理念吸纳网络空间中的多元文化，进而形成了一个多元化的网络社会。可以说，自组织是网络居民活动的主要特点。新媒体将碎片化社会下的人们围绕不同需求或共同关心的话题聚集起来，对线下物理世界产生反作用。除此之外，在以微博、微信、网络论坛等新媒体为主要媒介的网络空间中，公众既是信息内容的消费者（浏览者），也是信息内容的制造者，信息交流平台的诸多功能也由公众参与建设。个人不再是信息被动的接收者，而是作为一个主动的参与者参与到信息生产的发展之中，成为双向交流网的编织者、使用者与传播者。这种变化弱化了政府的信息垄断权和舆论主导权，更注重公众的中心作用。社会舆论主导主体也开始由"单一主体"向"多元主体"转

---

① 〔德〕尤尔根·哈贝马斯：《公共领域的结构转型》，曹卫东等译，学林出版社，1999，第 32~67 页。

变，公众也日渐成为舆论的主导者之一，政府行为也逐渐受到社会舆论的广泛影响。可以说，新媒体时代的到来，扩展了政府的治理空间，开始将城市治理从线下物理空间转向线上虚拟空间。新媒体平台将政府、社会组织、公众等社会治理主体集合在一个交流平台中，对新媒体时代城市治理的转型发展提出了新的要求，对于实现社会治理主体多元化起到了积极的促进作用。

（二）社会权力的解构与重构：新媒体时代城市治理权力的转换

在新媒体时代，"传播环路"以及它们产生的数据库，构成了一套没有围墙、窗子、塔楼的监督系统。① 在这里，每一个主体都被重新刻画并被赋予全新的数字化身份，而且这种数字化身份的构建往往独立于自身的认知与意愿。监控者通过监督系统对数字化个体进行管控，数字化个体被盗取的不是意识而是被存储在数据库中的个人信息。监督系统中的权力已经延伸到了人类社会的各个角落，模糊了个人与个人、个人与机构间的界限，使私人领域与公共领域难以区分。网络个体的隐私被完全暴露，并纳入公共领域。正如波斯特所说，由于我们的身体已紧密维系着网络数据库和信息高速公路，因此它们不能给我们提供一个不受观察的避难所，或提供一个可以划定一条抵抗界限的堡垒。② 进入 21 世纪后，信息技术进一步发展，特别是移动互联网的崛起，推动着互联网向更高层次发展。而在技术发展背后，草根群体崛起，政府旧有的社会管理机制已难以有效地对社会进行管理和服务，信息技术在国家社会管理过程中起着日渐重要的作用。正如约瑟夫·奈所说，一个领导信息革命的国家将比任何其他国家更拥有权力。③ 可以说，信息技术嵌入人们的生活，打破了原有社会关系中的等级制，并通过交流重新构建了社会等级。在这一新的变化下，信息技术革命在 21 世纪重塑着一种新型的社会结构：共景社会。

---

① 〔美〕马克·波斯特：《第二媒介时代》，南京大学出版社，2000，第 127 页。

② 〔美〕马克·波斯特：《信息方式》，商务印书馆，2000，第 132 页。

③ 〔美〕约瑟夫·奈：《论权力》，王吉美译，中信出版社，2015，第 134 页。

共景社会与 21 世纪的社会现实有着密切的关联。它是一种微观结构，是众人对个体展开的凝视和控制。[①] 在共景社会中，管理者也被曾经的被管理者所监控，也就是说，在共景社会中管理者也变成了被管理者中的一员。这就使得社会个体不再像以往那样仅仅聆听管理者的声音，他们开始互相交流和沟通，形成一个"多数力量"，共同主导社会公共议程的发展。而这时，之前的管理者便被孤立在一旁，面对突然出现的"多数力量"只好服从。可以说，信息技术推动了社会信息化步伐的加快，进而引发权力结构、政治精英成分、上层权力团体的组成以及管理范式等的变化，并形成新的阶级关系。在此基础上，进一步社会化政治权力，将政治权力主体和客体消解，促使政治权力回归社会和民众。

不可否认，权力是一种技术，技术也同样是一种权力。在知识信息流动速度和覆盖范围显著提升的同时，公众与政府间的交流也得到促进，社会不同时空中个体的连接得以加强，信息技术对公众的赋权使得一些"专门的知识非神秘化"[②]，将某些特殊统治权减少。可以说，在新媒体时代，信息技术推动了传统的社会权力结构的重构，向社会公众重新赋权，从而促使社会公众成为社会治理主体。这种转变对于城市治理而言，不仅提升了政府组织"他治"的能力，还通过运用新媒体和大数据的技术手段提升了政府"自治"的能力。

（三）话语体系的转型与重塑：新媒体时代城市治理话语的变革

新媒体时代与传统媒体时代最大的差异在于媒介技术的变迁引发了治理话语体系的变革。对于城市治理而言，网络空间的自组织特性所形成的网络空间的话语体系与物理空间中政府传统意义上的话语体系存在着显著差异。可以说，线下物理空间中的城市治理话语体系与传统媒体时期的话语体系类

---

① 喻国明：《社会话语能量的释放需要"安全阀"——从"全景监狱"到"共景监狱"的社会场域的转换说起》，《新闻与写作》2009 年第 9 期。

② 〔爱尔兰〕利亚姆·班农、厄休拉·巴里、奥拉夫·霍尔斯特主编《信息社会》，上海译文出版社，1991，第 131 页。

似，话语信息传播方式和路径为单向传播，媒介话语权掌握在政府手中。而在新媒体时代，新兴的媒介形态开始出现，媒体社会化进程加深，信息传播方式开始转变为双向传播，媒介话语权也从政府手中转移到社会各个主体手中，最为明显的是网络空间中意见领袖的崛起，对政府的话语权产生了巨大的冲击。正是网络空间中形成的开放式的话语体系与物理空间中形成的封闭式的话语体系的碰撞，凸显了新媒体时代的城市治理困境。在人人都是媒介的时代，传统的城市治理模式已不再适应新媒体时代的需求，特别是话语体系的再造对以政府为主导的话语体系的冲击，使得政府话语在网络空间大量的信息中显得力不从心。如何将线上话语体系与线下话语体系相融合成为新时期城市治理面临的重要课题。

但是，新媒体的到来为政府提供了新的与社会沟通的渠道。新媒体技术所包含的开放性和服务性特质，对新媒体时代城市治理能力的提升起到积极作用，同时也为政府及时了解民意提供了便捷渠道。在传统媒体时代，社会公众对于政府组织及其公务人员的监督主要通过写信、打电话或上访等，而在新媒体时代，社会监督渠道产生了质的变化，由线下监督转移到线上监督。另外，这也对非理性的政治参与提供了便利，不利于社会的稳定发展。当前，越来越多的公众开始运用新媒体表达诉求和发泄不满。新媒体已经成为我国公众参与社会治理和影响政府决策的主要平台，产生了一种新的政治参与模式：网络问政。网络问政的出现一方面为政府了解民意提供了便利，对推进民主决策、缓解社会矛盾产生了积极影响；另一方面，也为政府参与网络空间话语体系建设提供了新的路径。

四　新媒体时代城市治理的策略选择

智能技术绝非仅以更少的资源实现更多的产出的一种方式，它是重构治理模式的历史性机遇，推动治理体系更加开放、透明、民主且反应迅速。当前，政府正在部署社会媒体创建更加灵敏的、可与市民沟通的渠道，在网上发布大量政府数据并分享市政服务的实时位置资讯。① 可见，新媒体时代的社会治理情景已经发生了重大的转变，政府权力逐渐社会化，社会治理的逻辑也开始由单一化向多元化发展。可以说，以新媒体为中心所搭建起来的媒介空间对于激发公民政治参与意识、建设高效的服务型政府、拓宽权力监督渠道起到了积极的促进作用。因而，在新媒体时代应提升社会协同治理主体的媒介素养、创建以政府为中心的社会协同治理体系、搭建以新媒体为中心的社会协同治理平台、建设具备互动性的社会协同治理机制。

（一）提升社会协同治理主体的媒介素养

在新媒体时代构建社会协同治理机制的首要问题是提升社会协同治理主体的媒介素养。将媒介素养的提升放在新媒体时代社会治理核心位置的首要原因是媒介素养是社会治理主体对于媒介信息的选择、理解、质疑和评估的能力，是社会治理主体制作和生产媒介信息的能力。不同社会治理主体媒介素养的培育和提升存在差异。首先，对于政府及其公务人员来讲，媒介素养主要是指创造性地运用新媒体、管理公共事务、提供公共服务、推动社会进步、强化与公众的沟通以及塑造政府形象。可以说，一部现代新闻传播史，处处写着执政党与大众传媒密不可分的互存、互动关系。执政党能不能在遵循社会发展规律和新闻传播规律的前提下有效使用和正确驾驭大众传媒，是衡量其执政能力高低优劣的重要标示。② 当前，政府思想观念落后，对新媒体的认识不足，对新媒体平台的利用还不够充分，仅仅将新媒体平台作为信息发布的工具，而没有建立起与群众沟通的平台。同时，也缺乏与媒体沟通的方法和技巧。在以科层制为主要组织模式的政府机构中，政府作为社会的主要治理主体，在新技术的使用上呈现自上而下的过程。也就是说，如果主要领导对新技术不重视的话，那么该项技术就很难在政府部门内展开，进而

---

① 〔美〕安东尼·汤森：《智慧城市：大数据、互联网时代的城市未来》，中信出版社，2014，第10页。

② 童兵：《大众传媒的使用与驾驭：执政能力的重要标示》，《中国人民大学学报》2006年第1期。

影响新媒体时代的社会治理创新。为此，应增强领导干部提高自身网络媒介素养的自觉性和主动意识，建立合理的领导干部网络媒介素养评价考核机制，加大力度提升政府工作人员的媒介素养。其次，对于社会公众来讲，媒介素养主要是指在法律允许的范围内，自由地、文明地、理性地在网络空间中进行沟通和交流。但是，现实中网络暴力和网络谣言的现象屡见不鲜，严重影响了社会和谐发展，正如法国哲学家卢梭所讲，一个人完全的自由是对他人的约束。为此，制定和完善相关的法律法规是促进网络空间可持续发展的必然举措。

（二）创建以政府为中心的社会协同治理体系

近年来，不少官员纷纷在微博上"触礁"。微博已经开始从单纯的社交工具转换为社会公众监督政府的新平台。2013 年，中国政务微信呈现井喷式增长，政府门户网站加速发力后劲十足，移动政务实现"指尖上的政民互动"，微信也逐渐从聊天工具转变为政府提供公共服务的新空间。同时，网络助政形式为政务信息公开提供便捷又低廉的平台，使政务更公开透明，"阳光政府"形象逐渐形成。[①] 可见，新媒体已不再是单纯的社交媒体，而转变为社会公众监督政府及其工作人员的舆论阵地，同时也转变为政府提供和优化公共服务的空间。可以说，新媒体的诞生推进了政府与社会协同治理的脚步，拓宽了社会公众的舆论监督渠道。与此同时，政府积极利用新媒体平台传播和公开政府信息，让社会公众可以及时地了解政府的工作内容和工作进程，推进了阳光型政府建设，将社会治理权力的运行摆在了社会公众面前。但是，政府与社会协同治理还面临着诸多问题。首先，数字鸿沟问题。由于我国部分地区网络基础设施建设较为落后，很多地区和个人还无法通过新媒体参与社会治理。其次，政府与社会之间的信任度较低。政府作为社会治理的主体之一，在面对社会公众提出的问题时，以一种高姿态或旁观人的角色来处理问题。政府的不作为或反应缓慢使社会公众对政府行为的信任度

---

① 方兴东主编《微信蓝皮书》，电子工业出版社，2015，第 180 页。

降低。最后，政府与社会公众在社会治理过程中很难确定治理的角色与定位。经常出现政府管得过多或社会公众参与无门的情况。为此，应建立社会协同治理体系，明确各个主体的职能和责任，特别应该将社会公众网络责任意识的培育纳入社会协同治理体系。同时，还应加大力度进行网络基础设施建设，弥合"数字鸿沟"。

（三）搭建以新媒体为中心的社会协同治理平台

英国学者约翰·基恩在《媒体与民主》一书中认为，人类民主的发展经历了三个阶段：集会式民主、代议制民主、参与式民主。参与式民主与网络提供的参与平台紧密相连。新媒体平台的建设是社会协同治理的基础，是各个社会治理主体沟通交流的空间。以新媒体为中心搭建的社会协同治理平台，不仅为各个治理主体间的沟通开辟了新的渠道，还可以将沟通过程和内容传递给更多的公众。可见，通过新媒体平台，政府可以引导社会公众积极地参与政府公共决策，强化公众在政策制定过程中的主体作用，将公共政策的制定主体由一元向多元转变，制定程序从单向转向双向，制定过程由封闭转向开放，促使政府公共政策的制定过程更民主、更自由、更开放。可以说，将政务微信和政务微博等新兴媒体场域变为社会公众民主政治的场所，推动了新媒体时代社会治理过程的民主化进程。

（四）建设具备互动性的社会协同治理机制

在新媒体时代，每一个人都是一个"自媒体"，即一个普通公众可经过信息技术与社会体系相连，提供并分享他们对于某一问题的真实看法、随时随地地报道自身周边的新闻。自媒体以其低准入门槛和内容自主性为特征，其本质是源于大众、服务大众的传播形态。自媒体的特征可以概括为"全民DIY"。简单来说，DIY就是自己动手制作，没有专业的限制，想做就做，每个人都可以利用DIY做出一份表达自我的"产品"来。[1] 这种"全民

---

① 喻国明：《全民DIY：第三代网络盈利模式》，《新闻与传播（人大复印报刊资料）》2006年第2期。

DIY"的媒介形式促进了网络中个人间的交流，公众对国内外的时事新闻关注度日渐增强，人们日渐以娱乐消遣的形式参与到社会政治生活中，网络娱乐话语逐渐渗透于政治话语中，提升了人们参与政治生活的主观意愿，人们不再被动地参与政治话题的讨论，而是主动讨论与分享自己关注的话题。可以说，网络自媒体消除了公众与政府间沟通不畅的障碍，增强了社会公众与政府间的互动，搭建了政治生态中政治内部生态与外部生态的桥梁，优化了政治生态环境，为社会协同治理机制的建设奠定了基础。

职责序构：数字治理下基层减负逻辑

刘元贺*

一　问题的提出

近年来，基层负担过重问题较为突出。鉴于此，切实推进基层减负成为党中央重要关切之一，2019 年 3 月、2020 年 4 月，中共中央办公厅分别印发《关于解决形式主义突出问题为基层减负的通知》《关于持续解决困扰基层的形式主义问题为决胜全面建成小康社会提供坚强作风保证的通知》，强化基层减负的顶层设计。在此背景下，各地纷纷跟进，落实中央减负精神，严控发文数量、精简会议、规范考核，基层负担过重问题得到较大解决。不过，基层减负仍存有较大治理空间，任重道远。一些实证研究表明，重复性数据填报、会议多，考评多，摊派多等现象尚未根本性得到改善，基层干部负担仍然较重。[①] 甚至部分地方减负形式化突出，追求表面减负数据，陷入"数字减负"怪圈。[②] 简而言之，重负、重压、重虑、重忧等"四重"精准地

---

* 刘元贺，西南政法大学政治与公共管理学院讲师，主要研究方向为城市基层治理。

[①] 胡威、唐醒：《我国基层会议减负效果的实证研究——基于 A 省 780 名社区党支部书记的调查》，《中国行政管理》2021 年第 1 期；麦佩清：《"基层减负年"减负了吗？——基于某直辖市 A 区 259 个社区的调研》，《公共管理评论》2020 年第 3 期。

[②] 马雪松：《警惕基层陷入"数字减负"形式主义怪圈》，《人民论坛》2020 年第 22 期。

概括了当下基层政府的负担。[①]

基层减负难，几乎成为学界共识。描述并概括基层减负问题很重要，但解释"基层减负为什么难"更重要。对此，学界倾注了大量精力，取得重要进展。"加压式减负"概念为此提供了一个较为清晰的三维解释框架：由内而外政府职能扩张；自上而下压力传导；自下而上自我加压。基层实质性工作职责非减反增。[②] 进一步讲，深层次的结构性因素为政府职责同构，表现为上下层级职责趋同、职责划分不合理，工作机制上"层层加码"。[③] 借助"控制权"与"剩余权"互嵌的分析框架，聚焦我国特有的条块关系，发现因条块设置不合理而导致基层减负问责中存在信息与责任失衡、目标与责任冲突、问责与督查泛化、问责与避责转化等突出问题，基层政府多以不出事为逻辑的政策变通执行。[④] 综上可以看出，尽管既有研究在探究"基层减负为什么难"这一重要理论与现实问题上立足不同视角，但是均涉及我国政府结构问题，其中，职责同构、条块关系是不可回避的话题。事实上，这也是理解中国政治的关键性变量。[⑤] 可见，学界在原因解释上存在较大共识，即基层减负难的症结在于政府结构本身，尤其是政府间的职责同构。[⑥]

当然，解释"基层减负为什么难"的目的在于找寻破解该难题的路径。本着现实关怀，当前学界沿着"问题—对策"研究框架，基于不同的问题情境提出了诸多建设性的政策建议，如吴海红、吴安戚针对"责任甩锅"问

[①] 周振超、李爽：《基层政府负担重的典型表现与减负的实现路径》，《领导科学》2021年第8期。

[②] 颜昌武、杨郑媛：《加压式减负：基层减负难的一个解释性框架》，《理论与改革》2022年第1期。

[③] 周振超、张金城：《职责同构下的层层加码——形式主义长期存在的一个解释框架》，《理论探讨》2018年第4期；谢治菊、许文朔：《扶贫责任异化：职责同构下的层层加码与消解》，《山东社会科学》2020年第1期。

[④] 刘滨、许玉镇：《权责失衡与剩余权配置：基层减负进程中的"问责悖论"》，《求实》2021年第3期。

[⑤] 周振超：《构建简约高效的基层管理体制：条块关系的视角》，《江苏社会科学》2019年第3期。

[⑥] 毛寿龙：《基层减负的秩序维度》，《人民论坛》2019年第31期。

题，从回归治理理念、理顺权责关系、技术加持等视角提出相应的政策建议；① 谢忠平在分析基层负担的基础上，讨论了如何从抓好思想教育、关键领域、权责清单、权力监督和制度建设等方面推进基层减负；② 等等。然而，此类研究容易被实践者所面临的具体问题所牵引，陷入具体对策性建议的研究，难以形成系统的学术对话，亦难以形成累积性的知识基础。③ 更为突出的是，"问题—对策"性研究所提供的解决方案碎片化问题较为突出，系统性不足，不利于基层减负的整体性推进。系统性推进基层减负，必须找准基层减负难以推进的症结问题，即应当抓住政府结构这一关键性变量，破解职责同构难题。

自朱光磊教授于 2005 年提出职责同构概括我国政府间关系以来，该概念一直是分析我国政府间关系的高频词。这不仅表明职责同构概念的持续生命力外，也佐证了职责同构的政府间关系具有较强韧性。④ 由此也说明，在没有新的治理元素嵌入时，依托科层制本身去破解职责同构将困难重重。相应的，推进基层减负也事倍功半。伴随着移动互联网、大数据、人工智能等信息技术的迭代，传统治理正趋向数字治理，逐渐突围科层制，重构条块关系，⑤ 推进整体治理。⑥ 换言之，数字治理为基层减负提供了新方向和契机。然而，学界相关研究主要聚焦实践进路描述，⑦ 而对其中的内在机理关注不

① 吴海红、吴安戚：《基层减负背景下"责任甩锅"现象透视及其治理路径》，《治理研究》2020 年第 5 期。

② 谢忠平：《基层形式主义：表现、根源及治理对策——以 T 市调研分析为例》，《长白学刊》2020 年第 5 期。

③ 颜昌武、杨郑媛：《加压式减负：基层减负难的一个解释性框架》，《理论与改革》2022 年第 1 期。

④ 赵志远：《政府职责体系构建中的权责清单制度：结构、过程与机制》，《政治学研究》2021 年第 5 期；王智睿、赵聚军：《运动式环境治理的类型学研究——基于多案例的比较分析》，《公共管理与政策评论》2021 年第 2 期。

⑤ 江文路、张小劲：《以数字政府突围科层制政府——比较视野下的数字政府建设与演化图景》，《经济社会体制比较》2021 年第 6 期。

⑥ 翟云：《重塑政府治理模式：以"互联网＋政务服务"为中心》，《国家行政学院学报》2018 年第 6 期。

⑦ 程晟：《整体智治背景下基层减负的实践路径》，《领导科学》2021 年第 23 期。

足。也就是说，我们尚难以系统性回答"数字治理何以推进基层减负"这一关键性命题。鉴于此，本文依据朱光磊教授的职责序构概念，提炼亲民、平台化沟通、合力规制三维度分析框架来阐释数字治理如何促使政府职责同构转向职责序构，进而助力基层减负。

二　职责序构：数据治理破解基层减负难题的解释框架

学界既有研究已证实，基层减负难的症结在于职责同构下条块失衡、层级职责缺乏合理性。因此，破解基层减负难的关键变量是职责同构。职责同构是分析基层减负难的现实起点，但是因中国独特历史场景与现实政治结构，西方意义上的职责异构并非我国政府关系变革的方向，而序构则概括了我国政府职责体系演进的方向。所谓职责序构，指广义政府职责体系按照序列"归堆"，狭义政府职责体系依照次序"分层"，具体配置方式则应根据履责主体类型划分。基于序列，政府职责可分为三个类型：核心型职责、差异型职责和过渡型职责。其中，核心型职责和差异型职责是政府长期职责，二者的区别在于归属的层级不同。核心型职责由单一层级政府承担；差异型职责则由多层级政府共同承担，但侧重有所不同；过渡型职责目前由政府承担，但应逐步转移给社会主体。这三个类型的职责表明的是政府的职责边界。次序着眼于政府内部职责分配，基于次序，政府职责可分为纵贯型职责和层次型职责，前者指各级政府都应承担的，后者指各级政府承担的具有差异的职责。[①] 显然，职责序构概念的提出在于解决当下我国政府层级职责界定不清的问题。

虽然职责序构概括了我国政府层级职责科学设定的基本走向，而政府层级职责科学设定则是有效推进基层减负的必由之路。因此，职责序构在理

---

① 朱光磊、杨智雄：《职责序构：中国政府职责体系的一种演进形态》，《学术界》2020 年第 5 期。

论上可以推进基层减负。职责序构的理论起点在于政府层级、部门之间职责的合理界定，这意味着无论是差异型职责还是核心型职责，均有着明显的责任边界，即职责完整性。按照此逻辑，每一层级政府与部门也有着明确的职责范围。完整且明确的职责范围赋予各层级政府及部门相对稳定的工作事项，进而使得分工明确成为可能。当然，在职责序构下，由于差异型职责的客观存在，层级配合、部门合作在所难免。然而，由于职责不是同构，各层级政府均有其侧重点，因此，每一层级在合作中承担的事项也基本上源自其职责范围，且有着基于其职责范围的议价能力。这种合作是基于职责范围的合作，并非传统等级式的加码摊派。基于治理任务需求的合作而不是"责令状"的摊派，成为职责序构下政府间关系的行为逻辑。换言之，在职责序构逻辑下，权与职、职与责是对等的。除非有特别授权（这是有着严格的法律限制），各层级、各部门均要专司其职。此外，在职责序构下，因各层级、各部门有着较为明确的职责，考核往往依据其职责完成情况。因此，基层政府考核将发生深刻改变：一方面超出其职责范围的考核将失去存在的空间，考核事项大为减少，"上面千把刀"式的过度考核将转向集约化的靶向考核；另一方面，考核结果是可预期的，"一票否决"乱象将在很大程度上得到治理。总而言之，职责序构可以规避随意摊派工作任务、层层加码的现象，促进靶向考核、防范考核异化。

作为我国政府间关系演化方向的职责序构，落地实践需要再造政府结构和流程。日趋发展的数字治理为此提供了有利契机。数字治理，有广义和狭义之分。在广义上，数字治理是一种新的治理范式，它基于信息通信技术的应用，带来了政治权力、社会权力组织及其运作的变化；在狭义上，它是指社会与政府以及政府内部沟通中运用信息通信技术、简化政府流程与提高民主化程度的治理方式。[①] 本文主要在广义上使用数字治理的概念，包括数字政府（提供公共服务）与数字民主（公众参与）。数字政府依托大数据共享平台，促使政府从层级化向扁平化的平台治理转变，逐

---

① 钟祥铭、方兴东：《数字治理的概念辨析与内涵演进》，《未来传播》2021 年第 5 期。

渐实现粗放式管理转向精细化治理，① 近距离精准感知社情民意变化，运用算法决策助力"整体智治"，② 进而实现政府赋能。③ 数字民主则依托各种客户端促使政府信息向社会公开，便捷化地表达公众诉求，传统离线参与逐渐转向在线参与，④ 拉近政府与公众的距离，提高公众的行动能力，赋权社会。⑤ 通过赋能政府与赋权社会，数字治理在亲民、平台化沟通、合力规制三个维度上推进政府职责序构，形成一个破解基层减负难的解释框架（见图 1）。

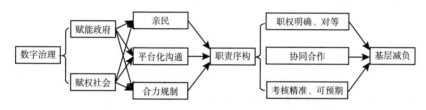

图 1　数字治理破解基层减负难题的解释框架

首先，价值亲民与空间亲民统一，数字治理重构政府职责体系。从全心全意为人民服务到以人民为中心、从群众路线到全过程人民民主，亲民是我国政府长期以来秉持的价值理念，但由于五级政府体制所限，中高层级政府与基层群众在现实中常被治理空间阻隔。在超大型国家治理中，层级治理

①　魏成龙、郭诚诚：《赋能与重塑：数字经济时代的政府治理变革》，《理论学刊》2021 年第 5 期。

②　谢小芹：《循数治理与政府治理数字化转型——基于成都高新区"政务守信通"信用画像的研究》，《公共管理与政策评论》2021 年第 6 期。

③　周济南：《数字技术赋能城市社区合作治理：逻辑、困境及纾解路径》，《理论月刊》2021 年第 11 期；沈费伟、诸靖文：《数据赋能：数字政府治理的运作机理与创新路径》，《政治学研究》2021 年第 1 期。

④　Schlozman, K. L., Verba, S., Brady, H. E., "Weapon of the Strong? Participatory Inequality and the Internet", *Perspectives on Politics*, 2010, 8(2): 487–509; Vitak, J., Zube, P., Smok, A., et al., "It's Complicated: Facebook Users' Political Participation in the 2008 Election", *Cyberpsychology, Behavior and Social Networking*, 2011, 14 (3): 107-114 .

⑤　王亚婷、孔繁斌：《信息技术何以赋权？网络平台的参与空间与政府治理创新——基于 2018 年疫苗事件相关微博博文的分析》，《电子政务》2019 年第 11 期。

与职责同构的模式导致了以下情况：一方面，社情民意主要通过科层体制层层传达至中央；另一方面，政策执行需要层层落实，最终汇集到基层。过多的政府层级以及区域间的复杂性，促使国家采取政策模糊化的策略，进而便于地方灵活执行。① 同时，为了防范政策执行风险，层层检查与督查也成为重要的治理工具。此种情况下，面对层层加码的任务和考核，基层政府的灵活性不仅在较大程度上被限制，还不得不将更多的精力放在应对上级政府或部门摊派的任务与考核上，进而缩减了群众服务工作的范围。科层制下政府与民众空间上的距离一定程度上加重了基层负担过重问题。数字治理为推动政府亲民，在价值与空间张力上提供了强大的动力与重要的技术支撑。一方面，数字治理通过赋权社会，提高了民众的议价能力和行动能力，倒逼各级政府更加重视民众诉求，催生数字民主；另一方面，各级政府通过数字化平台开展在线公共服务，如互联网审批，突破层级限制直接面对公众。数字治理使政府更加亲民，不仅是价值上，还有空间上。价值亲民与空间亲民的统一，导致依据科层传导的传统公共服务模式发生重大改变，每一层级政府在理论上都可以直接为公众提供在线公共服务，现实中各级政府的在线服务平台可为此提供佐证。在公共服务逐渐分为在线状态与离线状态的趋势下，政府职责体系得以重构：中高层政府在把控政治方向的前提下聚焦于在线公共服务供给，执法、居民服务等需要现场办理的离线公共服务则下沉基层政府。同构的政府职责体系因此被打破，序构将成为现实，"责令状"式事务摊派将在很大程度上得到规避。由于离线公共服务下沉至基层必然面临权责捆绑，这意味着基层政府在处理这类事务要承担完整的法定职责。为承接这些下放的职责，基层政府通常会扩充机构和编制设置，从而改善"事多人少"的困境。

其次，依托平台化沟通，数字治理简化基层会议负担。科层制下，政府内部信息沟通主要选用文书和会议两种工具，但实践中往往出现会议异

---

① 庞明礼、薛金刚：《政策模糊与治理绩效：基于对政府间分权化改革的观察》，《中国行政管理》2017 年 10 期。

化与内在矛盾等问题。① 现实中文山会海、以会议落实会议等现象屡见不鲜，基层会议负担过重是一个不争的事实。有研究表明，会议负担会引发公务员情绪低落，影响其主动行为。② 解决基层会议负担过重，需要再造科层组织，促使其转向扁平化治理。通过赋权社会，数字治理下的普通公众既有跳出科层制直接向高层次政府表达诉求的意愿，也具备了行为表达的技术条件，如运用"我向总理说句话"平台，普通民众可以直接对话中央各部委；依托数字赋能，政府信息共享与开放具备了实践空间。这一切推动了政府信息层层传递的内外环境，促使等级化的沟通模式向扁平、共享、开放的平台化沟通转变。因平台信息的共享与开放，各层级政府都可以直接获取、调用、存储这些信息。这样，会议传达信息的功能也因此减弱，相应召开的频次也会减少。更为重要的是，数据时代信息即权力。在信息技术的支撑下，各层级政府都可以扩大沟通范围，甚至可以实现跨层级、跨部门沟通。平台化沟通扩大了政府的职能空间，③ 过去需要两个层级甚至多个层级政府协同完成的任务在数据治理下由一个层级即可完成，进而引起政府层级的扁平化。随之而来的可能是，基层政府职权扩充，"下级看得见却管不着，上级管得着却看不见"的现象也可能得到改善。④ 这种情况下，因动员摊派任务而召开会议的空间将会大为压缩。此外，平台化沟通也提供了新的会议工具，即网络会议。它不受物理空间的限制、无须来回奔跑，几乎不需要现场布置，具备成本低、会议易控制、时间短等优势。网络会议使开会更为便捷，开会效率大幅提升。

再次，合力规制变革压力传导模式，减轻基层考核负担。科层体制下，官员晋升依据主要来自上级考核，晋升演化成为一种"锦标赛"。"唯上"

---

① 庞明礼、陈念平：《科层运作何以需要开会：一个政策执行过程的分析视角》，《中国行政管理》2021 年第 8 期。

② 胡威、唐醒：《我国基层会议减负效果的实证研究——基于 A 省 780 名社区党支部书记的调查》，《中国行政管理》2021 年第 1 期。

③ 米加宁、章昌平、李大宇、徐磊：《"数字空间"政府及其研究纲领——第四次工业革命引致的政府形态变革》，《公共管理学报》2020 年第 1 期。

④ 谢宝富：《治理现代化亟待精简政府层级》，《人民论坛》2014 年第 17 期。

成为困扰科层制的难题。在"唯上"逻辑下，上级政府、部门的关注点理所当然地成为基层政府的中心任务、重点工作，甚至在一定程度上挤压了本职工作。在职责同构下，政府层级责任的模糊性导致避责行为产生，上级政府、部门将工作任务摊派给下级政府、部门，并辅之以各种督查、检查等治理工具。结果是，基层政府成为各种事项摊派的最终承受者，即"上面千条线，下面一根针"；随之而来的是各种检查、督查泛滥，即"上面千把刀，下面一颗头"。治理考核泛化乱象，破解"对上不对下"难题是主要出路。怎么使各级政府在对上的同时也对下，一方面需要各级政府、部门明确各层次职责范围且职责对外公开；另一方面要求社会有监督力量。对于前者，数字治理推进了政府职责序构，政府职责实现了明确的分层，每一层级政府都有其较为固定的职责范围，进而从制度上限制了事务摊派以及随之而来的考核。至于后者，数字治理下公众可以近距离接触各层级政府，能够了解其职责范围；而且通过赋权社会，大数据增强了公众的行动意愿和行动能力，提升了社会监督能力，倒逼各层级政府向下负责。显然，数字治理下，对各级政府的监督除了上级政府、专门机构外，还有来自社会的压力，各方形成了一种上下结合的规制。合力规制改变了传统的压力传导模式，基层政府在上下压力之间具有一定的行动空间，它可以基于社会压力来与上级政府讨价还价。而且，社会压力本身就为基层政府减少不必要的考核提供了治理空间。随着社会行动能力的提高，上级政府为了避责而摊派任务给下级政府的行为，一方面在"法定职责必须为"的理念下，可能会被公众认为是"甩锅"而遭到抵制；另一方面，因职责序构与政务可视化，摊派的事务可能不在其职责范围内，在"法无授权不可为"的理念下，基层政府落实这些事务也会遭到社会抵制。因此，在大数据带来的社会压力下，摊派性事务及相关考核工作得到显著精简。

基层减负难的症结在于职责同构。基于这一逻辑，数字治理依托赋能政府与赋权社会，从亲民、平台化沟通、合力规制三个维度推进了政府职责序构，逐渐打破职责同构，理论上破解了基层减负难题。

三　数字治理减负成效显现：基于重庆市"141" 基层智治体系的观察

实践是检验真理的唯一标准，数字治理能够推进基层减负不能只有理论推演，还应有来自实践的证明。近年来，多地创新引介数字技术变革治理模式，推进数据治理。多地的探索为我们评估数字治理能否推进基层减负提供了丰富案例。其中，重庆市"141"基层智治体系在超大型城市敏捷治理的探索中更具代表性。2023 年，在数字重庆"1361"整体构架下，依托"渝快办"和"渝快政"两大既有数字化平台，重庆市深入推进"党建扎桩·治理结网"党建统领基层治理现代化改革，着力构建"141"基层智治体系，即"一中心四板块一网格"。其中，"一中心"是指每个镇街均建立 1 个基层治理指挥中心，作为镇街运行的"中枢"；"四板块"是指聚焦镇街主要职能，构建党的建设、经济发展、民生服务、平安法治 4 个板块；"一网格"指的是村（社区）网格。截至 2024 年 4 月，重庆市一体化智能化公共数据平台建成投用，数字化城市运行和治理中心基本实现三级贯通，上线运行"突发事件直报快响""危岩地灾风险管控""民呼我为"等 10 个典型应用，"141"基层智治体系覆盖全部镇街，治理成效显现。

首先，构建扁平化治理体系，差异化配置镇街治理岗。从政府间关系的深层剖析中不难发现，基层负担过重的根本原因在于各级政府间职责的高度同构。为此，基于实际治理任务的需求，重新构建一套职责明确、序列清晰的责任体系，无疑是破解基层负担难题的关键路径。对此，重庆在"141"基层智治体系构建中重点区分了三级城市运行和治理中心的职能定位，很大程度上实现了职能序构。其中，市级城市运行和治理中心作为"城市大脑"，不仅承担着统筹协调的重任，还致力于体系构建与标准制定，依托先进的一体化智能化公共数据平台，推动全市社会治理业务的深度融合与广泛应用；县区级城市运行和治理中心作为"实战枢纽"，上下贯通、横向协同、系统集成，成为数据归集治理、共享交换的重要桥梁；镇街基层治理中心秉持"联勤联动"的核心定位，发挥其综合集成与条块统筹的强大功能，致力于实现"以算力赋能，以智能增效"的变革目标，旨在通过科技手段减轻基层工作人员的负担，并为其注入新的活力与能量。通过打造"城市大脑""实战枢纽""联勤联动"三级贯通体系，市级城市运行和治理中心、县区级城市运行和治理中心、镇街基层治理中心初步形成"市带县区、县区带镇街"格局。三级城市运行和治理中心在市级层面建成"城市大脑"，初步具备超大城市现代化治理基本能力；在县区层面建成"实战枢纽"，形成"有场所、有机制、有专人"格局；在镇街层面部署"联勤联动"平台，开发上线智能要素超市、"一表通"智能报表等应用，大幅提高了城市运行和治理效率。尤为值得一提的是，重庆市在保持治理体系一性的基础上，还根据镇街的具体治理任务与场景需求，灵活设置了差异化岗位。以铜梁区东城街道为例，当地在党的建设领域创新性地增设了"同心小院创建工作岗"，在平安法治领域则设立了"征地拆迁岗""九小场所岗"等特色岗位。这些岗位的设立不仅更加贴近本地治理实际，有效增强了街道的行动能力与治理效能，还生动诠释了"小马拉大车"的治理智慧与实践成果。

其次，打通部门分割，促进合力共治。基层治理是国家治理体系和治理能力现代化进程中的关键一环，其涵盖党的建设、经济发展、民生服务、平安法治四大核心板块。他们相互关联，共同构成了基层治理的整体框架。其中，党的建设是基层治理的引领核心，经济发展提供动力源泉，民生服务体现宗旨要求，平安法治是坚实保障，每一领域均扮演不可或缺的重要角色。党的建设板块通过综合应用数字化技术，将问题清单管理、公权力大数据监督、干部绩效考评等数字工具深度融合，构建起全面的数字化管理体系。该板块不仅实现了政治领导、思想引导、组织构建、纪检监察、群团工作等方面的统筹协调，还依托实时数据分析功能，为决策者提供强有力的数据支持，助力科学决策。经济发展板块则聚焦于经济指标、重大项目及企业运营情况、农业扶持与农民增收等关键数据信息的集成与展示，通过数字化平台，全面把握经济发展脉络，科学规划城镇化建设路径，强化生态环境保护措施，推动经济发展步入更加科学、有序的轨道。民生服务板块紧密围绕就业、教育、康养、社区、乡村等民生领域需求，通过数字小程序等便捷形式，为民众提供高效、贴心的服务。这一应用不仅提升了民生服务水平与质量，还使民众能够更加便捷地享受国家福利与政策红利。平安法治板块涵盖了一体化执法监管数字平台、数字法院等多元化应用场景，实现了对社会综合治理、平安建设、监管执法等领域的全面统筹与高效协调。这一应用不仅提升了平安法治工作的透明度与效率，还进一步夯实了社会和谐稳定的基础。四大板块综合应用的实施，不仅全面覆盖了基层治理的各个领域，还深度融合了众多贴近基层实际的数字应用场景。这些应用场景有效串联起基层治理的各个环节，实现了基层政府职能的整合与优化。通过数字化技术的赋能，基层政府的公共服务效能得到了显著提升。例如，在针对老年人诈骗防范的案例中，网格员能够迅速将疑似诈骗情况上报至街道基层智治平台。平台随即启动联动机制，迅速协调相关社区党组织、街道值班领导及各职能岗位开展核实与劝返工作。这一高效、敏捷的响应机制充分展示了数字化在基层治理中的重要作用与价值。

再次，任务清单化，服务亲民化。基层减负的本意是使基层从形式主义中脱身，集中精力回归服务群众本位。[①] 承担过多不属于本岗位的职责，是基层负担过重的重要表现和成因。在构建"141"基层智治体系的过程中，重庆进一步厘清镇街、村（社区），重塑三级清单责任体系，打造边界清晰的职责链条，做到越往"下"越"简单"，切实为基层减负。一方面，针对镇街，重庆制定镇街法定职责事项清单，以及县区部门主责、镇街协同配合事项清单；针对村（社区），制定"四清单一目录"，对村（社区）事项、负面事项、依法出具证明事项、不应出具证明事项、挂牌指导目录等予以明确规定，让基层有更多精力抓发展、抓服务、抓治理；另一方面，针对网格员，制定"6+1"重点任务清单，具体包括日常巡查走访、排查重点场所、协助处理突发事件、主动服务群众、正面宣传引导，以及其他准入任务。在梳理基层任务清单的同时，"141"基层智治系统更是将各类政务服务应用进

---

① 周振超、李爽：《基层政府负担重的典型表现与减负的实现路径》，《领导科学》2021年
第8期。

行整合清理、系统集成，使政务服务由"多地、多窗、多次"办理转向"一地、一窗、一次"办理，优化了公众到政府办事的流程，减轻了基层政府在日常政务服务工作上的负担。借助基层智治系统这一载体，政务服务逐步从"线下办理"转为"线上智理"，实现了政府与民众的双向减负，既为群众办事提供了便利，又使基层干部的办事效率得到提升，让他们从一些较为琐碎的基础性工作中"腾出手来"，有更多时间和精力处理其他复杂的综合性事务。例如，重庆市綦江区通过"网格＋警格"深度融合的治理模式，整合党务、居务、警务等资源力量，搭建数字平台、打造智能安防系统、拓展线上警务，推动基层治理减负增效。

最后，数字治理便于公众参与监督，推进靶向考核。当前，考核评比活动已成为基层工作人员的一大负担，治理考核评比乱象已成为基层减负的重要议题。然而，我们必须明确，考核评比作为绩效考核和推动工作落实的关键手段，其合理性和不可替代性不容忽视。治理考核评比乱象，并非要取消考核评比，而是要精简其流程、明确其目标，以确保其真正服务于基层社会治理和公共服务供给。鉴于基层群众是公共服务的直接受益者，他们对基层社会治理的成效和公共服务的质量具有最直接的感知和评价，因此，公众是考核评比不可或缺的主体。要实现公众的真正参与，关键在于两个基本条件：一是政务公开，确保公众能够获取充分的信息；二是提供便捷的参与渠道，让公众能够方便地表达自己的意见和诉求。数字治理为这两个条件的实现提供了有力的支持。例如，"141"基层智治体系中的"民呼我为"应用场景，通过限时办结和积极回应民众诉求，促进了公共服务的高效优质供给。菩提街道结合"141"基层智治体系改革，依托"民呼我为"应用，实现了线上分拨流转，建立了高频事项、难点棘手问题的"三色"预警机制，明确了不同层级的办理责任，实现了"微事不出网格，小事不出社区，大事不出街道，矛盾不上交"，累计办理各类事项13352件，满意率达100%。虽然当前数字治理下公众主要参与监督环节，并未真正参与基层考核评比，但数字治理赋权公众监督的长期价值不容忽视。它促使政府尤其是基层政府认识到公众在实践中的规制作用，从而推动基层政府在传统的对上负责外，开始同时向下负责。这种上下结合的行为逻辑，将有助于基层政府更加优质地提供公共服务，满足公众的需求和期待。

截至2024年4月，按照数字重庆建设总体要求，重庆坚持"市建乡用"，全市统一开发、一体部署了基层智治平台，着力为基层减负赋能。该平台已实现重庆全市1031个乡镇（街道）1.1万个村（社区）6.5万个网格全覆盖；构建了镇街、村（社区）、网格三级贯通、多跨协同的体系。该平台具备人房地事物一图呈现、一屏统揽，重点工作、紧急情况在线指挥、一键调度，任务事件闭环处置、一办到底，信息信号分析监测、预警预判，台账、报表数据共享、松绑减负等重点能力，以数据流打通了决策流、执行流、业务流。

四　结语

基层减负，当下已成为实务界和学界共同关注的重要话题之一。推进基层减负，找准问题的症结是第一步，接下来重要的一步是提供系统性解决方案。本文在既有研究的基础上，归纳出基层减负的症结在于职责同构。显然，破解基层减负难题的出路在于改革职责同构，其方向应是职责序构。近年来，随着大数据、人工智能而来的数字治理为职责序构提供了治理空间。因此，数字治理通过职责序构与基层减负产生了内在关联。据此，本文提供了一个破解基层减负难的解释框架：通过赋能政府与赋权社会，数字治理实现了价值亲民与空间亲民的辩证统一、构建了平台化沟通机制、形成了合力规则体系，由此推动了职责同构逐渐转向职责序构，进而破解基层减负难题。在理论分析的基础上，本文转向近年来各地公开的数字治理创新案例，以此来检视理论判断。研究结果发现，虽然数字治理创新时间较短，价值尚未充分展现，但其在推进基层减负方面已初见成效，进而佐证了"数字治理可以助推基层减负"的判断。而且，在实践分析中还发现，与数字治理相伴的是政府职责的重构，即逐渐由职责同构转向职责序构，进而表明职责序构是数字治理推进基层减负的中介机制。

　　尽管已有研究关注大数据技术推进基层减负的作用，不过，相比这些研究，本文重在通过政府职责体系从理论上阐释数字治理推进基层减负的内在机制：促进职责同构转向职责序构，进而从亲民、平台化沟通、合力规则三个维度构建了数字治理推进基层减负的解释框架。该解释框架在回答数字治理何以推进基层减负的同时，也表明数字治理之所以能推进基层减负的关键点在于它可以重构政府职责体系。由此看来，数字治理的实践价值不仅在于简单地运用大数据、人工智能技术，更在于同步推进政府职责体系的配套改革。否则，片面地理解"数字治理减负"将有可能陷入"数字减负"的形式主义怪圈。因此，在政策启示方面，本文的主要建议是依托数字治理推进基层减负应当坚持系统思维，着眼于政府职责体系重构。具体而言，一是强化顶层设计，数字治理与政府职责序构同步推进，配套基层编制与事权；二是打破部门壁垒，构建一体化的数字治理平台，推进数据信息开放、共享；三是拓展公众参与的数字渠道，近距离感知社情民意，拉近政府与公众的空间距离。

数字乡村韧性治理的建构逻辑与重庆实践

刘迎君 *

数字乡村作为以数字技术为驱动、以信息网络为纽带的乡村发展新业态，是实现基层韧性治理的重要载体。党的二十大报告将"完善网格化管理、精细化服务、信息化支撑的基层治理平台"作为城乡社区治理能力提升的突破口。《重庆市数字农业农村发展"十四五"规划（2021—2025年）》强调推动"互联网＋社区""互联网＋政务"向农村地区延伸，推进乡村建设和规划管理信息化，提高乡村治理水平。

重庆集大城市、大农村、大山区、大库区于一体，作为超大城市如何以数字乡村韧性治理为契机破除城乡区域发展不平衡问题、全面推动城乡融合发展、探索符合超大城市发展规律的农业农村现代化路径、开创大城市带大农村大山区大库区发展新格局，对全面提高重庆城乡规划、建设、治理融合水平至关重要。从历史来看，乡村治理实践始终面临着基础设施薄弱、人口外流严重、多元思潮冲击等诸多瓶颈，加之近年来乡村社会生态系统脆弱性的凸显，运用数字技术增强风险抵御弹性和恢复力的韧性治理需求更加紧迫。基于此，本文拟将韧性治理理念引入数字乡村治理转型过程，梳理数字乡村韧性治理的价值转向与建构逻辑，立足数字重庆建设的生动实践，通过

---

* 刘迎君，西南政法大学政治与公共管理学院讲师，主要研究方向为城乡治理与基层政治。

多案例对比展现数字乡村韧性治理的重庆样态，探讨数字乡村韧性治理的经验启示与优化路径，为实现数字赋能乡村韧性治理过程、以乡村治理体系和治理能力现代化助推社会主义现代化新重庆建设提供理论参照和经验依据。

一 数字乡村韧性治理的范畴拓展与价值转向

（一）数字乡村的价值目标与运转机制

数字乡村是伴随网络化、信息化和数字化在农村经济社会发展中的应用，以及农民现代信息技能的提高而内生的农业农村现代化发展和转型进程，其核心在于构建城乡一体化和均等化的社会权利与机会体制。[1] 数字乡村建设旨在弥合城乡居民在信息基础设施接入程度、信息通信设备支付能力、数字信息应用意识和能力等方面的"数字鸿沟"，发挥信息知识的扩散效应、溢出效应以及数字技术释放的普惠效应，使乡村摆脱"数字化生存危机"。[2] 数字乡村建设在实践中呈现典型的国家主导和顶层设计特征。[3] 以技术治理手段赋予乡村社会数字化的组织行为体系，能够实现乡村实质空间与数字空间的交叉融合，实时、量化、可视化地观测乡村社会运行规律、诉求变化以及政府的回应成效。[4]

（二）数字乡村背景下的乡村治理转型

数字乡村治理主要以数字信息技术重构乡村治理要素，通过治理主体、治理结构、治理环境、治理决策的数字化赋能，提高乡村治理能力和优化

---

[1] 韩瑞波：《技术治理驱动的数字乡村建设及其有效性分析》，《内蒙古社会科学》2021年第3期。

[2] 陈潭、王鹏：《信息鸿沟与数字乡村建设的实践症候》，《电子政务》2020年第12期；吕普生：《数字乡村与信息赋能》，《中国高校社会科学》2020年第2期。

[3] 李向振、张博：《国家视野下的百年乡村建设历程》，《武汉大学学报》（哲学社会科学版）2019年第4期。

[4] 刘俊祥、曾森：《中国乡村数字治理的智理属性、顶层设计与探索实践》，《兰州大学学报》（社会科学版）2020年第1期。

乡村治理体系。[①] 数字乡村治理不仅具有弹性再造治理空间、灵活设置治理机制、协同参与治理流程的特征，还呈现数字化的内在韧性治理趋向。[②] 数字乡村建设涉及政府部门、社会组织、市场企业、公民团体等众多治理主体，只有厘清各主体的角色定位和行为逻辑，才能有效发挥各主体建设数字乡村的主观能动性和协同作用。[③] 既有研究围绕党建园地、村务公开、议事服务等乡村治理范畴，概述了数字乡村治理的主体结构、功能应用与关键支撑，[④] 从顶层制度设计、数字平台运作、治理体系重塑等方面检视了数字技术与治理实践结合的经验线索。[⑤]

（三）韧性理念与乡村韧性治理的提出

"韧性"一词发端于工程学科，用以描述金属在外力作用下形变后的复原能力，后被广泛应用于社会科学，逐步形成了生态韧性、城市韧性、演化韧性等不同范畴。[⑥] 由于风险充满不确定性和不连续性，韧性亦具有复杂性和非线性特征，重在强调系统的适应与改变能力。Adger 首次将韧性理念引入乡村社会领域，强调乡村抵御外部扰动的能力。[⑦] 韧性乡村不仅应关注乡村基础设施在风险冲击下保持功能正常和结构完整的能力，[⑧] 还需关注居民

[①] 江维国、胡敏、李立清：《数字化技术促进乡村治理体系现代化建设研究》，《电子政务》2021 年第 7 期。

[②] 丁波：《数字治理：数字乡村下村庄治理新模式》，《西北农林科技大学学报》（社会科学版）2022 年第 2 期。

[③] 彭超：《数字乡村战略推进的逻辑》，《人民论坛》2019 年第 33 期。

[④] 黄博：《数字赋能：大数据赋能乡村治理现代化的三维审视》，《河海大学学报》（哲学社会科学版）2021 年第 6 期；李全利、朱仁森：《打造乡村数字治理接点平台：逻辑框架、案例审视与联动策略》，《学习与实践》2022 年第 3 期。

[⑤] 唐京华：《数字乡村治理的运作逻辑与推进策略》，《湖北社会科学》2022 年第 3 期。

[⑥] 李南枢、何荣山：《社会组织嵌入韧性乡村建设的逻辑与路径》，《中国农村观察》2022 年第 2 期。

[⑦] Adger, W. N., "Social and Ecological Resilience: Are They Related?", *Progress in Human Geography,* 2000, 24(3), 347-364.

[⑧] Wilson, G. A., "Community Resilience, Globalization, and Transitional Pathways of Decision-Making", *Geoforum,* 2012, 43(6):1218–1231.

主体的能动性，发挥社会主体功能以保障乡村基本功能结构在风险应对中保持稳定，使乡村在遭遇风险之后能够通过集体协作转变为更具韧性的新系统。① 从时间维度来看，韧性乡村建设不仅应关注非常规时期的突发事件应对，更需要增强常规时期的治理能力，通过对乡村居民的适应性培育、创造力培育以及社会网络建构等，实现乡村善治。② 从空间维度来看，韧性乡村建设不仅应关注物理空间的自然灾害和虚拟空间的"数字鸿沟"对乡村治理的风险考验，还要重视生产空间的要素流动和生活空间的利益冲突对乡村风险应对、恢复和适应能力的挑战。③

通过上述研究线索的梳理可以发现，韧性治理作为一种全新的治理理念，尤为关注乡村社会在受到外界扰动之后的自我调适和恢复能力，为风险常态化的数字乡村优化治理提供了全新的观测视角。数字乡村韧性治理将乡村治理韧性构建与乡村社会可持续发展有机整合起来，是乡村社会治理的重要价值转向。回顾乡村治理实践可以发现，我国乡村社会治理的演进逻辑一直贯穿着简约化与复杂化两种价值取向，简约治理和复杂治理的理念之争也从未平息。④ 传统社会时期的简约治理理念强调治理成本的控制和治理风险的化解，但是却无法为乡村多元复合的治理难题提供解决方案，因而简约治理理念也逐步被复杂治理理念所取代，复杂治理理念虽然有助于乡村治理主体的资源聚合与社会动员，但是在实践过程中也日益暴露出治理成本居高不下、治理效能趋于弱化的顽症。对此，数字乡村背景下的韧性治理能够在简约与复杂之间寻找到一定的平衡，坚持可控的韧性治理，在激发社会活力的基础上构建现代秩序，是新时代数字乡村治理优化的重要战略路径。⑤

---

① Firdhous, M. F. M., Karuratane, P. M., "A Model for Enhancing the Role of Information and Communication Technologies for Improving the Resilience of Rural Communities to Disasters", *Procedia Engineering*, 2018, 212:707-714.

② 王杰、曹兹纲：《韧性乡村建设：概念内涵与逻辑进路》，《学术交流》2021 年第 1 期。

③ 王成、任梅菁、胡秋云、李琴：《乡村生产空间系统韧性的科学认知及其研究域》，《地理科学进展》2021 年第 1 期。

④ 唐皇凤、王豪：《可控的韧性治理：新时代基层治理现代化的模式选择》，《探索与争鸣》2019 年第 12 期。

⑤ 沈费伟：《数字乡村韧性治理的建构逻辑与创新路径》，《求实》2021 年第 5 期。

二 数字乡村韧性治理的作用场域与建构逻辑

基于数字乡村韧性治理的范畴拓展与价值转向，可以将数字乡村韧性治理定义为：大数据、云计算、移动互联网等信息技术在推动乡村治理理念、流程、结构、功能数字化转型的过程中，使数字乡村消化并吸收外界干扰，保持原有特征、结构和关键功能的能力。数字乡村韧性治理是对乡村脆弱性治理的有力回应，其以"技术嵌入—技术韧性""权力重构—权力韧性""要素组合—资源冗余""利益分配—利益相容"四种逻辑为主导，使乡村治理过程像弹簧一样张弛有度，能够有效应对多类型的治理困境。数字乡村韧性治理的作用场域与建构逻辑如下。

（一）数字乡村韧性治理的作用场域

整体而言，数字乡村韧性治理的作用场域，可以从空间计算、虚实融合等数字技术层面对于乡村脆弱性的缓解，自然环境、基础设施、经济文化等治理要素层面对于乡村不同韧性系统的智能整合，灾害风险应对层面对于乡村多种稳定性状态的动态调适等方面进行归纳。

其一，数字乡村韧性治理是对乡村社会脆弱性的有效缓解。数字乡村韧性治理可以从空间计算和虚实融合两方面化解乡村社会脆弱性治理的难题。一方面，数字乡村利用时空网络技术呈现乡村广阔范围内万物三维的交错关系，从而实现空间数据的检索、分析和计算；另一方面，其还能够从数字空间模拟实体空间情境，通过实体空间设施进入数字乡村空间。数字乡村韧性治理在缓解乡村社会脆弱性的实践中有望达到以下预期目标：一是灾害发生之前具备完善的风险预警和社会动员机制；二是灾害发生时乡村社会的主要功能不中断且防灾救灾系统完备；三是灾害发生之后乡村家庭、市场主体、基础设施能够快速适应和恢复。因此，数字乡村在治理韧性提升的同时也将大幅缩小城乡"数字鸿沟"，塑造共生共荣、在线一体的新型城乡关系。

其二，数字乡村韧性治理是对乡村不同韧性系统的智能整合。韧性治理理念兼具工程韧性、技术韧性、组织韧性等多维特征，将其贯穿到乡村社会治理实践中，也将实现乡村社会不同韧性系统的智能整合。首先，数字乡村韧性治理通过底层基础设施的空间优化提升乡村社会的工程韧性。尤其是从系统性、整体性、关联性的视角推动数字乡村各类基础设施的合理空间布局。其次，数字乡村韧性治理通过数据赋能与智能驱动提升乡村社会的技术韧性。加快布局乡村 5G、人工智能、物联网等新型基础设施，构建包括农村大数据中心、农业综合服务平台在内的基础信息共享平台，将有效满足乡村家庭、农户园区、企事业单位的多样化信息需求，实现数据资源的共享利用。最后，数字乡村韧性治理通过多主体、多要素的协同提升乡村社会的组织韧性。搭建以智能网络为纽带、以数据资源为媒介的多元系统治理体系，有助于形成多尺度、全空间、复合型的韧性乡村治理体系，以资源下沉为契机提升乡村社会治理效能。[①]

其三，数字乡村韧性治理是对乡村多种稳定性状态的动态调适。我国数字乡村建设经历了从技术驱动到业务驱动再到场景驱动的发展阶段，以"数字孪生""乡村大脑"为核心的智慧平台和应用场景的不断成熟，为乡村多种稳定性状态的动态调适提供了重要契机。数字乡村韧性治理强调乡村社会在面对灾害风险时的自组织调适能力，从而保持不同类型的稳定性状态。其中，最低层次的稳定性状态即数字乡村在应对灾害冲击以后能够恢复到初始状态；中等层次的稳定性状态则是乡村社会在面临巨灾损失后无法恢复到原始状态，但是能够通过自组织学习、优化、重组以营造新的稳定性状态；最高层次的稳定性状态是乡村社会利用大数据、物联网技术建立物理乡村与数字乡村之间的精准映射，实现灾前预警、灾中动员、灾后恢复与能力重塑的动态调适。[②]

---

① 沈费伟：《数字乡村韧性治理的建构逻辑与创新路径》，《求实》2021 年第 5 期。

② Nelson, D. R., Adger, W. N., Brown, K., "Adaptation to Environmental Change: Contributions of a Resilience Framework", *Annual Review of Environment and Resources*, 2007, 32(1):395-419.

（二）数字乡村韧性治理的建构逻辑

在明晰数字乡村韧性治理作用场域的基础上，以范畴拓展和价值转向为理论依据，可以尝试建构数字乡村韧性治理的技术嵌入、权力重构、要素组合、利益分配等多重主导逻辑（见图1）。

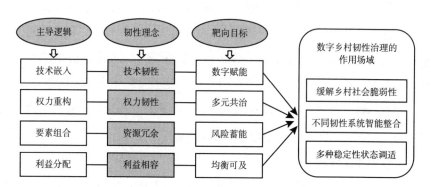

图1　数字乡村韧性治理的建构逻辑

1. 技术嵌入逻辑

大数据、移动互联网、云计算等数字技术在化解基层纠纷、提供公共服务、维护社会治安等乡村韧性治理领域具有广阔的应用前景。其一，数字乡村韧性治理能够推动乡村治理模式由传统科层制治理结构向基于数字网络的扁平化多拓扑结构转变，充分调动乡村社会多元治理主体的积极性与合作意愿，打造能够有效应对风险灾害、公共价值取向一致的乡村利益共同体。其二，数字基础设施、数字应用场景在乡村的覆盖，能够从风险监测预警、资源高效共享、韧性能力建设等方面为面向韧性治理的农村社区注入新鲜血液，从而实现乡村社会治理风险源的动态识别和及时防御。其三，数字乡村韧性治理共同体的开放性和互动性，能够充分借力外部资源实现自身的可持续发展，尤其是依托乡村数字治理体系的数据聚集、分析评估等信息化服务优势，构建跨区域、跨部门的乡村社区风险应急管理平台，通过对乡村社会内部系统韧性的跟踪评估和动态优化，将大幅提升数字乡村治理共同体的技术韧性。[①]

数字乡村韧性治理的技术嵌入逻辑主要体现为泛在网络和互联互通两个维度。从泛在网络维度来看，数字乡村韧性治理不仅为物联网、云计算、人工智能等支撑数字乡村发展的数字技术提供了广阔的应用场景和丰富的验证平台，还将推动数字乡村加速建设泛在智能的网络连接设施、物联数通的新型感知基础设施，逐渐形成以数据为核心要素的泛在标识、泛在感知、泛在连接、泛在计算和泛智能化总体格局，为农村居民畅享数字红利提供基础设施支撑。从互联互通维度来看，数字乡村韧性治理一方面能够推动城乡物流、人员流、商品流、信息流的双向流动，促进城乡要素资源的平等交换；另一方面还将促进乡村治理各主体间的即时沟通和互动对接，成为消弭"数字鸿沟"、助推农业农村现代化变革的强劲动力。[②]

2. 权力重构逻辑

数字技术具有鲜明的"权力属性"，它一方面是国家对乡村社会进行"数字整合"的全新工具，自上而下地贯彻国家治理目标；另一方面也是乡村社会与国家互动的重要媒介，自下而上地反馈基层诉求意愿。因此，在推动数字技术赋能乡村韧性治理的过程中，不仅要注重国家借助数字技术调动乡村治理要素、重塑乡村治理机制的功能优势，还要尊重和规范乡村治理各主体的数字权利，坚持人民主体地位的治理理念，提高乡村治理主体的"数字素养"，从而实现国家权力与主体权利之间的良性互动。[③]

数字乡村韧性治理的权力重构逻辑主要体现在秩序重建与发展理念重塑两个维度。从秩序重建维度来看，数字乡村韧性治理将从安全接入、安全管理、安全应用、安全服务等方面，全方位地构建数字乡村"云脑"安全的技术体系、标准体系和保障体系，依托大数据管理、智能化平台和数字化安全

---

① 胡卫卫、李一凡、豆书龙：《乡村韧性治理共同体的建构逻辑与运行机制》，《西北农林科技大学学报》（社会科学版）2022 年第 6 期。

② 吕普生：《数字乡村与信息赋能》，《中国高校社会科学》2020 年第 2 期。

③ 陈晓琳、李亚雄：《数字乡村治理的理论内涵、数字化陷阱及路径选择》，《理论月刊》2022 年第 10 期。

监测预警系统有力助推乡村治理的精细化和基层政府决策的科学性。[①] 从发展理念重塑维度来看，数字乡村韧性治理正是贯彻新发展理念的生动治理实践，有助于实现数字乡村发展规模、结构、质量、效益和安全等多维目标的有机统一，成为激发乡村振兴动能、实现农业农村现代化高质量发展的新引擎和关键力量。

3. 要素组合逻辑

数字乡村的内生发展模式有利于充分释放乡村社会资源要素，激发乡村数字化发展新活力。其一，数字乡村背景下以土地、资本、人才为代表的要素市场化改革持续深化，将充分引导各类社会资本、人才资源投入农业农村现代化建设过程，通过构建联营、合资、租赁等多元化发展机制，以塑造数字乡村发展的新业态和新模式。其二，数字乡村在实践过程中积极探索集成"一张图"管人、管地、管物、执法功能的动态监管和预警处置系统，将"批、供、用、补、查、管"各环节所形成的业务数据流进行有效关联，从而实现乡村社会各类资源要素的有机整合与高效利用。[②] 其三，数字乡村在风险应对和韧性建设过程中直面人民群众最关心、最切身的现实利益问题，可以充分调动广大农民参与乡村治理的积极性和能动性，进而实现乡村社会治理主体和治理要素的互促互融，大幅提升数字乡村的治理效能。

数字乡村韧性治理的要素组合逻辑靶向效率提升和效益倍增双重价值目标。从效率提升来看，数字乡村韧性治理以乡村时空数据为索引，以多类型数据资源融合为手段，以农业农村新业态、新模式为实践场景，能够实现乡村治理各功能模块的虚实互动、趋势研判和监测预警，凭借智能化、普惠化、集约化的优势，形成数字乡村治理的可控韧性框架。从效益倍增来看，数字乡村韧性治理为农村电子商务和数字化新业态的发展提供了坚实基础，一方面，它能够整合生产商、电商平台、物流企业、地方政府、行业协会的差异化资源优势，形成农产品进城和现代消费品下乡的双向流通格局，实现

---

① 沈费伟：《数字乡村韧性治理的建构逻辑与创新路径》，《求实》2021年第5期。

② 沈费伟：《数字乡村的内生发展模式：实践逻辑、运作机理与优化策略》，《电子政务》2021年第10期。

线上线下无缝衔接、产品供应链与电商服务链联动发展的数字乡村产业发展目标；① 另一方面，它还能够推动基于"数字平台＋乡村旅游""数字创意＋休闲产品""数字内容＋乡风传播"的乡村文旅业态创新，助力乡村第一、二、三产业高质量融合发展。同时，数字乡村韧性治理在推动和美乡村建设的实践过程中，也将不断健全与农村居民生产生活息息相关的冗余性基础设施建设，逐步营造"制度创新—文化重塑—个人能动"的社区韧性精神文化氛围，搭建面向全周期风险管理的社区风险韧性开放平台，进而增强数字乡村治理中的韧性强度与风险蓄能。②

4. 利益分配逻辑

数字乡村建设作为一项巨大的系统工程，必然将涉及利益格局的调整，而其中最为关键的利益分配点即在于如何弥合城乡数字不平等的鸿沟。由于市场机制的调节作用和城乡二元的信息化发展模式，农村始终处在要素流动与竞争的边缘，即便在数字经济时代，技术变革的筛选机制依然会将相当一部分农村居民拒之于数字红利之外。③ 城乡"数字鸿沟"也正由原来的电脑、互联网、电子商务、数字普惠金融等接入鸿沟和使用鸿沟拓展至基于大数据、物联网、云计算、人工智能等新一代信息技术的产业鸿沟、治理鸿沟和公共服务鸿沟，这就要求国家层面必须推动数字乡村建设与智慧城市建设协同发展、相互促进、融为一体，实现全社会成员的数字平等和利益相容。④

数字乡村韧性治理的利益分配逻辑主要体现在乡村宜居宜业和农民获得感提升两个维度。从乡村宜居宜业维度来看，数字乡村韧性治理将着眼于乡村物理空间的改造升级和公共服务资源的优质供给，尤其是要结合乡村治理

---

① 沈费伟：《乡村技术赋能：实现乡村有效治理的策略选择》，《南京农业大学学报》（社会科学版）2020年第2期。

② 胡卫卫、李一凡、豆书龙：《乡村韧性治理共同体的建构逻辑与运行机制》，《西北农林科技大学学报》（社会科学版）2022年第6期。

③ 邱泽奇、乔天宇：《电商技术变革与农户共同发展》，《中国社会科学》2021年第10期。

④ 李丽莉、曾亿武、郭红东：《数字乡村建设：底层逻辑、实践误区与优化路径》，《中国农村经济》2023年第1期。

的复杂性和乡村惠民服务的交叉性特征，充分利用数字技术的扩散效应和普惠效应，重点开发集教育、医疗、便民服务、养老助老、金融支持等于一体的公共服务数字化应用平台，推动优质公共资源的流动和共享，及时回应数字化时代农村居民的利益诉求转变，不断提升农村居民的生活质量。[①] 从农民获得感提升维度来看，数字下乡契合了产业兴旺、生态宜居、乡风文明、治理有效、生活富裕的乡村振兴总要求，通过城乡信息资源的优化配置打通了基层治理的"最后一公里"，使农村居民在实现数字乡村产业振兴、人才振兴、文化振兴、生态振兴、组织振兴的过程中不断提升数字获得感。

综上可以发现，在推动数字乡村韧性治理的实践中，通过数字技术嵌入的治理网络互联互通，可以实现基于技术韧性的数字赋能；通过数字空间架构的治理权力多元化，可以实现基于权力韧性的多元共治；通过数字平台依托的治理要素组合再造，可以实现基于资源冗余的风险蓄能；通过数字场景应用的资源共享和获得感提升，可以实现基于利益相容的均衡可及，最终推动农村社会形成具备迅速回应性、自主能动性和持续调适性的数字乡村韧性治理共同体。这种治理共同体的构建，能够强化乡村治理主体对风险灾害和突发公共事件治理过程的评估和反思，并将风险治理的经验教训融入基层社会韧性建设的全过程，形成动态可持续的乡村治理能力学习机制。

三 数字乡村韧性治理的重庆实践与样态扫描

近年来，随着《重庆市数字乡村发展行动计划》《重庆市智慧农业发展实施方案》《重庆市国家数字乡村建设试点工作实施方案》等文件的出台，重庆市聚焦山地特色农业和山水绿色乡村，大力推进数字乡村建设，乡村数字基础设施持续改善，乡村数字经济加速发展，乡村数字化治理体系不断完善，信息惠民服务持续深化，为全市乡村振兴注入了强大动力（见表1）。2023 年 4 月，重庆市召开数字重庆建设大会，明确提出全力打造高质量发展

---

① 沈费伟：《数字乡村韧性治理的建构逻辑与创新路径》，《求实》2021 年第 5 期。

新引擎、高品质生活新范例、高效能治理新范式，加快构建数字文明新时代的市域范例，以数字化引领开创现代化新重庆建设新局面。基于数字乡村韧性治理的作用场域与建构逻辑，本部分聚焦数字乡村韧性治理的重庆实践，对技术嵌入逻辑主导的石柱土家族自治县"平安乡村·智惠农家"模式、权力重构逻辑主导的荣昌区"小院家"模式、要素组合逻辑主导的巴南区"巴小智"模式、利益分配逻辑主导的酉阳土家族苗族自治县"花田乡"模式进行样态扫描。

表 1　重庆市数字乡村治理代表性政策文本

发布时间	政策文本名称	发文机构	内容摘录
2019 年 11 月	《重庆市智慧农业发展实施方案（试行）》	重庆市人民政府办公厅	建设天空地一体化智慧农业监测体系，对农业资源要素、生产过程、时空方位及生产环境进行感知、诊断、决策，提供产业布局、重大动植物疫情防控、灾害预警、农情信息动态等服务，形成全市农业产业数字地图，精准指导全市智慧农业生产发展
2021 年 11 月	《重庆市数字经济"十四五"发展规划（2021—2025 年）》	重庆市人民政府	整合农业农村、科技、商务、邮政、供销、气象等部门在农村现有站点的要素资源，扩大信息技术服务产品和涉农信息普惠服务供给，构建农村综合信息服务体系。利用 5G、大数据、物联网等技术提升农村教育、医疗卫生服务水平，加强农村垃圾、生活污水、厕所粪污治理，推动农村社会综合治理数字化
2021 年 12 月	《重庆市数字农业农村发展"十四五"规划（2021—2025 年）》	重庆市农业农村委员会	推动整合多方资源，利用益农信息社触点优势，采集监测农情、市场行情、社情民意等信息，建立分析预警平台，做好信息发布与精准推送。提升益农信息社服务能力，深化平安乡村建设，推动"互联网＋社区""互联网＋政务"向农村地区延伸，推进乡村建设和规划管理信息化，提高乡村治理水平
2022 年 12 月	《重庆市乡村建设行动实施方案》	重庆市乡村振兴局	实施数字乡村建设发展工程；推进涉农服务信息共享，鼓励开发适应"三农"特点的信息终端、技术产品、移动互联网应用软件；推进乡村管理服务数字化，推进农村集体经济、集体资产、农村产权流转交易数字化管理；加快城乡灾害监测预警信息共享，升级完善林区防火通信网络；深入实施"雪亮工程"；深化乡村地名信息服务提升行动

（一）技术嵌入逻辑主导的石柱土家族自治县"平安乡村·智惠农家"模式

重庆市石柱土家族自治县辖区面积为 3014 平方千米，辖 33 个乡镇（街道）242 个行政村（社区），总人口 55 万人，全县主要劳动力输出约占比30%，乡村"三留守"现象突出，社情民意相对复杂，乡村治理难度大。近年来，针对乡村场域频繁出现的矛盾纠纷、安全隐患等问题，为促进治理有序及乡村振兴，石柱土家族自治县于 2018 年自主研发了"平安乡村·智惠农家"防控系统，将"大数据+智能化"与"枫桥经验"融合，探索形成"智能化防控+贵和工作法"乡村治理模式，以有效破解乡村治理中长期存在的难题，乡村治理水平显著提升。

结合重庆市大农村、大山区、大库区的实际，石柱土家族自治县自主研发的"平安乡村·智惠农家"防控系统主要由智能警务指挥系统和"平安乡村·智惠农家"App 两种应用平台构成。其中，智能警务指挥系统依托基础数据平台、综合运用平台、公共服务平台三大平台，通过大数据技术系统采集和整合了公安、信访、民政等多个部门的各类信息，并进行精准编码和共享管理，实现了天网视频实时监控、地网数据实时监测、人网警力实时应对、互联网舆情实时回应的"四网"管控效果。具体来看，天网视频实时监控，依托"雪亮工程"，推出高空瞭望、交通卡口、治安监控、人脸识别等功能，可通过手机 App 实时查看，实现"车过留牌、人过留影、事过留痕"，随时保护辖区安全。地网数据实时监测，通过物联感知、智能分析等技术，对环境污染、地质灾害、火灾感应、气候状况、负氧离子、雾霾指数等进行探测感知、实时预警。人网警力实时应对，整合综治干部、驻村辅警、巡防人员等力量并录入人网系统，实时对突发事件、安全隐患、矛盾纠纷等发生地进行定位；依托手机 App 以点对点或组网方式，调度"贵和六长"及时到场处理。互联网舆情实时回应，建设互联网正负面信息筛查系统，认真听取广大网民的建议和意见，对批评意见立即研究整改，实现网络问政，回应群众期待，防止"小民意"变成"大矛盾"。由此，乡情乡貌"一屏展现"，沟通协同"一键连通"，指令信息"一键推送"，打防管控"一网运行"，极大地延伸了工作触角、扩展了工作视距、提升了工作效能。"平安乡村·智惠农家"App 突出"惠"字理念，搭载了民宿住客登记、农旅特产推介、"三留守"人员关爱、网上矛盾纠纷化解、民意收集反馈五条惠农服务措施，在开展防控的同时，延伸公安机关服务职能，深受群众推崇。仅民宿住客登记服务就可以为经营民宿农家乐的农户节约 5000 余元，并有效解决了民宿农家乐实名登记难、信息采集难的问题，为村民奔小康注入了"新能源"。

值得一提的是，石柱土家族自治县探索形成的"贵和工作法"也被深度嵌入数字乡村韧性治理全过程。石柱土家族自治县在各村（社区）打造"贵和工作室"，将其作为新时代文明实践所的重要实践单元、基层"三治"融合的关键阵地、防范化解各类风险的重要关口，开展乡村治理各项工作。立足将矛盾化解在苗头的目标，成立"贵和调解队"，建立"矛盾化解专家库"，提供律师视频连线咨询解答和入驻化解指导，依法公正、专业高效地解决各种矛盾纠纷；同时在"平安乡村·智惠农家"防控系统中嵌入"贵和工作法"板块，自动分析研判前端由干部、民（辅）警采集的信息，为社会治理工作提供支撑。

总体而言，技术嵌入逻辑主导的石柱土家族自治县"平安乡村·智惠农家"模式在实践过程中呈现以下三个方面的典型特征。一是借助数字技术织密基层安全网，构建了"联勤、联防、联动、联控"的立体化、信息化、精准化防控格局，守住乡村社会平安底线。二是以数据流为媒介，实现公共安全视频监控网络、条块分割的政务数据资料以及多类型人力资源的高效整合，放大了数字乡村韧性治理的社会动员效应。三是以权力下沉为契机，创新乡村治理警务模式和基本公共服务供给模式，利用数字技术撬动基层"微治理"的强大效能。"平安乡村·智惠农家"模式自 2018 年实践以来，石柱土家族自治县化解矛盾纠纷 20570 件，化解成功率达 99.42%，人民群众安全感综合指数达 99.8%，[①] 真正实现了"矛盾不上交、平安不出事、服务不缺位"。

---

① 《党建统领传统文化与现代化在基层治理中深度融合 重庆石柱"贵和工作法"：新时代"枫桥经验"在大山深处的生动实践》，《法制日报》2023 年 8 月 29 日。

（二）权力重构逻辑主导的荣昌区"小院家"模式

重庆市荣昌区地处成渝主轴黄金联结点上，是成渝地区双城经济圈建设的"桥头堡"，总面积1077平方千米，辖6个街道、15个镇，总人口86万人。近年来，借力入选"国家数字乡村试点地区"的政策东风，荣昌区以农家小院为治理单元，依靠数字化赋能"院落制"，以"小院+"推动党建引领乡村善治，推动建立网格化管理、精细化服务、信息化支撑的基层治理平台，有效激发群众参与意识、畅通群众参与渠道、提升群众参与能力，切实解决乡村治理困境，逐步健全党组织领导的"三治融合"乡村善治体系，让"小院家"连"万家"，为推动乡村全面振兴提供和谐稳定的社会环境。

在重庆市乡村振兴局的指导下，中国移动通信集团重庆有限公司与荣昌区直升镇联合开展实地调研，围绕乡村治理主题深入了解村干部、院长、村民等实际需求，2022年7月，重庆市首个以小院为单位的数字乡村管理平台——"小院家"正式上线。该平台通过打造"小院"微网格，结合"积分制"建立院落治理机制，主要包括微信小程序、微信公众号、网站管理后台等3种形态，推出积分兑换、垃圾治理、事件上报、新闻资讯、活动通知、个人求助、求职评比等丰富功能。结合院落治理机制和"积分制"，打造出多个乡村自治场景，在解决民生需求的同时，增强群众参与乡村自治的行动自觉及获得感。"小院家"平台还为院长、村干部、乡镇管理人员提供工作平台，推出事件处理、信息采集、自治考评、数据查看等功能，实现了对各类群众诉求的"一站式"受理，为乡村治理及综合信息管理等工作提供了新手段，加快推动了乡村治理数字化建设。①

对小院院长、村干部、乡镇管理人员来说，可通过"小院家"开展日常工作，及时掌握村里的大事小事，发现村里出现的问题并迅速进行处理；对村民来说，不仅可以通过"小院家"找工作、销售农副产品、向村委会反映

---

① 《数字乡村管理平台"小院家"撬动乡村治理"大效能"》，人民网，2023年3月17日，http://cq.people.com.cn/n2/2023/0317/c367647-40341389.html。

各种问题和求助，还可以获取新闻资讯和活动通知等。在运行过程中，"小院家"一直在更新拓展、升级优化。目前，微信小程序还开发出了普通模式和老年人模式，研发出"小院家"电视平台及智能手环平台，增加对留守老人、小孩的关注。截至2023年7月，直升镇使用"小院家"平台共发布村务公开、惠农政策、务工消息等信息200多条，累计发放积分2.2万分，兑换商品两万多元，收集并解决群众事务500多件。[①]重庆因"小院家"而改变的乡村还有不少，截至2023年2月，"小院家"已从荣昌区推广至全市11个县区，在34个村124个小院落地应用。[②]

总体而言，权力重构逻辑主导的荣昌区"小院家"模式在实践过程中凸显了以下特色。一是充分发挥群众主体作用，以数字化平台为载体建立小院积分兑换机制，持续激发小院群众参与乡村治理的"主人翁"意识，通过治理主体权力重构激发乡村善治活力，努力实现"小事不出院、大事不出村"。二是创新推动"三治融合"，依托"小院家"的"一站式"受理平台，充分听取群众意见建议，在人居环境整治、服务资源下沉等过程中推进民主决策、民主管理、民主监督、民主协商，实现乡村治理从"替民作主"向"由民作主"转变。[③]三是基于数字乡村管理平台推动各级资源力量向小院汇聚，广泛开展"+思想""+送法""+文化"活动，丰富"小院家"的内涵和外延，深入践行数字乡村韧性治理的理念，实现物理空间中的小院与数字空间中的小院交相融合。

（三）要素组合逻辑主导的巴南区"巴小智"模式

巴南区于2020年入选首批国家数字乡村试点县，在数字乡村建设中先

---

① 《荣昌万宝村：打造智慧平台"小院家"用数字技术赋能乡村基层治理》，重庆日报网，2023年7月6日，https://app.cqrb.cn/html/2023-07-06/1416014_pc.html。

② 《数字乡村管理平台"小院家"撬动乡村治理"大效能"》，人民网，2023年3月17日，http://cq.people.com.cn/n2/2023/0317/c367647-40341389.html。

③ 《重庆市荣昌区：探索以"小院+"推动党建引领乡村善治》，中国共产党新闻网，2022年8月22日，http://dangjian.people.com.cn/n1/2022/0822/c441888-32508303.html。

行先试。2023 年，国家七部委公布全国首批数字乡村试点地区完成情况终期评估报告，巴南区在全国试点区县评估中排名第 8（西部地区第 2），属于全国领先水平。为助推巴南区乡村治理模式向数字化、智能化、在线化转型升级，中国移动通信集团重庆有限公司巴南分公司携手 12582 基地、智慧家庭中心联合开发"巴小智"乡村治理数字化平台，打造"信息联网、平安联巡、村民联调、乡风联育"四大功能板块，探索"四联共治·数字赋能"乡村治理新模式，以"小数字"撬动乡村治理"大效能"。

"巴小智"乡村治理数字化服务平台于 2022 年 9 月上线，为乡村治理提供"一站式"综合性服务。该平台通过多维度信息数据，构建精准的"四联共治"乡村治理体系，真正实现"联网"智能化、"联巡"立体化、"联调"本土化、"联育"特色化。在智能化"联网"方面，通过政务聚合功能，整合综治信息平台、12371 党建信息平台、重庆群工、电子书屋、远教视频互动、社会保障等平台数据，建立乡村治理综合服务调度平台。乡村治理综合服务调度平台统一纳入"巴小智"一体调度、一站响应，形成"一个平台统一受理、各种手段综合治理"的多元共治模式，基本实现"人在网中走、事在格中办"的网络格局。① 在立体化"联巡"方面，"巴小智"将森林防火、秸秆禁烧、信访矛盾隐患排查、人居环境整治、地质灾害防范、交通安全管理等纳入"面上巡"，主要交通沿线人工轮巡位置打卡、事件采集纳入"线上巡"，网格员逐户逐院巡逻打卡纳入"点上巡"，用活群防群治机制。在本土化"联调"方面，通过"巴小智"在线投诉平台，以德高望重、经验丰富的老党员、老干部、老代表、老教师、老军人等为主要力量的本土调解队伍，可以实现上门服务，解决群众诉求和信访问题，把"家长里短"化解在网格内部，把复杂矛盾纠纷解决在镇街。在特色化"联育"方面，"巴小智"统一制定乡村治理"积分制"管理模块，将积分结果运用与先进典型、道德模范评选表彰结合起来，实行线上一体展示积分、平台兑付积分结果，将其

---

① 牛磊、原璐璐、丁忠民、赵一夫：《制度赋权与技术赋能：乡村内生性治理主体何以重塑——基于参与式治理视角的双案例分析》，《电子政务》2024 年第 4 期。

作为评选"道德模范""文明家庭""最美家庭""星级文明户"等各类先进的重要依据。惠民街道胜天村通过"巴小智"进行村民民主投票，评选出了2022年最美院落，村民主动参与、积极作为，呈现农村人居环境整治新气象。①

总体而言，要素组合逻辑主导的巴南区"巴小智"模式在运转过程中实现了"1+5+N"的治理要素重组优化，以1个数字乡村服务平台为载体，集合大数据、区块链、云计算、三维地图等先进技术，集全区数字党建、数字农业、数字治理、数字生活、数字农民5个板块于一体，实现"一屏感知全域、一图掌握全区、一网服务全民"N项应用落地。"巴小智"成为健全自治、法治、德治相结合的乡村治理体系的重要窗口，将"四联共治"理念深度嵌入数字乡村韧性治理全要素全过程，实现了政府主导治理向多元共治的转变，推动了数字乡村社会治理水平迈上新台阶。

（四）利益分配逻辑主导的酉阳土家族苗族自治县"花田乡"模式

重庆市酉阳土家族苗族自治县地处武陵山区腹地，是全国160个乡村振兴重点帮扶县之一。2020年以来，酉阳土家族苗族自治县从建设全域数字乡村入手，锚定乡村宜居宜业和农民获得感提升的目标，以科技赋能乡村治理，激发乡村治理活力，为乡村治理现代化探索出了一条新的"数字路"。花田乡地处重庆市酉阳土家族苗族自治县县城以北，总面积84平方千米，辖6个行政村76个村民小组，有3219户10390人。2020年以来，中国电信与酉阳土家族苗族自治县合作建设花田乡数字乡村项目示范点，相继推出空巢老人智慧看护系统、村庄"雪亮工程"、智慧便利店、何家岩云稻米项目，着力构建起村民沟通、老人关爱、村务管理、生产服务四种机制，提升了群众的生产生活水平。

一是构建"沟通机制"让村民互信形成合力。中国电信通过村村享、平

---

① 《重庆巴南区："四联共治"走出乡村治理新路子》，《农民日报》2022年12月22日。

安监控等产品，协助酉阳土家族苗族自治县政府开展"文明遍山村、视频话发展、评比促动力、乡贤助治理"的系列活动，构建起村民之间的沟通机制，实现在家村民"实时沟通"、在外村民"定时沟通"，通过"网络＋机制"实现了信息共享，农村人口空心化带来的信息不对称问题得到了有效解决，"大事共办、村务共商、民事民办"真正得以落地。二是构建"关爱机制"让空巢老人老有所养。一方面，依托视频看护保安全，为空巢老人家庭安装视频看护设施，定制 24 小时无活动轨迹预警功能，整合亲情通话、远程视频、广播提醒、一键呼救、预警提示等功能，让外出子女的关爱全天候在线、村"两委"的看护全天候不间断；另一方面，借助健康手环保健康，为空巢老人佩戴健康手环，与乡卫生院建立大数据连接，由乡卫生院统一采集老人的血压、血糖、心率等健康状况数据，开发摔倒呼救、异常指标等特别功能，对老人的健康状况和安全状况实行全天候监护，及时上门诊断处理紧急性、突发性健康问题。三是构建"管理机制"让乡村事务干群共商。花田乡建成政务公开线上平台，及时发布相应的惠民政策，"村务怎么样，网上就能看"，满足了外出务工村民对村务信息的知晓需求，推动"互联网＋社区"向农村延伸。建设远程看家系统，"天翼看家"实现"千里看家"，让外出群众实时查看家中情况，了解周围发展变化，实现"日不关门、夜不闭户"，通过网络慰藉乡愁。① 建设群众信息反馈系统，让群众将生活琐事、邻里纠纷、诉求困难等直接通过客户端向后台反映，后台信息处理员随即启动服务和处置机制。同时，设置"一键报警""我要办事""应急指挥"等功能，打通了农村居民信息服务"最后一公里"。四是构建"服务机制"让生产经营科学发展。建设智慧农业可视化应用平台，集成土壤墒情监测、水质监测、气象监测、病虫害监测系统，农产品溯源系统，植保无人机等现代农业精细化管控系统，用更专业的管理方式提升农业生产效能、助力现代农业高质量发展。建设完善智慧农业服务设施，建设 2 个农业小型气象站，安装

---

① 《酉阳："数字引擎"为乡村振兴注入新动能》，中国网，2022 年 8 月 19 日，http://jilu. china.com.cn/2022-08/19/content_42076768.htm。

土壤墒情监测仪、水质监测仪、虫情监测一体机、田间大屏，配置无人机。同时，针对花田乡梯田和贡米的特殊价值，安装30个摄像头进行田间监控，接入云平台，为贡米智慧认养项目推进打下坚实的基础。当地从硬件设备上为智慧农业提供保障，为科学务农提供了数字化支持。

总体而言，利益分配逻辑主导的酉阳土家族苗族自治县"花田乡"模式在推动数字乡村韧性治理的过程中主要有以下两方面的鲜明特征。一方面，突出农村居民获得感提升"一个重点"，健全数字助力、市场培育、群众参与、利益联结、帮扶联动"五大机制"，破解政府干群众看、有资源他人赚的"两大难题"，实现共同富裕"一个目标"。另一方面，通过积分治理、奖惩结合引导和鼓励村民积极参与村务事项办结效率监督和诉求反馈过程，激发了村民在乡村治理过程中的主观能动性，使村民自觉担当乡村公序良俗的维护者和倡导者，实现了数字乡村不同治理主体之间的利益相容。

四　数字乡村韧性治理的经验启示与路径优化

梳理上述案例可以发现，数字赋能重庆乡村韧性治理已取得了一定进展，通过乡村治理的智能化转型推动乡村治理体系和治理能力现代化的趋势也愈发明显。尽管重庆市不同县区推动数字乡村韧性治理的主导逻辑各有特色，但依然能够从决策依据、权力运行、治理架构、效能呈现等维度总结经验启示，从而为进一步优化数字乡村韧性治理的实现路径提供重要参考。

（一）数字乡村韧性治理的经验启示

数字乡村韧性治理的生动实践，证明了数字技术赋能乡村治理过程能够明显提升乡村治理的前瞻性水平、系统化水平、智能化水平和精细化水平，助推数字乡村实现源头治理、开放治理、融合治理、精准治理。

其一，从决策依据维度看，数字乡村韧性治理推动了乡村治理决策由经验导向向数据导向转变，前瞻性水平的提升有利于数字乡村源头治理的生成。乡村治理过程从本质上来看即基层权力主体在多类型治理领域不断做出决策的过程，决策的科学性与否将直接影响治理效能的高低。传统乡村治理模式下，基层权力主体的治理决策基本上建立在主观经验判断的基础上，且由于政策框架、上级意图、乡俗文化等因素的影响而存在较大的自由裁量空间，为治理目标的无效偏移埋下了隐患。然而，数字技术的应用使汇集乡村社会生产生活、公共安全、舆情民意等各方面信息数据成为可能，依托数字化应用平台分析不同治理领域数据间的内在关联，强化对于乡村治理发展动态的分析能力和预测功能，以数据变化所映射的事实取向为依据建立科学的预警机制，[1] 可以大幅提升治理决策的前瞻性水平，逐步形成数字乡村的源头治理模式。

其二，从权力运行维度看，数字乡村韧性治理推动了乡村治理权力由管理导向向服务导向转变，系统化水平的提升有利于数字乡村开放治理的生成。传统乡村治理模式下乡镇政府和村两委占据信息输送、资源分配的绝对优势，公共权力的运行呈现典型的自上而下单向流动的特征，普通村民和社会组织往往是被动的权力实施接受主体，参与村务治理的话语权、积极性以及能力均处于劣势，乡村治理的碎片化、封闭性特征明显。[2] 而数字乡村治理平台则重塑了乡村权力场域的运行规则，无论是"巴小智"还是"小院家"，都使乡村治理的事项透明化、流程简约化，村务信息资源的共享不仅提升了普通村民与基层公共权力部门协商互动的能力，也对乡村公共组织体系的权力运行形成了有效监督，多元主体的积极参与能够有效提升治理过程的系统化水平，逐步形成数字乡村的开放治理模式。

其三，从治理架构维度看，数字乡村韧性治理推动了乡村治理架构由单一平面向复合立体转变，智能化水平的提升有利于数字乡村融合治理的生成。石柱土家族自治县"平安乡村·智惠农家"模式下的"四网合一"通过数字技术赋能乡村治理网络互联，呈现数据资源与人力资源无缝衔接、体制

---

① 赵敬丹、李志明：《从基于经验到基于数据——大数据时代乡村治理的现代化转型》，《中共中央党校（国家行政学院）学报》2020 年第 1 期。

② 黄博：《数字赋能：大数据赋能乡村治理现代化的三维审视》，《河海大学学报》（哲学社会科学版）2021 年第 6 期。

力量与社会组织充分协同、线上网络与线下网格紧密结合的治理特征，实现了从单一平面的传统治理架构向复合立体的现代治理架构的嬗变。构建自治、法治、德治相结合的乡村治理体系，是新时代推动乡村社会由管理向治理有效转变的重要举措。以数字技术为底层架构所搭建的数字乡村综合治理平台，大幅提升了治理领域的关联度、治理程序的简洁度、治理空间的透明度，可以有效支撑乡村自治、法治、德治、智治的融合发展，逐步形成数字乡村的融合治理模式。

其四，从效能呈现维度看，数字乡村韧性治理推动了乡村治理效能由机械低效向主动高效转变，精细化水平的提升有利于数字乡村精准治理的生成。正如西阳土家族苗族自治县花田乡数字乡村示范项目所构建的四种机制，依托数字乡村综合治理平台的数据采集、分析与预测功能，农村居民的利益诉求能够快速、精准地反馈至乡村公共权力体系，进而推动公共服务的个性化、差别化、精准化供给，[①] 有效解决了传统乡村治理模式中信息不对称、供需不匹配的顽症，通过网络联动协同、信息联通共享、标准体系动态跟踪，推动了精准高效的基本公共服务供给体系完善，逐步形成数字乡村的精准治理模式。

（二）数字乡村韧性治理的路径优化

基于数字乡村韧性治理的多重建构逻辑，立足重庆市数字乡村韧性治理的样态特征和经验启示，应以数字乡村的城乡技术对接和数字素养提升为重点，进一步提升数字乡村治理的技术韧性；以数字乡村治理主体、治理资源、治理手段的精准定位和协同合作为重点，进一步提升数字乡村治理的权力韧性；以完善数字乡村制度布局和管理机制、统一数字乡村标准规范为重点，进一步促进数字乡村治理的资源冗余；以提高数字乡村与乡村治理现代化应用场景、业务需求的契合度为重点，进一步实现数字乡村治理的利益

---

① 江小涓：《大数据时代的政府管理与服务：提升能力及应对挑战》，《中国行政管理》2018年第9期。

相容。

一是以数字乡村的城乡技术对接和数字素养提升为重点，进一步提升数字乡村治理的技术韧性。技术赋能是数字乡村韧性治理的根本灵魂，这不仅要求我们在推动数字乡村建设的过程中注重数字技术设施和服务体系的完善，还应着力提升基层治理各主体的数字素养，从乡村社会深层次的结构关系调整中寻找应对治理风险的内生性路径，真正释放数字乡村的韧性治理功能。[①] 一方面，要建立健全数字技术的城乡技术对接机制，不仅要用好用活数字乡村政策红利，加快乡村 5G 技术、物联网、云计算、区块链等示范工程建设进度，实现数字技术接入端的城乡均衡，更要推动城市数字企业、数字管理部门、数字教育资源与农村治理主体、治理要素、治理领域双向对接，激发数字乡村韧性治理的内生融合活力。另一方面，要进一步落地落实乡村数字人才培养战略，发挥"第一书记"、大学生村官等驻村党员干部的带头作用，提高乡村治理主体的数字技术应用水平，推动管理服务智能化；发挥新型经营主体的应用示范作用，促进数字产业化、产业数字化，加速农业农村数字化转型；加强对在乡青年的培训以及对中老年弱势群体的数字技能帮扶，为数字乡村韧性治理提供人力资源支撑。

二是以数字乡村治理主体、治理资源、治理手段的精准定位和协同合作为重点，进一步提升数字乡村治理的权力韧性。多元共治是数字乡村韧性治理的内在要求，唯有厘清乡村治理各参与主体的角色定位及其行为逻辑，充分调动各类治理资源，协同使用多类型的治理手段，探索数字乡村应对风险灾害的包容性治理路径，才能有效发挥乡村社会各主体的能动作用和协同效应。首先，数字乡村韧性治理体系的构建必然需要大量的技术、信息以及资金投入，这就需要政府发挥前期支撑和示范引领作用，用足用好社会合作机制搭建数字乡村综合治理平台，激活数字乡村韧性治理所需的要素资源。其次，数字乡村韧性治理体系的构建离不开市场主体的需求牵引，要大力引导

---

① 沈费伟、诸靖文:《数据赋能：数字政府治理的运作机理与创新路径》,《政治学研究》2021 年第 1 期。

数字经济龙头企业投身数字乡村基础设施建设、农村电商产业发展和新农人培育等，强化数字乡村韧性治理所需的经济支撑。最后，数字乡村韧性治理体系的构建更需要普通村民的切身参与，要迎着"乡村互联网＋行动"的政策东风，面向农村青年、返乡创业人员、新型农业经营主体等乡村潜在治理经营群体开展针对性的数字知识培训，从根本上解决农村居民参与数字乡村韧性治理的"数字鸿沟"和技能短板问题。

三是以完善数字乡村制度布局和管理机制、统一数字乡村标准规范为重点，进一步促进数字乡村治理的资源冗余。要素优化是数字乡村韧性治理的实践特征，针对传统乡村治理在应对复合型灾害风险和公共危机中的碎片化问题，应通过跨区域、跨层级、跨部门的治理要素整合，实现数字乡村治理的制度布局、管理机制、标准规范的整体统一，打造数字乡村韧性治理的整体性治理路径。一方面，县区层面要围绕中央、省市级政府出台的数字乡村发展方案找准属地的数字乡村发展坐标，采用整体性、统一性的思维强化数字赋能乡村治理的中观制度布局，借助数字技术的融合优势夯实数字乡村治理的底层技术结构，构建政府主导、村委协同、村民参与的数字乡村韧性治理组织体系和管理机制。另一方面，还要推动数字乡村治理的标准体系建设，制定数字乡村建设的"云脑"总体要求、数据使用规范和运行管理细则，确保属地数字乡村综合治理平台与上级治理平台对接流畅、风格统一、安全稳定，以数字乡村治理的标准体系建设推动治理主体间形成良好的集体共识和共同行动。

四是以提高数字乡村与乡村治理现代化应用场景、业务需求的契合度为重点，进一步实现数字乡村治理的利益相容。利益均衡是数字乡村韧性治理的价值取向，应聚焦乡村社会风险脆弱性、复杂性和不确定性可能引发的潜在系统性危机，引导各治理主体转变自身角色，动态应对环境变化，采取更为有效的适应性方式应对复合灾害风险，[1] 优化数字乡村韧性治理的适应性

---

① Janssen, M., van der Voort, H., "Adaptive Governance: Towards a Stable, Accountable and Responsive Government", *Government Information Quarterly*, 2016, 33(1):1-5.

治理路径。一方面，应针对各县区数字乡村发展实际，分类推进数字乡村韧性治理模式变革，瞄准数字产业融合、智慧旅游开发、传统文化保护等差异化的治理目标，将数字乡村顶层设计与乡村治理现代化场景及业务需求紧密结合，实现数字乡村韧性治理效能的显著提升。另一方面，针对数字乡村建设路径与村民数字需求不匹配的实际问题，分领域、分步骤、分阶段推进农村智慧教育、智慧医疗、智慧保障服务供给，深入实施乡镇数字治理综合信息平台和村庄信息化便民服务中心建设，在增进村民数字获得感的同时，调动其参与数字乡村韧性治理的积极性和能动性。

"渝快办"的基本经验与未来

整体智治是城市治理，尤其是超大城市治理的有效办法。整体智治很重要的一方面就是推动实现政务服务"一网通办"，持续提升一体化政务服务能力。"渝快办"是重庆 2018 年 11 月 21 日正式上线运行的移动政务服务平台。自上线以来，"渝快办"注册用户超 2600 万人，累计办件 2.6 亿件，实现 311 项"川渝通办"政务服务事项全面落地，办理总量超 1300 万件次。[①]那么，"渝快办"平台的发展历程是什么样的，取得什么样的发展成效，积累了什么发展经验，未来如何进一步发展，是值得深入总结和思考话题。

一　"渝快办"发展历程

"渝快办"是重庆市推行"互联网＋政务服务"的一体化在线政务服务平台。"渝快办"政务服务平台的前身是"全渝通办"政务服务网络。自 2018 年 11 月上线以来，"渝快办"先后推出 1.0、2.0、3.0 版本，1.0 版本从无到有，2.0 版本迭代升级，3.0 版本实现从量到质的优化提升，服务功能不断完善。

---

[*]　刘泽，西南政法大学政治与公共管理学院讲师，主要研究方向为发展规划、城市治理。
[①]　《加快建成"高效协同、整体智治"数字重庆——相关市级部门负责人解读全市互联网发展情况》，《重庆日报》2023 年 7 月 11 日。

（一）"渝快办"的前身

2002 年，中共中央办公厅、国务院办公厅出台《国家信息化领导小组关于我国电子政务建设指导意见》后，2003 年重庆市出台《关于推进我市电子政务建设的意见》，"211241"电子政务网络工程诞生——"2"是指政务内网和外网，"1"是指"中国重庆"门户网站，"12"是指十二大政务应用系统，"4"是指人口、法人单位、空间地理、宏观经济，"1"是指政策法规支持系统。[①]

然而，由于部门间行政壁垒的存在，全市 30 多个市级部门就有 100 余个行政审批系统，有的一个部门就多达 20 多个自办审批系统；所有县区、开发区也均有行政审批系统。同时，全市各条块之间审批业务标准五花八门，群众办事遭遇"进多家门、看多张脸、盖多个章"的困顿，甚至存在一些农村基层群众"难办事办不了事"的现象。

2017 年，重庆市打造"全渝通办"政务服务网络，实现了市、县区、乡镇和村社四级纵向贯通、横向联通，在全市实现审批事项城乡一体、一网联通、同城通办，努力实现线上线下政务服务城乡无差别，让群众能办事、好办事、办成事。[②]

第一，简政放权。围绕"清权—核权—配权—减权—晒权"的权力约束逻辑，重庆通过发布权力清单、责任清单、权力运行流程图、权力事项登记表 4 张清单，大刀阔斧地将 9300 多项市级行政权力精简为 3500 多项，减少近 2/3；分 12 批次取消和下放行政审批事项，市级行政审批事项精简 50%以上。最终，全市行政审批效率提升 50% 以上。以企业投资审批为例，重庆市连续推出"串联改并联""联合踏勘""多图联审""多规合一"等 10 项审批提速措施，优化形成了"企业投资建设工程项目审批服务通用流程图"。

[①] 刘珂言、闫建、姜申未：《数字政府建设的重庆实践及启示》，《科技智囊》2022 年第 5 期。

[②] 《"全渝通办"政务服务网络让群众能办事好办事办成事》，《计算机与网络》2017 年第 22 期；《重庆市打造"四办"政务服务体系加快实施"全渝通办"》，《计算机与网络》2018 年第 18 期。

这一改革一举将投资建设总审批时限，由过去的110~170个工作日大幅缩短至60~75个工作日。

第二，打造全市一张网。重庆坚持联网是原则、孤网是例外，陆续关停或整合了县区和市级部门独立建设的审批系统，搭建起覆盖38个县区、2个开发区（两江新区、万盛经开区）、34个有审批服务职能的市级部门的全市一体化网上政务服务平台，把原来封闭运行的审批"小流程"重构为跨层级、跨地域、跨系统、跨部门、跨业务的审批服务"大平台"，基本实现全市政务服务"全域一张网、审批一标准、监管一系统"。按照"应上尽上、全程在线"的原则，推动421项市级行政许可事项、342项县区通用行政许可事项、市级426项公共服务事项全部实现网上运行，县区、乡镇一级公共服务事项陆续上线。

第三，简化流程。一是流程电子化。通过信息共享、材料互用，避免了反复提交资料的问题，达到流程畅、速度快、效率高的效果。二是流程标准化。重庆市实施市、县区、乡镇三级同类审批事项的名称、编码、申报材料、权力类型4个要素完全一致的"三级四同"标准化改造，将全市535项市行政审批事项、342项县区行政审批事项全部实现标准化改造并上线运行，初步实现标准和规范统一的目标。三是流程透明化。全面清理烦扰企业和群众的"奇葩"证明、循环证明、重复证明等各类无谓证明，凡是没有法律法规依据的证明一律取消，推行一次告知、一表申请，赋予了群众充分的知情权，使其由原来的"懵懵懂懂"变得"清清爽爽"，使群众能看懂、能了解，真正让审批更简、监管更强、服务更优。

第四，效能监察。重庆市成立了设在市政府办公厅的全市"互联网＋政务服务"指挥中心效能监察系统，实现"基层群众在办、审批人员在干、监察平台在看"的实时监管模式。同时，市政府办公厅建立了"日扫描、周调度、月通报、季分析、年考评"工作机制，以及首问负责、投诉问责、倒查追责的全链条、全生命周期责任追溯体系，并对政务服务实行服务方式完备度、服务事项覆盖度、办事指南准确度、在线服务深度、在线服务成效度"五度"效能监管，确保群众"办成事"。

（二）"渝快办"1.0版本

为顺应"互联网＋政务服务"发展趋势，推动政务服务向移动端延伸，2018年11月21日，重庆市在"全渝通办"基础上，推出了"渝快办——重庆政务掌上办"移动政务服务平台，努力实现企业群众办事更高效更愉快。

"渝快办"平台具备强大的服务集成功能，整合58个业务部门、3600多项政务数据，实现资源开放共享、流程优化再造和业务协同统一，打破了各审批服务部门之间封闭运行的行政壁垒，实现了信息集成、服务集成。很多过去需要提供证明现场核验的工作，如今通过网络自动核验完成，不需要办事人再单独填报。办事人只需通过"实人＋实名"身份认证核验，一次登录就可办理"渝快办"所有上线的审批服务事项。

"渝快办"覆盖了老百姓最关心、最迫切、最高频的审批服务事项580余项，涉及户政服务、社保服务、公积金、医疗卫生等16个领域、21个公共服务部门。第一，在"渝快办"应用程序寻找自己所需要的服务，一种是在"渝快办"首页上方搜索框输入办事关键字精准锁定，另一种是通过"渝快办"首页服务分类模块找到所需办理的事项。点击选择好的服务事项，根据事项办理操作指南提示引导内容，按照要求提交业务办理申请即可。第二，为加强政务服务效能监管，重庆市还建立了"渝快办"效能监管中心，上线"渝快办"效能监管系统，对审批事项进行全流程、全要素在线跟踪监管。市民提交办事申请后，相关信息自动进入指挥中心后台效能监管系统，对事项办理进行全过程在线跟踪监管。该系统能迅速定位政务服务中的堵点难点痛点，找准问题的"病灶""病理""病因"，并为后期整改精准开出"处方"，过程全程留痕可追溯，有效杜绝了"散懒拖""吃卡要"现象。为了有效监督，重庆市建立覆盖网上办事大厅、移动端、实体大厅的政务服务"好差评"体系，推动政务服务事项覆盖率、评价对象覆盖率、服务渠道覆盖率和差评整改率、差评回访率实现"五个100%"，建立政务服务"评价—整改—反馈—监管"的工作机制。截至2020年，"渝快办"网上办事好评率达 99.99%，差评整改率达 100%。^① 第三，为了更好地对责任单位的办事质量和效率进行监管，市"互联网＋政务服务"指挥中心按照"物理分散、逻辑集中、分级监管、统一考核"的架构，建立"日扫描、周调度、月通报、季分析、年考评"工作机制和首问负责、投诉问责、倒查追责的全链条、全生命周期的责任追溯体系，将政务服务效能纳入各县区、市级各部门年度行政效能考核，做到有监管、有追责，倒逼审批职能部门提升政务服务效能，努力提升群众办事的满意度和获得感。^②

"渝快办" 1.0 版本虽然让企业和市民办理事项更便捷，但仍存在一些不足。第一，关于跨省办理，目前仅提供异地就医备案等少量跨省服务，全面实现跨省事项办理还存在诸多障碍。主要原因包括省际数据共享平台缺失、机制不健全、业务办理标准不统一等。第二，"渝快办"政务移动端平台服务功能和用户体验还有待提升。第三，政务服务事项的覆盖面有待扩大、精准供给度有待提升，"掌上办""指尖办"尚未实现，办事群众的获得感和幸福感有待增强，"互联网＋政务服务"的成果尚未更多更公平惠及全市人民。

（三）"渝快办" 2.0 版本 ^③

2020 年 1 月 10 日，"渝快办"政务服务平台 2.0 版本正式上线。2.0 版本从提升用户体验、丰富服务内容、强化功能支撑等方面进行了全方位迭代升级，在"移动端"和"自助端"重点发力，市民和企业办理政务服务事项将更加便捷。

拓展服务办事渠道。在 15 个县区政务服务大厅和中国建设银行股份有限公司重庆市分行 280 个营业网点投入使用 1100 台"渝快办"自助终端。自助终端已上线服务事项 51 项，包括办理类事项 17 项、查询类事项 34 项，在出入境、医疗卫生、教育培训、不动产、交通出行、社保服务、公积金

---

① 浪潮集团：《重庆"渝快办"如何玩转指尖城市？》，《软件和集成电路》2020 年第 4 期。
② 《指尖触达 掌上通办"渝快办"让群众办事更愉快——重庆市"互联网＋政务服务"指挥中心负责人就"渝快办"上线有关问题答记者问》，《重庆日报》2018 年 11 月 18 日。
③ 《"渝快办" 2.0 正式上线 新增 312 个便民缴费事项》，《重庆晨报》2020 年 1 月 13 日。

和户政服务等 8 个政务服务领域，实现全市范围内通查通办。此外，还在全市 8000 多个行政村投放了 10492 个建行"裕农通"村口银行自助服务终端，上线高频服务事项 43 项。

扩大服务对象。"渝快办"还向来渝游客、来渝务工人员、外籍暂居人员 3 类群体提供了旅游咨询、子女教育、签证服务等服务。针对特定人群还新增了公租房申请资格审核、求职创业补贴申领等服务。增加可领取的电子证照类型。"渝快办" 2.0 版本可领取的电子证照类型由 4 类增加至 9 类，其中个人证照 7 类，包括居民身份证、社会保障卡、结婚证、离婚证、基层法律服务工作者执业证、道路运输从业人员资格证、残疾人证；法人证照 2 类，分别是营业执照和道路运输经营许可证。

改版升级平台服务页面。一是新增办理类事项 352 项。"渝快办" 2.0 版本在原有 590 项政务服务事项基础上新增 352 项办理类事项，包括与市民和企业密切相关的高频服务事项 52 项。事项类别涵盖社保服务、医疗卫生、户政服务等 18 个领域，办理类事项占比也由 35% 提高至 60%。二是新增缴费类事项 312 项。"渝快办" 2.0 版本新增了 312 个便民缴费事项，包括 110 余家工会会费缴纳、60 余家物业费缴纳、60 余家幼儿园学费缴纳、20 余家中小学及中高职学校学费缴纳，上线便民缴费事项累计达 744 个，涉及 9 个民生领域。三是"渝快办" 2.0 版本将所有服务事项分类归集到"我要办""我要查""我要缴"以及"个人与企业专区服务"四大板块，配合智能搜索功能，轻松实现办事服务"一键触达"。四是"专区服务"分别设置了"个人专区"和"法人专区"，将个人和法人全生命周期所需要的服务，分类打包成 12 类个人专题服务事项和 6 类法人专题服务事项。

优化平台办事功能。第一，增设"好差评"功能，市民可直接对政府办事机构的服务进行评价。第二，通过引入业内前沿搜索理念和先进搜索技术，开发出模糊搜索、精准推送等功能。并采用大数据分析技术、用户专属定制等方式，实现智能推送用户服务和智能管理用户信息等。第三，"渝快办" 2.0 版本还采用了金融级安全保护措施，大大提高了用户数据安全保障水平。

2017 年，重庆政务服务有 400 多项，一次不跑服务只有 88 项，只跑一次服务为 311 项，平均审批服务用时 14.2 天，网上办理率只有 22.67%。"渝快办"自 2018 年上线以来，为全市企业和市民提供多项方便快捷服务，到 2020 年，一次不跑服务达 765 项，只跑一次服务达 394 项，平均审结用时压缩到 3.6 天，网上办理率达到 89%。[①] 但对比国内先进省份，"渝快办"2.0 版本在服务事项系统功能完善等方面还有待提高，一些服务系统还没有完全打通。[②]

（四）"渝快办"3.0 版本 [③]

"渝快办"3.0 版本于 2021 年 7 月 28 日正式上线，包含了新改版的网上办事大厅和集政务公开、政务服务、互动交流于一体的新版 App，遵循"好用""易用"的原则，功能更加完善、内容更加丰富、操作更加便捷。

证照运用场景化。一是拓展电子证照应用场景。"渝快办"3.0 版本电子证照库汇集 238 种证照、1 亿 2 千万条证照数据，在营业执照、居民身份网络可信凭证、医保电子凭证、电子社保卡、不动产证明等政务服务事项，以及群众看病、买药、入住酒店、借阅图书、银行抵押贷款等领域广泛应用。二是深化电子印章应用，"渝快办"政务服务平台已汇集市、县区两级政务服务部门和有关单位电子印章 5500 余个。三是积极探索电子签名应用，"渝快办"3.0 版本电子签名技术已在铜梁区、两江新区和高新区率先开展试点应用。截至 2021 年 6 月底，"渝快办"平台电子印章、电子签名累计调用超过 1740 万次。

便民服务贴心化。一是"渝快办"3.0 版本围绕人类和企业生命周期，服务事项涵盖从生育收养、户籍办理到交通出行、离职退休等 27 个个人生活领域，从企业设立变更、准营准办到检验检疫、法人注销等 26 个法人办

① 浪潮集团：《重庆"渝快办"如何玩转指尖城市？》，《软件和集成电路》2020 年第 4 期。

② 《提供近千项政务服务 增加用户体验增设"好差评"功能"渝快办"2.0 版上线投用》，《重庆日报》2020 年 1 月 14 日。

③ 《4000 余项"一件事一次办"、83 项实现全程网办……"渝快办"3.0 来了！》，上游新闻，2021 年 7 月 28 日。

事领域。二是推出个人不动产信息查询、不动产综合查询、企业开办和个体工商户注册登记等高频服务事项。结合重要时间节点，适时推出高考、研究生成绩查询和预约扫墓等热门事项。三是线上线下服务更趋协同。创新推出政务服务大厅导航图，全市 42 个政务服务大厅在"渝快办"App 可实现一键查找、一键导航。四是便民缴费实现"一站通"。缴费涵盖非税缴费、生活费、教育缴费和其他缴费等 4 大类 500 余个事项，实现缴费信息自动填报，缴费数据一表记、一键查，用户缴费更加便利。五是开设特殊群体服务专区。如针对残疾人，推出残疾人资格认证和残疾人两项补贴申领"全程网办"；针对老年人，开设"老年人服务"专区，已上线社保、医疗、公积金、户政、证明服务 5 大类 20 余个事项。六是"跨省通办"更便捷。推出了"跨省通办""川渝通办"服务专区，实现线上"一地认证、全网通办"。210 项"川渝通办"事项中，182 项实现全程网办，占 86.7%，主要集中在住房、医疗、社保、公积金、税务等服务领域。

服务效率进一步提升。一是"渝快办"3.0 版本运用人工智能、大数据等现代信息技术，根据用户性别、年龄和使用习惯，整合个人电子证照、申请材料、服务订阅、浏览记录等信息，自动匹配高频服务事项，为用户精准推荐个性化服务，量身打造个人专属服务空间，真正实现由"人找服务"向"服务找人"转变。二是套餐服务更高效。进一步强化数据共享互认，以企业和群众眼中的"一件事"为出发点，通过办事环节整合、流程优化再造，上线市级统筹"一件事一次办"服务事项 46 项，县区统筹服务事项 4000 余项，推行一次告知、一表申报、一窗受理、一次办成，实现了线上"一网通办"，线下"只进一扇门、最多跑一次"，有效解决了企业群众办事材料复杂、往返跑和等待时间长的问题。三是运用智能联想、智能纠错等技术，提升了信息检索、服务导引、智能客服等的匹配精度和响应速度，让行业涉企政策和服务精准推送至市场主体。四是"渝快办"3.0 版本新增了微信、支付宝账号快捷登录方式，并借助行业先进的数字证书认证，有效保障用户信息安全。

开通"互联网＋督查"专栏。企业群众可以通过"渝快办"小程序，进入"互联网＋督查"专栏，提交政务咨询投诉事项。对于重大决策部署落实不到位、政府部门不作为慢作为乱作为、政策措施不配套不协调、产生较大社会影响危及人民安全等方面的重点问题线索，市政府督查办将直接派员核查或交有关单位核查办理，对涉及违法违纪的线索转有关单位依法依规严肃处理。[①]

经过多年不断探索和持续建设，"渝快办"已基本形成"12345"政务服务体系总体构架："1个目标"，即政务服务更高效、办事体验更愉快；"2线融合"，即线上线下服务融合、功能互补；"3总定位"，即把"渝快办"建设成为全市社会治理和公共服务的网上"总门户、总平台、总枢纽"；"4端协同"，即实现电脑端、移动端、自助终端和大厅窗口端协同服务；"5级贯通"，即对上接入全国一体化在线政务服务平台，横向联通市级部门，向下连接县区、乡镇、村社，实现城乡一体、一网通办。[②]"渝快办"平台通过不断迭代创新，不断为市场主体添活力、为人民群众增便利。

2024年开始，"渝快办"按照"服务群众企业总入口"的定位，创新建立了联通"渝快政"、贯通三级治理中心、高效对接各类政务应用的三网融合构架体系，打造了一次办、就近办、马上办、暖心办等多个贴近老百姓的数字孪生政务服务实战场景，大幅度提升了"高效办成一件事"的能力和水平，为企业群众办事搭建起"数字桥梁"。比如，市民在手机端申报事项，机关事业单位工作人员通过"渝快政"进行办公，三级数字化城市运行和治理中心建设覆盖全市的监测预警、指挥调度、决策支持事件流转等系统，实现"一键智达""一贯到底"的数字化协同工作场景。

二 "渝快办"发展成效

"渝快办"不断聚焦企业群众办事需求，不断完善平台基础服务功能，

---

① 《"渝快办"3.0版来了 企业群众办事更便利》，《重庆日报》2021年7月29日。
② 《完善"渝快办"服务功能 在成渝地区双城经济圈实现"一网通办"》，华龙网，2020年7月7日。

不断提升服务能力，逐步实现"线上办""掌上办""跨省通办"，不断降低群众办事成本，不断提升群众满意度。

（一）打破市内行政"壁垒"，实现政务服务"线上办，掌上办"

2002 年，中共中央办公厅、国务院办公厅出台《国家信息化领导小组关于我国电子政务建设指导意见》，开启了全国电子政务建设阶段，重庆市建设了十二大政务应用系统。在实际运行过程中，由于部门间行政壁垒的存在，全市 30 多个市级部门就有 100 余个行政审批系统，有的一个部门就多达 20 多个自办审批系统；所有县区、开发区也均有行政审批系统。因此，市民在办事过程中，往往需要在线下各个部门来回奔跑，费时费力。

2017 年，重庆市打造"全渝通办"政务服务网络，在重庆全域实现审批事项"城乡一体、一网联通、同城通办"，打破了各县区、各部门原本相互封闭的局面，网上政务服务城乡无差别，形成"线上可以网络办事、线下可以就近办事"的线上线下一体行政审批新格局。

2018 年，在"全渝通办"基础上，重庆推出"渝快办——重庆政务掌上办"移动政务服务平台，企业群众只要下载安装"渝快办"App，就可随时随地办理政务服务事项。"渝快办"网上办件量突破第一个 1000 万件，用了 1 年 7 个月；突破第二个 1000 万件用了 1 年；而突破第三个 1000 万件只用了 4 个多月。[1] 截至 2022 年底，"渝快办"注册用户超 2600 万人，累计办件 2.6 亿件。[2]

（二）打破省级行政"壁垒"，实现政务服务跨省通办

重庆市"渝快办"开通"川渝通办"服务专区，于 2020 年 10 月 30 日、2021 年 3 月 2 日、2022 年 2 月 9 日，联合四川省先后三次印发"川渝通办"

---

① 《方便群众"渝快办"网上办件突破 3000 万件》，《重庆日报》2021 年 4 月 17 日。
② 重庆市委网信办组织编写《重庆市互联网发展报告（2022）》，2023。

事项清单，共发布311项"川渝通办"事项①，涉及30个行业领域，实现线上"全网通办"、线下"异地可办"，并推动同一便民事项在川渝两地无差别受理、同标准办理、行政审批结果互认。"川渝通办"把申请人多地、多部门来回跑转化为跨区域、跨层级、跨部门的联动协调对接，建立了以全程网办为主、专窗帮办为辅，异地代收代办、帮办代办陪办、多地联办相结合的多渠道服务模式，确保申请人只进"一门"、只找"一窗"、最多跑一次。截至2022年底，川渝两地累计办件量（含查询访问类）超过1300万件次，日均近2万件次。②

在"川渝通办"基础上，重庆市"渝快办"开通"跨省通办"服务专区（重庆、四川、贵州、云南、西藏、广西等西南6个省区市），在与其他省区市建立协作互信机制、统一政务服务标准、加强数据共享的基础上，推动实现西南地区148项高频政务服务事项线上"一网通办"和线下异地办理。这极大减少办事时间和成本，让企业和群众享受到更多便利，推动西南地区融合发展。

未来，重庆市还将积极对接沿海城市、长江沿线城市等拓展通办事项，让更多市场主体和群众享受更加便捷、高效、优质的政务服务。③

（三）降低群众办事成本，不断提升群众满意度

重庆依托"渝快办"一体化政务服务平台，着力推进政务服务"减时间、减环节、减材料、减跑动"，通过优化流程再造，大幅压减事项办理

---

① 这3批共311项"川渝通办"政务服务事项中，除了国家要求推动跨省通办的140项事项外，川渝两地新拓展了171项川渝特色通办事项，涵盖民政、税务、交通、商务等30个行业领域，包括营业执照申办等企业生产经营事项144项，住房公积金提取等个人日常生活事项167项。如，围绕群众跨省市异地安家就业需求，推动迁移户口、转接档案等事项"一站式"办理等。

② 《走进区域看发展 | 创新打破省级行政壁垒"川渝通办"累计办件量超1300万件次》"国际在线"百家号，2023年2月20日，https://baijiahao.baidu.com/s?id=1758352157957150479&wfr=spider&for=pc。

③ 《川渝通办第三批101项政务服务全部实现 推动首批148项高频政务服务事项实现西南地区"跨省通办"》，《重庆日报》2022年11月22日。

环节和审批时限，简化了办事手续，提高了办事效率。2017 年，市级行政许可事项"一次不跑"和"只跑一次"占比分别为 7.55% 和 26.67%，平均审批服务用时 14.2 天，网上办理率为 22.67%。[①] 截至 2022 年年底，市级行政许可事项"最多跑一次"比例超过 99%，办理时间普遍压缩一半以上，政务事项在线办理率达 85.09%，行政许可事项网上办理率位列全国第 11。[②]《省级政府和重点城市一体化政务服务能力调查评估报告（2022）》显示，重庆市一体化政务服务能力水平进入"非常高"序列，跻身全国第一梯队。

对群众而言，以"新生儿出生一件事"为例，过去家长为新生儿办理《出生医学证明》、《预防接种证》、出生户口登记、生育服务登记、城乡居民医疗保险参保登记、城乡居民医疗保险缴费、社会保障卡申领等 7 个事项，需要往返卫生、公安、社保、医保等 4 个部门多次。"新生儿出生一件事"推出后，市民只需在"渝快办"填写综合表单，一次性办完 7 件事，与过去相比，办理环节减少 12 个，办理时间减少 75 天，跑动次数由 7 次变为 0 次，申请材料减少 35 份，办事效率显著提升。[③]

对企业而言，以环评事项申报为例，2023 年 6 月，重庆两江新区生态环境分局、政务中心共同开发建设的全市首个"建设项目环评全链条数字化系统"上线运行，并接入"渝快办"平台。该系统全面启用电子签名、电子印章，通过电子文件多方签署服务，免去了建设单位和中介机构纸质材料的打印盖章、扫描上传等环节，建设项目环评审批由原来的"网上办理＋窗口取件"向"网上办理＋电子送达"的转变，真正实现了"全程网办""零跑腿""无纸化"审批，大大减少了以前签字盖章材料的流转时间，大大节省了企业办事成本。

---

① 杨琳、田禾、田贵明：《用"互联网＋政务服务"推动政府治理能力现代化——"渝快办"助推治理能力现代化转型的重庆实践》，《中国领导科学》2021 年第 3 期。

② 《"渝快办"不断升级服务功能 数字赋能利企便民》，《重庆日报》2023 年 1 月 11 日。

③ 重庆市委网信办组织编写《重庆市互联网发展报告（2022）》，2023。

三 "渝快办"发展经验

重庆围绕推进政务服务"一网通办"，加快推进"互联网＋政务服务"，逐渐探索出了具有重庆特色的"渝快办"政务服务模式，总结起来有标准化、集成化、分类化和透明化等几个方面的经验。

（一）政务服务的标准化是前提

一是制定相关标准。发布 7 项"渝快办"政务服务地方标准，对政务服务实体大厅（窗口）建设与服务、网上政务服务平台建设与管理、行政审批服务、政务公开、问政咨询、效能监管等方面进行规范。按照"四级四同"（国家、市、县区、乡镇同一事项名称、编码、类型、法律依据一致）原则，编制形成全市统一的行政权力和公共服务事项清单。2023 年底出台的《数字重庆标准规范体系建设规划（1.0 版）》促进了"渝快办"平台进一步标准化。

二是统一政务服务事项要素。重庆市发布了《重庆市区县（自治县）行政权力、责任事项通用参考目录》，使市、县（自治县）区相同行政审批事项在子项分解、事项名称、设定依据等要素上达到了统一。同时，按照地方标准的要求，规范服务事项办事指南信息要素，实现全市各部门、各层级、各渠道发布的政务服务事项数据同源、发布同时、资源同享、服务同根。将事项办理情形进行最小颗粒化分解，细化受理条件、办理时限、办事流程、办理地点、联系方式等要素，提高办事指南精准度，消除办事要件和服务指南中的模糊条款，如"其他材料"或"有关部门"等不确定性表述，实现同一事项在不同地区、线上线下无差别受理、同标准办理。

三是规范审批流程。按照"一网通办"要求，持续优化政务服务流程，推动证照、办事材料、数据资源共享互认，实现一张清单告知、一张表单申报、一个标准受理、一个平台流转。

四是线上线下统一标准。依托全市一体化政务服务平台，推动政务服务窗口端、PC 端、移动端、自助端"四端同步"服务，动态调整线上线下政务服务事项，同步修订服务指南、流程图、审查工作细则、标准规范文本等信息，从而加快网上平台与实体大厅的集成融合，实行线上线下同一标准、同一流程、同质服务、一体化办理。

五是异地办理标准化。川渝两省市政府办公厅联合印发政务服务"川渝通办"工作规程，规范通办流程、申请材料、办理时限等标准，企业和群众进一扇门即可办两地事，实现川渝两地无差别受理、同标准办理。[①]

（二）政务服务的集成化是基础

一是集成政务服务事项。推进市级部门业务系统与"渝快办"平台对接。重庆市科技局、市规划和自然资源局等市级部门业务系统与"渝快办"平台互联互通，将部门封闭运行的审批业务"小流程"整合到"渝快办"政务服务"大平台"。自然人、法人基础数据库以及不动产信息系统、投资项目库、信用信息平台等专项领域信息系统陆续接入"渝快办"政务服务平台，为政务服务在线开展、信息自动核验提供了数据支撑。此外，"渝快办"平台还协调推动国家部委系统接入。积极争取国家部委支持，推动国家部委系统向"渝快办"政务服务平台开放数据接口，包括教育部教师资格管理信息系统、公安部互联网交通安全综合服务管理平台、水利部政务服务平台、海关总署海关行政审批系统等。

二是集成政策服务事项。"渝快办"平台设置"政策直通车"政策发布平台，具备政策汇集、解读、推送、咨询四大功能。"政策直通车"通过建立涉企政策库，从国家、市级层面以及行业、部门、类别等多方位对政策进行分类展示，方便企业按索引查询，第一时间获得最新政策信息。

三是集成生活服务实现。上线"渝悦生活"服务专区，围绕住、业、游、乐、购全场景创新服务，除了汇聚市政府有关部门和单位提供的政务服务、公共服务之外，还包括大量的便民服务事项，为广大市民提供全场景的政务服务和生活指引。

---

① 邱克斌、陈馨、向龙宇：《推进政务服务标准化 助力"渝快办"政务平台建设》，载中国标准化协会编《第十七届中国标准化论坛论文集》，2020。

四是将其他企业平台接入"渝快办"平台。比如，将重庆电信消费查询、故障快修、投诉咨询、电子发票、宽带安装、携号转网（携入）等12项便捷服务接入"渝快办"政务服务平台。

（三）政务服务的分类化是关键

为了推动更深层次、更高水平的"减环节、减时间、减材料、减跑动"，以工作体系重构、业务流程再造、体制机制重塑为抓手，"渝快办"平台围绕企业群众全生命周期重要阶段，精准梳理重点领域和高频事项，将更多相关联的政务服务"单项事"整合为企业群众视角的"一件事"。

2020年，"渝快办"聚焦企业和群众办事的高频服务，经过环节整合、流程优化，整理成为企业和群众眼中的"一件事"（如开办超市、药店、火锅店，领取补贴等），实行"一次告知、一表申报、一窗受理、一次办成"，线上"一次登录、一网通办"，线下"只进一扇门、最多跑一次"。截至2020年12月31日，"渝快办"上线市级统筹"一件事一次办"服务事项41项，县区统筹服务事项3029项。市级统筹的41项"一件事"中，"新生儿出生一件事""我要办工程建设许可（老旧住宅增设电梯）""我要开便利店""我要开餐馆""申领社会保障卡""职工退休""我要申请立项用地（社会投资小型低风险项目）""我要办理施工许可""我要开面馆（企业）""我要开办职业中介机构"等10个套餐事项贴近企业和群众实际需要，解决了企业和群众办事材料复杂、跑动次数多、等待时间长的问题，得到企业和群众的一致认可。[①]

2023年5月，重庆市政府办公厅发布的《重庆市深化"一件事一次办"打造"渝快办"升级版攻坚行动方案》文件要求，按照"提升一批、实施一批、谋划一批"要求，市级统筹推出50项"一件事一次办"集成服务，并提前谋划、滚动推出新的"一件事一次办"集成服务，全力推进高频"一件

---

① 《"渝快办"怎么让您"愉快地办"2020年大数据盘点给出答案》，"中工网"百家号，2021年1与月11日，https://baijiahao.baidu.com/s?id=1688582949262638603&wfr=spider&for=pc。

事一次办"集成服务实现全流程网上办理。[①]

川渝两地也极力推出"一件事一次办"套餐式服务事项。2023年，川渝两地发布《川渝"一件事一次办"事项清单（第一批）》，在前期三批次共311项高频政务服务事项实现"川渝通办"的基础上，将多个职能部门分开办理的"单项办事服务"整合为企业和群众视角下的"一件事"，梳理推出了"小学入学""员工录用""创业服务""灵活就业""失业人员服务""川渝新办纳税人套餐式服务""货物运输"等7个川渝"一件事一次办"套餐式服务事项。

（四）政务服务的透明化是保障

政务服务过程透明和结果透明。"渝快办"平台不仅仅是简单将群众办事从之前的"看脸面"变为"看界面"，更重要的是实现政务办事流程的规范化、标准化、透明化。以前群众企业办事，总是为"有没有熟人、属地究竟在哪、哪个部门受理"而烦恼，现在在"渝快办"上提交办事申请后，相关信息自动进入"渝快办"后台效能监管系统，受理时间、办理环节、审批部门、预警提示等信息均在效能监管下一览无余，办事全过程在阳光下公开透明运行，且全程留痕可追溯，有效杜绝了"散懒拖""吃卡要"现象。

创新监督考评机制。第一，设置"渝快办"好差评专栏，对用户评价数量、评价对象、评价渠道、好评率、差评数和差评整改率等进行统计分析。比如，截至2023年7月27日，"渝快办"平台共有评价88723274条，好评率99.99%，1037条差评整改率100%。第二，设置"渝快办"效能监管互动监督渠道，开通了在线投诉咨询服务，从效能监管系统上可看到市民投诉内容、受理投诉的责任单位以及问题的处理情况等信息，充分发挥广大市民对政务服务的监督作用。第三，通过"日扫描、周调度、月分析、季优化、年

---

① 《重庆市深化"一件事一次办"打造"渝快办"升级版攻坚行动方案》（渝府办发〔2023〕43号）。

考核"①，对审批事项进行全流程、全要素在线跟踪监管，倒逼行政审批和公共服务职能部门优化改进服务，不断解决"好不好"的问题。

四 "渝快办"存在的问题

"渝快办"平台自2018年上线以来，先后推出3个版本，不断完善提升。第一，不断扩大服务覆盖面，从1.0版本的580余项审批服务事项，到2.0版本新增352项办理类事项和312项缴费类事项，再到3.0版本涵盖27个个人生活领域和26个法人办事领域；从1.0版本的在渝人员，扩展到2.0版本的来渝游客、来渝务工人员和外籍暂居人员，均力图实现"一网通办"。第二，不断优化平台服务页面和功能。从1.0版本分类模块智能引导，到2.0版本所有服务事项分类归集到"我要办""我要查""我要缴"以及"个人与企业专区服务"四大板块，再到3.0版本的"老年人服务"专区；从1.0版本通过搜索框精准锁定所需服务，到2.0版本的模糊搜索、精准推送等功能，再到3.0版本基于人工智能技术的个性化服务，推动"一网好办"实现。第三，不断拓宽服务渠道。从大厅端，到PC端，再到移动端，最后是自助端，试图构建以移动端为主、PC端为辅、自助端补充、大厅端兜底的"四端协同"政务服务新模式，以打通"一网通办"服务"最后一公里"，以实现"随时随地办"。第四，不断延伸服务半径。从全渝范围，到"川渝通办"，再到西南五省区市，以实现"跨省通办"。

---

① 日扫描，即后台人工智能每天对已上线的300多项事项的办理情况实行24小时扫描，对政府部门办事效率、办结率、评价度等重要指标予以全事项、全流程、全覆盖监控。周调度，即每周通报"渝快办"事项办理情况，对各部门按服务效能进行排名并形成Top图，根据办事需求及时调度政务服务资源。月分析，即通过大数据诊断，由市指挥中心组织系统开发人员和有关部门对系统使用的便利性、友好性进行分析。季优化，即对系统每季度优化迭代升级一次，根据人工智能与时俱进再造升级，将大数据智能化、区块链领先技术用于为民实践。年考评，即将"渝快办"办理情况纳入政府绩效管理考核范围，重点围绕"三率两度"（即办理落实率、服务时效率、服务公开率、企业群众满意度、改革创新度）进行考核评估。

以上措施取得阶段性成效，但总体看仍存在一些不足。第一，部分业务未实现"一网通办"。一是部分事项还未能网上办理，比如与失业相关的就业困难人员认定、失业登记、职业培训补贴申领和求职登记等事项。二是部分特殊事项不能网上办理。企业的特殊事项仍需到现场核查身份资料，部分行政审批事项到行政服务中心提交资料后需走部门内部审批流程，特殊经营许可需要现场勘查。比如，税务的特殊税种申报、额度较大的发票申领、农业部门办理的农药兽药经营许可、住建部门办理的建筑相关资质证书等不能"一网通办"。① 三是部分事项因支撑系统原因不能网办。由于身份认证、电子证照、电子印章、电子签名、公共支付、快递寄送、热线服务等支撑系统还不健全，平台部分服务功能仍有欠缺。② 四是部分接入事项只是办事指南或只具备查询功能，仍需登录专门业务系统才能办理，如失业保险技能提升补贴申领。五是部分事项列入平台却不能网上办理。以"教育缴费"为例，全部县区的大学学费缴费功能不能使用，部分县区的中高职、中学和小学学费缴费不能使用。六是部分"一件事一次办"事项不能全流程网上办理。如"新生儿出生一件事"，必须线下在助产机构办理婴儿出生医学证明后，才能在线办理预防接种证、出生户口登记、生育服务登记、城乡居民医疗保险参保登记、城乡居民医疗保险缴费、社会保障卡申领等。

第二，"渝快办"平台使用率有待提升。一是宣传培训不到位，群众知晓率不高。广大市民尤其是农村地区的群众对"渝快办"的知晓率还不高，只能选择在线下办理业务。例如，"新生儿出生一件事"可以网上办理，但是因为宣传不到位，群众仍然在线下办理；群众在行政服务中心长时间排队，大厅工作人员也并未明确告知可以使用"渝快办"平台快速完成网上办理；群众在相关业务部门咨询是否可以线上办理相关业务时，个别工作人员知道可以网上办理却不能说清楚是什么平台可以办理。二是使用体验不友

① 潘功珏：《重庆政务服务"一网一门一次"改革落实情况调研报告》，《重庆经济》2020年第 5 期。

② 杨琳、田禾、田贵明：《用"互联网 + 政务服务"推动政府治理能力现代化——"渝快办"助推治理能力现代化转型的重庆实践》，《中国领导科学》2021 年第 3 期。

好，群众使用率不高。目前，平台处于"重硬件，轻软件""重开发，轻体验""重建设，轻运维"的状态。网民留言反映，"渝快办"平台页面设计复杂、缺乏人性化，导致群众看不懂、找不到、不会操作等；平台经常出现系统卡顿崩溃、系统闪退、页面无响应、无法或重复登录、修改密码麻烦、需要反复人脸验证等情况；在平台办理业务需要填写大量信息，且无法查询进度，不如线下办理方便；"渝快办"PC端开设了"军人退役一件事""灵活就业一件事"等功能，却无法使用。这些很难让使用者形成用户黏性，导致公众难以形成长期和稳定的线上政务服务使用习惯。三是不符合办事习惯，群众不愿意使用。部分企业和群众习惯于传统人情社会线下面对面的办事方式，对采用线上办理的方式不习惯、不放心。[①] 四是未设计特殊人群使用模式。"渝快办"平台未提供便于残障人士、外国人士等特殊群体使用的模式。

第三，随时随地暖心办的全市服务体系尚未完全构建。"渝快办"平台1.0版本至3.0版本，主要致力于丰富服务事项、优化服务页面和完善服务功能，以实现"一网通办"，这可方便具备上网能力的群众"随时办""掌上办"。但对于不具备上网能力和行动不便的群众，"渝快办"平台缺乏针对性的便民措施。从2020年开始，重庆陆续在15个县区政务服务大厅和280个银行部分营业网点投放1100台"渝快办"智能终端，打造7×24小时"不打烊"服务，虽然有利于群众"就近办""随时办"，但毕竟覆盖面较窄，远不能满足全市群众的办事需求。此外，渝中区、巴南区开启"政务＋邮政"新模式，推行"上门办""就近办""沿路办"，极大方便老年人和残疾人，但是仍未在全市全面推广。

第四，政务数据壁垒依然存在。"一网通办"的核心是数据共享。在政务大数据共享的推进过程中，共享交换体系没有充分发挥作用，普遍存在着"不愿共享""不敢共享""不能共享"三个难题：一是个别出于部门权力本位不愿共享数据；二是有些部门基于安全考虑而不敢共享数据；三是由于数

---

① 李腾耀：《提高"渝快办"平台运行质效途径研究》，硕士学位论文，中共重庆市委党校（重庆行政学院），2022。

据标准不统一，数据杂乱无章、质量参差不齐，数据不能共享。各县区不能与市级部门共享本县区的教育、医保、社保、车辆等主题数据库的数据，形成县区的数据被市级部门"卡脖子"的局面。全市政务数据资源共享交换平台对于各县区而言，只能查看数据，而不能使用数据。① 重庆市与中央部委及其他省份的信息共享更是一大难题。因为数据壁垒，"一网通办"只是把需要到现场提供证明材料、到现场核验的工作，变为在线上提供证明材料、在线上审核，通过"减跑腿"来"减时间"，并不能实现通过"减材料""减环节"来"减时间"。

第五，政务服务流程有待进一步优化。"渝快办"平台"一件事一次办"服务专区将职能部门办理的"单项办事服务"集成企业和群众视角的"一件事"。但是因为缺乏"整体性政府"概念，跨部门政务服务流程的再造并不彻底。一些部门存在畏难情绪，对推进流程再造和优化的积极性、主动性不够高，更多是对内部业务流程做重新排列组合或简单改良；跨区域、跨层级、跨部门的业务流程还停留在服务流程形式上的物理整合，将线下的政务服务流程简单地搬到线上，未实现服务流程深度的化学融合。以"新生儿出生一件事"为例，申请人填写资料提交申请后，依次需要卫生健康委员会、公安部门、医疗保障部门、人力资源社会保障部门串联审批，整个流程需要5个工作日才能完成。除了实现"数据跑腿"代替"人工跑腿"，相比线下"当天办结、当天领取"，办事效率并未得到显著提高。

第六，政务服务绩效考核存在一定偏差。"渝快办"平台希望通过"零跑动"线上办理提升企业和群众办事的便捷性和满意度。但是，由于群众的传统思维和线上办事系统的不完善等，我国处于从"现场办"到"网上办"的过渡时期，"线上 + 线下"相结合办理模式仍会长期占据主导地位。政府对政务服务考核盲目追求网办率，导致出现以下现象。一是为了提高网办率，上级部门在没有调研清楚的情况下，要求下级部门认领部分权限不在本

---

① 《重庆市人大代表向其军：建议出台考核办法 打破全市政务数据共享壁垒》，封面新闻，2022 年 1 月 18 日。

县区、本部门或者根本无须入驻平台的事项，增加后期下级与上下级的协调沟通成本。二是过分追求网办率，导致相应的政务服务事项虽然入驻平台，却因为数据壁垒等而无法使用功能菜单。三是为了追求网办率，一些不会线上办理事项的老人来到办事大厅，工作人员不得不手把手地教。部分群众即使带材料来现场办理，也会被要求回去线上办，这反而增加工作人员和群众的负担。

五 "渝快办"的发展建议

随着互联网特别是移动互联网的快速发展，互联网与政务服务的结合会越来越紧密，线上办事将逐渐成为群众企业办事的主渠道。要最大限度满足群众企业线上办事服务需求，必须切实树立以人民为中心的发展思想，围绕"任何群众（Anyone）在任何时间（Anytime）、任何地点（Anywhere），通过任何方式（Anyway）均可快速办理任何业务（Anything）"的"5A"目标，以群众需求牵引政府供给，以群众评价倒逼政府改革，坚持体制改革和机制创新"双轮驱动"，重点在推进"一网通办"、优化平台系统、打造服务体系、破除数据壁垒、再造业务流程、完善评估机制等方面下功夫，真正实现"渝快办"平台"一网通办"政务服务由"能办"向"好办""愿办"转变，让群众评价从"能用"向"好用""爱用"升级，不断提升群众获得感幸福感。

扎实推进"一网通办"工作，改变简单地把网办率与绩效考核挂钩的做法，要以切实方便企业和群众办事为出发点和落脚点，把过去需要企业群众跑多个层级、多个部门、多个窗口、多次提交材料的多个事项关联、集成，梳理出"一件事一次办"清单。按照"谋划一批、实施一批、提升一批"的要求，坚持"成熟一项、上线一项、成熟一批、上线一批"的工作思路，扎实有序推进"一网通办"，让百姓登录"渝快办"平台一看就能懂、一点就能办、一次就办成。

要持续优化政务服务平台。一是引进不同系统服务承包商。引进不同的精通政务业务的咨询服务公司、信息技术公司和终端产品制造商等，通过竞争持续改善服务动力，避免寻租空间滋生，不断提升服务质量，保障平台有效运行。二是建立"金点子"制度。激发全体工作人员积极性，为完善"渝快办"平台献计献策。"金点子"可以由个人或集体提出。对于被市政府采纳的"金点子"，在绩效奖金评定中给予适当加分，对提出者通报表扬并报请嘉奖、记功，并将其作为年终评先选优的基本条件。三是建立"政务服务体验官"制度。面向人大代表、政协委员、企业代表、个体工商户以及居民群众公开选聘关心、熟悉政务服务的各界人士，担任"渝快办"平台"政务服务体验官"。首先，体验官亲自体验，通过网上办、掌上办、自助办、现场办、帮办代办、寄件办等方式，了解平台使用痛点难点堵点。其次，体验官通过体验其他省份政务服务平台（如"浙里办""北京通""苏服办"等），在服务事项丰富性、系统流畅度、适合不同人群使用的模式丰富性、页面简洁性、搜索智能性、数据自动调取、办事流程、服务效率等方面找差距。最后，体验官通过深入企业、群众走访调研等形式，收集办事企业、群众对"渝快办"平台方面的意见建议。四是加大平台培训宣传。定期对行政服务大厅和业务职能部门工作人员进行有针对性的培训，确保人人知平台、懂流程、会操作。充分运用电视、纸媒、微信公众号、户外电子屏、抖音、微博等载体，通过发放宣传资料、悬挂横幅、新闻报道等方式，构建全方位、多渠道、广覆盖的宣传体系。

打造"随时随地暖心办"全市政务服务体系。一是建立全市行政服务中心导办员帮办制度。导办员帮助群众解答疑惑、审核材料、复印材料、分流业务，帮助群众网上办理、自助办理，有效缩短了办事群众等待时间和提高了窗口工作效率。二是打造"15分钟政务服务圈"，实现就近办全天候办。与银行金融网点、邮政网点、商业综合体、贸易市场、产业园区、楼宇中心、通信运营商、商会协会、小区物业中心、村委会等多主体合作，同时将大量闲置的核酸采样亭和防疫值班室利用起来，设置24小时"渝快办"自助服务区，实现24小时便民服务"不打烊"。三是打造有温度的帮办代办上门办政务服务模式。针对老年人、残疾人和行动不便的人群，组建社区工作者、专职网格员、基层党员和社工志愿者组成的"网格化＋政务服务"帮办代办上门办队伍，依托"渝快办"移动端、PC端和自助端以及行政服务大厅，实现为民服务"零距离"。

以体制改革破除数据壁垒和再造业务流程。一是建立强化纵向激励的领导体制。成立"互联网＋政务服务"工作领导小组，定期召开专题会议和例会，强力推动数据共享和业务流程再造相关工作。以市大数据发展局为载体设立工作推进小组办公室，具体推动跨部门协调议事，确保数据共享和业务流程再造相关工作顺利执行。明确县区党政负责人、市级职能部门负责人作为责任人，亲自把关、亲自协调、亲自督查。完善建立"互联网＋政务服务"工作绩效考核制度，赋予工作推进小组一定的考核权限。二是建立推动横向协同的协调机制。市委、市政府可以提升市大数据发展局主要领导级别，提高市大数据发展局在综合考核评价指标体系中掌握的分值比重，赋予市大数据发展局通报不配合数据共享、业务流程再造相关部门、县区的权利，有效推动工作开展。三是健全联合监督机制。强化市政府组织的纵向督查，并向市委、市政府和相关职能部门、地方政府通报督查结果。建立市人大、政协联合组成的督查机制，入驻相关部门开展督查活动，走访市民、个体工商户和企业办事人员，听取意见建议。

构建以满意度为核心的民众评价和第三方评估机制。"一网通办"的根本目的是为群众提供便捷、高效、舒心、省事、满意的服务，因此既要考察网办率，更要考察群众满意度。一是完善评价体系。评价体系包括线上线下全部服务内容和过程，包括服务事项丰富性、系统流畅度、系统个性化选择、页面简洁性、搜索智能性、数据能否自动调取、办事流程是否简化，以及工作人员服务态度、服务规范、服务质量、业务水平等方面。二是畅通评价渠道。畅通政务服务机构实体大厅、网上平台、移动端、自助终端、二维码、短信、热线电话和书信等渠道，构建办事评价的"好差评"体系，完善政务服务"评价—整改—反馈—监管"工作机制。三是引入第三方评估。可由人大常委会机关委托高校、研究机构或企业面向市民、个体工商户和企业办事人员开展专业、客观公正的第三方评估。

公共服务数智化 / 第二篇

群团组织协同创新公共服务供给的参与策略[*]

郭春甫　陈　艳[**]

公共服务创新是当前社会治理关注的重点议题。从公共服务供给的角度而言，社会治理是整合不同公共部门共同参与到公共服务供给的过程。实现共建共治共享的社会治理新格局，需要创新公共服务供给方式，创造性解决参与主体激励不足的难题。公共部门运用协同创新方式提供公共服务，已经应用于诸多公共服务供给场景。[①] 我国公共服务实践发展历程证明，多个主体提供公共服务更具有服务效能。群团组织是构建社会治理新格局的参与主体，也是公共服务供给结构中的重要行动主体。习近平总书记在党的二十大报告中指出，"深化工会、共青团、妇联等群团组织改革和建设，有效发挥桥梁纽带作用"[②]。群团组织主要通过资源下沉、引导带动社会组织、参与

* 基金项目：重庆市社会科学规划项目"西部超大城市社区风险的测量与敏捷干预研究"（2024NDYB029）；西南政法大学校级专项项目"超大城市一件事改革的整体协同创新研究"（2024XZZXWT-24）。

** 郭春甫，西南政法大学政治与公共管理学院教授，主要研究方向为风险治理、应急管理、公共政策与公共服务；陈艳，西南政法大学公共管理学硕士研究生，主要研究方向为社会治理。

① 朱德米、刘小泉：《国外公共部门协同创新研究及对我国的启示》，《南京社会科学》2017年第3期。

② 习近平：《高举中国特色社会主义伟大旗帜 为全面建设社会主义现代化国家而团结奋斗——在中国共产党第二十次全国代表大会上的报告（2022年10月16日）》，人民出版社，2022，第38页。

政府购买公共服务、建设服务平台、组建社区基金会等创新公共服务供给方式，诸多实践成为优化公共服务供给的创新举措。北京、上海、重庆、深圳、成都等超大城市着眼于提升群团组织参与公共服务的积极性，建立了与各地群团组织相适应的公共服务协同创新机制，成为观察群团组织参与社会治理的重要窗口。2024 年 4 月，习近平总书记在重庆考察时强调，"重庆是我国辖区面积和人口规模最大的城市，要深入践行人民城市理念，积极探索超大城市现代化治理新路子"[①]。从辖区面积和人口数量来看，重庆面临的治理任务更为繁重，也就更需要群团组织积极参与城市治理，提供优质高效的公共服务。

公共服务供给过程中主体参与度较低是学术界与实务部门的"共识"。群团组织协同创新公共服务供给的实践提供了激发参与主体积极性的鲜活案例，[②] 推动了公共部门创新公共服务供给的研究进展。群团组织作为协同创新的承载体，不断扩大服务职能与服务范围，致力于提升公共服务供给主体的参与度。由此产生的一个值得关注的理论问题是，从群团组织的视角来看，协同结构如何提高公共服务供给主体参与度。也就是说，群团组织如何构建协同结构、优化参与策略以提升公共服务供给主体的参与度，在协同结构运行过程中如何识别参与障碍，如何持续优化参与策略。对上述问题的回答构成了本文的逻辑链条。本文运用比较案例研究方法，以重庆市的群团组织为观察对象，聚焦群团组织参与公共服务供给的微观场域，观察协同结构的参与策略与运行逻辑，识别参与障碍，并提出改进路径，探讨群团组织通过协同创新参与公共服务供给的适用情境。

---

① 《习近平在重庆考察时强调　进一步全面深化改革开放　不断谱写中国式现代化重庆篇章　蔡奇陪同考察》，《人民日报》2024 年 4 月 25 日。

② 葛亮：《群团组织参与社会治理创新——共同参与和搭台唱戏》，《浙江社会科学》2017 年第 5 期。

一　研究回顾与理论视角

（一）研究回顾

《中共中央关于加强和改进党的群团工作的意见》指出，通过项目招聘、购买服务等方式吸引社会工作人才、专家学者、社会组织等力量参与服务群众工作。[①] 这一意见提出多个主体参与服务群众工作的要求，是推动群团组织创新公共服务供给研究的重要政策指向，相关研究也据此展开，为群团组织参与公共服务提供了丰富的研究文献。已有研究主要呈现如下特点。

1. 描述群团组织参与公共服务的创新样态

改革开放以来，党和国家在 1989 年、1993 年、2000 年和 2015 年自上而下启动 4 次群团改革，[②] 群团组织不断厘清职责功能，聚焦主责主业，成为国家治理体系和治理能力现代化的重要组成部分。[③] 群团组织治理体系现代化以"党—群""政—群""群—社""群—群"治理框架为表征。[④] 群团组织参与社会治理的总体思路是"搭台唱戏"，关键点在于实现"共同参与"。[⑤] 因此，群团组织参与社会治理发展要应势而为，[⑥] 在群团与社会组织间构建

---

① 中国共产党中央委员会:《中共中央关于加强和改进党的群团工作的意见》,《十八大以来重要文献选编（中）》, 中央文献出版社, 2016, 第 304~317 页。

② 于君博、王国宏:《新时代群团组织改革的行动策略研究: 方向与前沿》,《行政与法》2023 年第 7 期。

③ 褚松燕:《改革开放以来的群团组织研究: 回顾与展望》,《上海行政学院学报》2021 年第 5 期。

④ 张波:《逻辑、框架、机制: 国家治理现代化语境下群团组织协同精准治理》,《重庆理工大学学报》(社会科学版) 2023 年第 3 期。

⑤ 葛亮:《群团组织参与社会治理创新——共同参与和搭台唱戏》,《浙江社会科学》2017 年第 5 期。

⑥ 陆一琼:《应势而为: 群团组织参与社会治理发展研究》,《内蒙古师范大学学报》(哲学社会科学版) 2020 年第 2 期。

枢纽型关系，①搭建社会组织和志愿者服务中心②、社区服务中心③等新型合作平台，进而实现以合作平台的创设与搭建优化社会治理的组织逻辑、以社会组织的培育与再造增强社会治理的主体能力、以群体利益的代表与整合促进社会治理的利益共识。④

诸多研究还就工会、妇联、共青团、其他政策性群团参与社会治理的作用进行了探讨。工会作为枢纽型组织，是介于政府与社会组织之间的桥梁纽带，⑤其独特的"组织身份"决定了工会组织能在社会治理网络中填补"结构洞"位置。⑥面对社会矛盾凸显、利益格局分化、群众利益诉求多元化的现状，妇联原有的服务内容及服务模式，已难以应对妇联参与社会治理面临的任务和挑战，⑦打造承载"组织刚性"与"组织柔性"的妇联组织，能够有效参与社会治理。⑧共青团兼具党群纽带、政社枢纽、社会服务主体等职能，⑨因此在公共服务体系中找准角色定位，是共青团参与政府购买服务的重要策略。⑩部分政策性群团则主要通过治理结构调整、宣传方式创新、精准项目实施、横向协同合作等行为创新策略融入社会治理共

---

① 李威利：《转型期国家治理视域下党的群团工作发展研究》，《中国青年社会科学》2016年第1期。

② 陈鹏、汪永涛：《群团组织参与社会管理创新探析》，《青年工作》2014年第3期。

③ 徐宇珊：《服务型治理：社区服务中心参与社区治理的角色与路径》，《社会科学》2016年第10期。

④ 解丽霞、徐伟明：《群团组织参与社会治理的客观趋势、逻辑进路与机制建构》，《理论探索》2020年第3期。

⑤ 汪杰、汪锦军：《社会治理体系创新视野下的工会组织角色》，《治理研究》2019年第1期。

⑥ 余茜：《结构性位置与能动性作用：作为枢纽型社会组织的工会组织》，《行政论坛》2019年第6期。

⑦ 范铁中：《新时期上海市妇联组织参与社会治理的困境与对策研究》，《湖北社会科学》2017年第10期。

⑧ 任大鹏、尹翠娟、刘岩：《粘性与弹性：妇联组织参与基层社会治理的路径研究》，《中州学刊》2022年第3期。

⑨ 谢素军：《社会治理视角：共青团组织职能解构研究述评》，《青年学报》2017年第4期。

⑩ 黄建平：《嵌入协作：共青团参与政府购买服务的策略与建构》，《中国青年研究》2015年第12期。

同体建设。①

还有部分研究从自然灾害②等治理情境探讨了群团组织协同参与社会治理的过程与逻辑，进一步拓展了相关研究领域。

2. 对群团组织参与公共服务供给进行理论化阐释

群团组织参与公共服务供给是其自身改革的重要抓手，也是在中国情境下构建公共服务多元化供给机制的关键所在，③具有实现协同治理、整合凝聚的社会性功能。④

已有研究对群团组织参与公共服务供给的认识逐步加深。既有实践展示了群团组织以嵌入型桥接来组织社会的理论价值。⑤基于此，部分学者立足群团组织的核心属性，尝试构建一种以"中间领域治理"为核心特点的分析框架，⑥以推动政府转移职能和群团组织承接职能。⑦通过培育不同类型的社会组织，回应不同的公众需求，往往能够达成更好的效果。⑧

已有研究对"协同"的类型划分更为丰富。"群社协同"是群团组织参与社会治理的重要路径，⑨要实质性地提升群团组织服务能力，加强社会协同是群团改革的必答题。⑩"嵌入协同"是共青团等群团组织参与政府购买

---

① 褚松燕：《政策性群团参与社会治理：改革、创新与战略构建——以中国计划生育协会为例》，《中国行政管理》2020年第9期。

② 李云新、阮皓雅：《自然灾害协同治理的实践过程与运行逻辑—以四川雅安为例》，《西南民族大学学报》（人文社会科学版）2018年第3期。

③ 张骞文、刘延海：《基于SNA的公共服务供给中群团组织合作新模式》，《长安大学学报》（社会科学版）2017年第3期。

④ 余茜：《结构性位置与能动性作用：作为枢纽型社会组织的工会组织》，《行政论坛》2019年第6期。

⑤ 褚松燕：《从组织社会到建设社会：党领导社会建设百年实践的底层逻辑》，《政治学研究》2023年第2期。

⑥ 高丽、徐选国：《中央群团改革视域下地方妇联购买服务的实践逻辑及其理论扩展——基于对上海H区的经验观察》，《妇女研究论丛》2020年第2期。

⑦ 胡献忠：《群团组织承接政府职能转移：意蕴、困境与路径》，《青年学报》2019年第1期。

⑧ 黄晓星：《制度联结：中国特色志愿服务的多重实践与逻辑》，《学术月刊》2022年第4期。

⑨ 杨柯、唐文玉：《"群社协同"：群团组织参与社会治理的重要路径——以H市妇联协同女性社会组织为例》，《思想战线》2022年第2期。

⑩ 葛亮：《群团组织与社会协同——基于四个案例的比较分析》，《治理研究》2018年第6期。

服务的重要策略，① 促使群团组织在能动性回应公共服务需求的基础上"建构协同"。② 改革实践使群团组织增强了连接基层和多元组织主体的协同性，与非公经济组织和社会组织党建一起，开始形成社会组织网络的韧性协同。③

3. 提供破解群团组织参与公共服务供给障碍的方式方法

当前群团组织在参与公共服务供给上存在着工作力量的差距、党建带动的差距、工作机制的差距，④ 参与社会治理是破解当前社会组织发展困境、优化协同治理结构的实践需求。⑤ 因此，新形势下群团组织的改革创新极为重要，⑥ 群团组织要切实提高能力，完成公共服务的无缝、有效对接，⑦ 要建立健全购买清单、增加购买资源支持、搭建群团公益平台，⑧ 在打造共建共治共享的社会治理新格局背景下加强"群社"合作，实现群团组织在参与社会治理中的效能提升。⑨

综上，已有研究体现出学界对群团组织创新公共服务供给议题的时代关切与问题意识。学界通过描述群团组织参与社会治理的创新样态，深化群团组织参与公共服务供给的理论认知，提出破解公共服务供给的方式方法，对

---

① 黄建平：《嵌入协作：共青团参与政府购买服务的策略与建构》，《中国青年研究》2015 年第 12 期。

② 王晓杰、陈晓运：《建构协同：共青团参与社会治理的地方实践—以广州市为例》，《中国青年研究》2016 年第 9 期。

③ 褚松燕：《基层治理中的群团组织：组织社会的嵌入型桥接》，《治理研究》2023 年第 2 期。

④ 吴明国：《重庆市纵深推进区县群团改革的六点建议》，《重庆行政（公共论坛）》2017 年第 2 期。

⑤ 解丽霞、徐伟明：《群团组织参与社会治理的客观趋势、逻辑进路与机制建构》，《理论探索》2020 年第 3 期。

⑥ 吕雪峰：《新时代群团工作分析和展望：上海例证》，《中国浦东干部学院学报》2018 年第 1 期。

⑦ 胡献忠：《群团组织承接政府职能转移：意蕴、困境与路径》，《青年学报》2019 年第 1 期。

⑧ 郭春甫、周振超：《群团组织参与政府购买公共服务创新实践——以重庆市为例》，《北京航空航天大学学报》（社会科学版）2017 年第 4 期。

⑨ 杨柯、唐文玉：《路径依赖、目标替代与群团改革内卷化——以 A 市妇联改革为例》，《华中师范大学学报》（人文社会科学版）2022 年第 3 期。

群团组织在公共服务供给中的地位和作用进行了理论建构。但已有研究较少关注基层社会治理场域的运行规律及群团组织的治理参与过程，难以为群团组织参与基层社会治理的路径与机制提供完整的理论解释。^①一定程度而言，社会治理强调对社会活力和秩序等方面的平衡，通过什么载体来实现社会治理则是我国创新社会治理中重点考虑的内容。^② 探讨群团服务中心等相关载体在公共服务供给中的作用，剖析"协同"等创新形式对于推动群团组织参与公共服务供给的质效，具有重要的理论价值和实践意义。

（二）理论视角

协同创新一直是公共部门倡导的行政改革主题。公共部门将协同与创新有机结合，使创新全过程受益于协同效应，实现成本共担、风险共控和收益共享。^③20 世纪 90 年代后期，西方国家越来越多地寻求在城市规划和其他政策领域加强公共创新，进而推动了经济创新理论、社会规划理论以及相关公共管理理论的进一步发展。

1. 作为一种理论视角的公共部门协同创新

公共部门协同创新具有公共问题导向、参与主体多元、组织边界弱化、组织规则约束、公共部门主导等特征，当实践中面临预算约束而又不能降低公共服务质量时，公共部门一般通过创建新的部门机构、建构信任、目标认同、良好沟通等促成协同创新。^④对协同创新的研究既包括创新过程本身固有的概念，也包括公共组织之间以及公共部门与社会之间的相互关系。^⑤ 部

①　王杨、邓国胜：《"元网络"视角下群团组织参与基层社会治理的路径及机制——以北京市首个"侨之家"社区建设为例》，《中州学刊》2023 年第 3 期。

②　黄晓星：《制度联结：中国特色志愿服务的多重实践与逻辑》，《学术月刊》2022 年第 4 期。

③　Sørensen, E., Torfing, J., "Enhancing Collaborative Innovation in the Public Sector", *Administration & Society*, 2011, 43(8):842-868；Torfing, J., "Collaborative Innovation in the Public Sector: The Argument", *Public Management Review*, 2019, 21(1):1-11.

④　朱德米、刘小泉：《国外公共部门协同创新研究及对我国的启示》，《南京社会科学》2017 年第 3 期。

⑤　Bekkers, V., Tummers,L., "Innovation in the Public Sector: Towards an Open and Collaborative Approach", *International Review of Administrative Sciences*, 2018, 84(2):209-213.

分学者认为，多主体合作是一种更好的创新驱动力，协作创新是一种独特的公共创新方法。[①]

2. 公共部门协同创新的研究焦点

学者们主要探讨了公共部门协同创新的主体结构及影响因素。协同创新过程中存在着决策者、管理者和公民三大主体，[②] 其中管理者扮演向导、沟通者、组织秘书、文化创建者的角色，通过各种激励措施来有效地影响参与者。政府则在协同创新的过程中扮演着创新集成商、创新引导者、创新倡导者和创新催化者四种角色。[③] Sørensen 和 Torfing 认为影响公共部门协同创新的因素主要包括公共问题的复杂性、财政压力、政策环境、厌恶风险的文化等方面内容。[④]

3. 公共部门协同创新的研究局限

尽管公共部门协同创新的理论研究发展迅猛，但有关研究较少关注不同的管理策略如何影响创新和协作过程，此外，涉及如何组织公共治理支持创新的协作过程的研究也较为少见。[⑤] Hartley 等提出，公共部门创新过程中的内部协同体现为共同发起、共同开发、共同实施和共同扩散等行为，但现有的实证研究无法捕捉合作的过程动态，[⑥] 当然也无法观察到这一过程中协同行为者的类型，此外，对哪些协同结构对积极创新成果至关重要的理解

① Torfing, J., "Collaborative Innovation in the Public Sector: The Argument", *Public Management Review*, 2019, 21(1):1–11.

② Hartley, J., "Innovation in Governance and Public Services: Past and Present", *Public Money & Management*, 2005, 25(1), 27-34.

③ Nambisan, S., *Transforming Government Through Collaborative Innovation*, Washington, DC: IBM Center for the Business of Government, 2018.

④ Sørensen, E., Torfing, J., "Enhancing Collaborative Innovation in the Public Sector", *Administration & Society*, 2011, 43(8):842–868.

⑤ Agger, A., Sørensen, E., "Managing Collaborative Innovation in Public Bureaucracies", *Planning Theory*, 2018, 17(1): 53-73; Torfing, J., "Collaborative Innovation in the Public Sector: The Argument", *Public Management Review*, 2019, 21(1):1–11.

⑥ Hartley J., Sørensen E., Torfing J., "Collaborative Innovation: A Viable Alternative to Market-Competition and Organizational Entrepreneurship", *Public Administration Review,* 2013, 73(6):821-830.

有限。①

4. 公共部门协同创新理论的适用性

习近平总书记在哲学社会科学工作座谈会上指出，"国外哲学社会科学的资源，包括世界所有国家哲学社会科学取得的积极成果，这可以成为中国特色哲学社会科学的有益滋养"②。公共部门协同创新建设是一个系统工程，国外部分有关公共部门协同创新的积极成果，是中国公共部门协同创新研究的有益滋养。在理论适用性方面，提升中国公共部门协同创新效能，需要合理借鉴不同应用场景的协同结构，发挥问题导向思维，解决中国情境下公共部门协同创新实践问题，探索中国公共部门协同创新的优化策略，进一步夯实公共部门协同创新的理论基础。群团组织是公共部门的组成部分，也是重要的公共服务供给主体，群团组织及其联系的各类社会主体和覆盖的目标社会群体应共同成为国家进行社会建设的协同者和参与者。③ 因此，建构适合中国情境的公共部门协同创新理论，有助于进一步厘清我国当前公共部门协同创新的策略及其运行过程。

（三）案例概述

1. 案例选择

2015 年《中共中央关于加强和改进党的群团工作的意见》对群团组织创新服务方法提出要求。根据相关要求，重庆市进行了群团改革，构建了基层群团服务供给体系。基于案例与研究现象或议题的可比性，④ 可以通过差异性案例验证理论。本文选取 A 县、B 区群团组织作为案例观察对象。A 县是以农业为支柱产业的农业县，B 区工商业较为发达，是重庆市重要的经贸

① Cinar, E., Simms, C., Trott, P., "Collaborative Public Sector Innovation: An Analysis of Italy, Japan, and Turkey", *Governance*, 2023, 36(2):379-400.

② 习近平：《在哲学社会科学工作座谈会上的讲话》，人民出版社，2016。

③ 葛亮：《群团组织参与社会治理创新——共同参与和搭台唱戏》，《浙江社会科学》2017年第 5 期。

④ 戴维·E. 麦克纳布，《公共管理案例研究方法》，郭春甫、张岌译，社会科学文献出版社，2021，第 24 页。

活动集散地。2023 年 5 月，作者以委托研究课题研究人员身份，应用参与式观察的方式，对 A 县、B 区的群团组织进行实地调查，调查历时 2 个月。根据研究伦理的要求，本文对相关信息进行了匿名处理。

2. 叙事结构

在社会科学研究中一直存在着结构主义与个人主义的分歧。结构主义将社会看作一种客观结构，并将自己建构的各种结构看作自主的实体，赋予它像真实的行动者那样行动的行为。而解释学的思想传统则更注重对主体动机、主观意义的理解，关注具有资格能力的社会行动者对他们的社会世界的建构。[①] 就群团改革而言，已有研究多关注静态的协同结构，一定程度上忽视了具有能动性的行动者。部分研究者假定绩效结果源自所嵌入的关系系统，但没有阐明结构是如何随时间、事件进程的变化而变化的。[②] 因此，在宏观与微观的分野间架构一座桥梁，通过观察行动者（包括个体、组织等）如何建构和参与协同结构的动态过程来完整描述公共部门协同创新框架，力图将所要研究的对象由静态的结构转向由行动者的行动构成的动态过程。

二　建构公共服务协同供给结构

（一）塑造参与导向的协同结构

在群团改革过程中，重庆市打造孵化社会组织服务中心、成立群团基金会、设立综合性的群团服务中心，积极推动群团组织递送公共服务。各县区考量资源禀赋、服务对象特征、群团发展趋向等综合因素，建构与公共服务供给相适应的协同结构。按照群团组织在协同结构中的不同作用，可以分为聚合型协同结构与扩散型协同结构。

1. 聚合型协同结构的建构

聚合型协同结构是指群团组织侧重承担资源配置作用，多个公共服务供给部门通过与群团组织建立关联，进而向公众提供公共服务。这一结构呈现

---

① 〔法〕皮埃尔·布迪厄、〔美〕华康德：《实践与反思》，中央编译出版社，2004。

② 〔美〕马汀·奇达夫、蔡文彬：《社会网络与组织》，中国人民大学出版社，2007。

组织、技术、文化、目标等要素向群团服务聚集的现象。相对而言，社会组织发育较好的地区比较适合建构这一结构。A县群团组织在提供公共服务过程中主要应用了聚合型协同结构。聚合型协同结构在建设前期需要进行资源和职能的整合，通过联合建立一体化的综合性服务中心，弱化组织间边界，强化公共服务资源的协同性，整合群团组织的沟通协调能力，利用社会组织的服务技术和经验，力图实现公共服务供给主体间的资源共享。

2. 扩散型协同结构的建构

扩散型协同结构中的群团组织侧重承担沟通协调作用，强调在解决特定领域公共服务问题的过程中，单个公共服务供给主体与其他组织进行资源交换。扩散型协同结构关注公共服务供给主体之间的差异性以及信息沟通方式，更适用于特定公共服务需求较为集中的领域。B区群团组织采用扩散型协同结构。在协同结构运行过程中，群团组织根据服务对象的特征不断调整服务供给方式，寻求政府、社会组织的互动，持续推动节点关联，共享知识与技术，逐步扩大协同服务网络，构建稳定的协同关系。

（二）厘定协同主体的角色定位

公共部门的协同创新虽然不依赖于特定的权力结构，然而各主体之间并不是完全平行的关系。因此，需要厘定协同主体的角色定位，明确各自的职责要求与服务内容。A县群团组织与B区群团组织虽然表现为不同的结构类型，但对于协同主体的角色定位的规定基本相同。

在各类公共服务计划或者项目中，党委主要发挥引导作用，根据基本公共服务的特征与群团组织的组织属性，指引群团组织、社会组织提供公共服务的目标和方向，从制度的层面激励和催化创新，党委及下属党组织较少直接参与具体的服务供给过程。政府在公共服务供给过程中积极发挥支持作用，通过政府购买公共服务目录清单、社会组织年度考核等，为群团组织的各项公共服务供给职责提供必要的资源保障。

群团组织在公共服务供给中承担"向导"和"秘书"的作用。群团组织与公共服务供给中的多元参与者展开沟通，不断地协调利益，平衡参与者网络，整合自身以及社会组织的资源，推动各类公共服务资源的共建共治共享，成为协同结构的关键节点。

在外部政策激励与组织指令压力下，群团组织发挥协调作用，培育与孵化社会组织并提供部分公共服务。社会组织是公共部门协同结构的重要主体，承接群团组织发布的各类公共服务需求。群团组织主要从人力资源的有效使用与联席会议制度两个方面协调社会组织，整合社会组织的服务能力，使其服务资源可以有效融入公共服务领域。

（三）培养参与技能的目标共识

目标是公共部门协同创新成功的重要影响因素。[①]A 县群团组织与 B 区群团组织都受到来自内部与外部的创新压力。因此，需要进行目标整合，进而与其他参与主体达成目标共识。其中一个目标共识是促进多元主体更好地参与社会治理。群团改革和建设的最终目的是以人民为中心，更好地提供公共服务。自上而下进行治理创新的要求通过管理机制层层传导到群团组织。群团组织接续这一要求，逐步建立群团组织与社会组织的伙伴关系，实现双方资源与能力的深度整合，提升社会组织的参与效能。此外，还有一个目标共识，是实现基本公共服务的精准化供给。这一目标源于由外而内的创新需求驱动。群团组织要实现有效的公共服务供给，需要充分利用社会组织和自身所具备的创新优势，实现公共服务的精准化供给。

三 创新公共服务协同参与策略

（一）激活参与资源

1. 以平台为介导推进组织间的资源共享

公共部门协同创新得以不断推进的关键在于，通过组织间资源共享实现协同创新知识与经验的共享。A 县按照"资源统筹、功能整合"的方式管理

---

① Nambisan, S., *Transforming government through collaborative innovation*. Washington, DC: Harvard Kennedy School of Government, 2008: 36-41.

系统资源，设置群团服务中心，为群团组织提供场地。群团组织和社会组织可以根据需要共同使用这些场地。B区按照"资源回归、综合利用"的方式，剥离原区妇女儿童活动中心、青少年活动中心、职工服务中心等服务机构的商业功能，推动这些服务机构回归公益性质。同时，加强公共服务节点的关联，根据服务供给工作的需要进行资源整合，由区群团工作联席会议统筹使用各项服务资源。两种类型的群团组织都十分注重组织间资源的共享与有效使用。各协同主体注重资源交换与信息沟通，提升不同组织之间的信任度，有助于更好地获得协同创新的知识与经验。

2. 以平台为节点联结公共服务供给的多元协同主体

群团服务中心是联结公共服务供需的协调平台，主要依托政府购买公共服务项目来联结公共服务参与主体。群团服务中心是各类政府购买公共服务项目的重要服务机构，承担着信息发布、咨询沟通、流程服务、结项验收、项目评估等多项服务职能，也由此成为联结公共服务供给多元协同主体的关键节点。群团组织将公众所需的群团公共服务项目反馈给群团服务中心，群团服务中心围绕公共服务项目展开调研策划、申报审批、验收评估，提交给政府采购管理部门，后者经过审核评估后将相关项目纳入政府购买目录。从调研情况看，A县将妇女儿童维权、技能提升培训、心理咨询服务等项目纳入政府购买目录，通过政府购买服务、社会组织承接的方式，积极带动社会组织参与公共服务供给。B区将购买公共服务类型划分为职工服务类、青少年服务类、妇女服务类，通过委托、招标、购买服务来保证与不同社会组织的有效对接。此外，还定期召开服务项目推介会，促进政府、企业、社会组织之间的交流合作，推广优秀的服务项目。

（二）创新可持续参与路径

1. 持续投入资金促进创新

资金支持是协同创新不断巩固发展的前提条件。各类公共服务供给创新的资金主要来源于财政拨款。在依托群团组织开展服务的过程中，各协同主体按照规定和要求，建立专项资金或基金会，吸纳社会资金，保障公共服务供给项目获得持续支持。A 县成立群团服务专项基金，B 区则通过建立群团基金会来实现外部资金的充分使用。相较于群团服务专项基金，群团基金会在管理制度、运营管理方面更为规范灵活。群团服务专项基金与群团基金会作为重要的外部资金吸纳形式，构建了协同主体之间的资金融合网络，进一步巩固了公共服务供给的协同创新效果。

2. 通过评估保障服务水平

在公共服务质量评估层面，不同协同结构都采取"群团组织自我评价 + 专业机构评价 + 公众评价"的综合性评价方式。从评估标准来看，A 县和 B 区的群团组织都把公众满意度、服务创新度作为服务效果衡量的重要指标。公众评价则以公众满意度为主要测量指标。同时，群团组织还委托第三方专业机构，从公众满意率、组织服务能力、组织公信力、社会贡献度等方面对不同协同主体进行评价。群团组织在多源公共服务质量评估数据的基础上，对不同协同主体的服务水平进行有效的动态反馈，以此保障和提升公共服务质量。

3. 多种激励措施巩固创新成效

激励的存在能够对相关的组织和个人形成一种正反馈，这种反馈会进一步促使该组织或者个人在巩固创新成果的同时，强化下一步创新的信念，进而采取进一步行动。[①]A 县与 B 区群团组织都设立了多项物质激励与精神鼓励措施。各类激励措施与考核评估结果关联，在综合考量公共服务项目的投入成本、公众满意度、协同主体参与度的基础上，根据评估结果，给予表现优异的协同主体项目申报、工作经费、评优评先、表彰奖励等方面的激励。多种激励有助于巩固强化创新成果，为持续发展提供动力。

四　识别参与障碍

协同创新不是解决"组织病"的万能良药。公共部门的创新需要克服变

---

① 〔美〕史蒂文·凯尔曼：《发动变革：政府组织再造》，扶松茂译，上海人民出版社，2013，第 197 页。

革厌恶、严格控制和垂直等级制度等障碍。^①基于"有限理性"建构的协同结构，在创新过程中不可避免地出现公共部门内部组织间的协同障碍、公共部门外部行动者的协同障碍、跨界别行动者的协同障碍以及各界别中组织内部的协同障碍，^②影响公共服务参与主体的发展动力及动员能力。

（一）部分协同主体参与度仍待提升

通过公共服务供给的差异化配置与分类化运行，协同结构一定程度上整合了多元主体的专属资源，但部分协同主体仍存在角色定位不够明确、工作责任相对模糊等问题，一定程度上影响协同主体的参与积极性。

1. 部分社会组织的角色定位模糊

由于我国历史上将教育、卫生、工会以及宗教等领域内的社会组织当作事业单位来发展，所以上述类型的社会组织在我国社会中的数量较多，也较为活跃，其他类型的社会组织的发展相对缓慢，^③在发展结构上呈现不平衡态势。部分社会组织在协同结构中呈现角色定位模糊的特征，此外，社会组织参与公共服务供给时也面临"跨领域"的实践挑战，^④导致公共服务供给过程中参与度不高，难以更好地将社会组织的灵活性与创造性特点表达出来。

2. 部分社会组织的工作责任尚待夯实

从社会组织参与公共服务供给的情况来看，相较于群团改革前，社会组织参与程度有了较大改善，在数量上也呈现迅速增长的态势，与其他治理主体的互动合作频率也相应增加。但是，与当前公共服务的巨大需求相

① Agger, A., Sørensen, E., "Managing Collaborative Innovation in Public Bureaucracies", *Planning Theory*, 2018, 17(1): 53-73.

② Cinar, E., Trott, P., Simms,C., "A Systematic Review of Barriers to Public Sector Innovation Process", *Public Management Review*, 2019,21(2):264-290.

③ 王建军：《当前我国社会组织培育和发展中的问题与对策》，《四川大学学报》（哲学社会科学版）2012 年第 3 期。

④ 刘玉照、王元腾：《跨界公共服务供给中社会组织参与的多重困境及其超越——对长三角流动儿童教育服务领域社会组织实践的考察》，《中国第三部门研究》2020 年第 2 期。

比，社会组织数量仍偏少，这一定程度上导致协同结构中的社会组织"身兼数职"，公共服务能力专有性与服务对象的广泛性存在矛盾，无法准确界定社会组织的工作责任，这一因素成为社会组织参与公共服务协同创新的瓶颈。

（二）组织间横向协同质量不高

协同结构促进了各参与主体的创新行动。但是协同结构中各主体之间的横向协调却稍显薄弱，影响主体间服务信息的沟通与交换，在一定程度上成为协同结构开展创新行为的阻碍。

1. 横向沟通机制效率不高

尽管群团组织的有效运作，在一定程度上打破了工会、共青团、妇联等群团组织之间的横向职能边界，但各群团组织特别是基层群团组织仍然缺乏成熟有效的沟通协商机制，[1] 难以为协同创新提供必要的信息支撑。

2. 协调保障机制能力不强

运转经费是实现群团组织之间功能整合与结构有效融合的重要保障资源。从当前运作实践来看，协同主体的经费主要来自财政拨款，而财政拨款根据不同的服务项目确定，直接用于各主体之间互动沟通的经费非常少，一定程度上影响了组织间沟通的效率。

（三）网络互动渠道亟待畅通

信息技术融入在线公共服务，可以更好提升公共服务供给主体的参与积极性。缺乏数据管理系统可能会阻碍这一过程，同时，选择的技术平台还需具备相对友好的用户界面。[2] 从发展实践来看，群团组织通过"互联网＋"创新的力度仍待加强。

---

① 张波：《群团组织协作治理：一个社会网络的分析框架——基于 C 市的实证分析》，《国家行政学院学报》2016 年第 5 期。

② Chatwin, M., Arku, G., "Co-Creating an Open Government Action Plan: The Case of Sekondi-Takoradi Metropolitan Assembly, Ghana", *Growth and Change,* 2018, 49(2): 374-393.

1. 群团组织的数据管理系统尚待优化

作为协同创新的重要枢纽，群团组织毫无疑问是各类信息的交汇点。群团组织相关网站、微博、微信公众号等已经搭建完成并开始运营，但现有服务内容更多体现为信息发布，缺少在线内容，数据互联互通也存在一定障碍，导致各类新技术支撑的网络平台应用度不高。

2. 群团组织的网络平台服务功能不完备

群团组织现有信息传递方式以被动响应公众需求为主，公共服务供给内容和服务方式相对单一，协同主体缺少主动服务意识，较少向公众传递创新实践与经验做法的相关信息，难以满足公众对于线上服务的多样化需求。

五　政策建议与研究趋向

参与主体的能动性是推动协同创新的内生动力。能动性是在社会关系网络中形成并运行的，因此它的发挥极度依赖行动者的社会网络。[1] 提升协同创新过程中参与主体的能动性，需要针对参与主体的短板，不断优化参与路径，夯实参与基础，拓展参与渠道。

（一）政策建议

1. 优化社会组织的激励机制

政社关系中的社会组织并非仅是被动的政策接受者，而是在政府让渡职能和自身发展壮大的过程中不断整合资源、逐渐掌握话语权的行动者。[2] 有没有社会力量协同参与、社会协同水平高不高，直接关系到群团组织是否能够真正服务群众、满足群众需求。[3] 针对社会组织参与程度尚待提升的问题，

---

[1]　刘杰、李泽宇、王双洋：《行动者视角下社会工作者参与国际化社区治理的策略研究——基于 W 市 Y 社区的案例分析》，《社会工作》2022 年第 3 期。

[2]　徐家良、季曦：《社会组织自主性与政府形塑——基于行业协会商会改革的政社关系阐释》，《学习与实践》2022 年第 4 期。

[3]　葛亮：《群团组织与社会协同——基于四个案例的比较分析》，《治理研究》2018 年第 6 期。

需要进一步激发社会组织参与的积极性。

一是积极培育和引导相关社会组织。吸纳更多具有服务功能的社会组织进入协同结构。利用群团组织的信息资源与沟通渠道，拓展基本公共服务购买范围，引导社会组织承接公共服务。与专业培训机构一道，持续培育社会组织工作人员，不断补充具备资质的人力资本加入社会组织。推动协同结构各主体向社会组织输入资源，保持社会组织的可持续发展。

二是完善科学合理的创新成果利益分享机制。社会组织参与公共服务供给必然要考量利益分配。需要明确社会组织获得利益的可及性，推动社会组织对创新过程的参与融入。同时，进一步明确社会组织在公共服务供给链条中的价值，注重协同创新的利益共享与风险共担，使社会组织可以更好地获得应有的创新收益。

2. 夯实协同主体的网络参与基础

数字群团组织建设将推动群团工作的全面信息化与网络化、群众服务更智能化和精准化、群团组织结构去层级化和扁平化，从而更好地实现其政治和社会功能。[①] 协同结构可以继续完善网络层面的协同创新平台，延伸公共服务供给的创新领域，增强协同创新对网络虚拟空间的影响力，提升协同主体的参与积极性。

一是提供信息技术培训。群团组织的"向导"和"秘书"定位，更有利于准确把握公共服务的信息需求，通过开展工作人员互联网技术专业培训，培育工作人员的"互联网+"工作思维，有助于积极主动地运用互联网技术提高工作效率。

二是加大网络平台的宣传。充分利用微博、微信等信息媒介的宣传力度，提高群团组织在群众中的知晓度，积极引导提高群众的使用意愿，推动平台网站、微博、微信公众号等不同网络媒介的融合，构造一体化的公共服务供给网络平台。

---

① 余茜：《数字群团组织：理论逻辑、战略意蕴及实践路径》，《北京航空航天大学学报》（社会科学版）2020年第4期。

三是推进信息数据共享。针对群团组织所共享的公共服务类型与属性，鼓励不同协同主体打通相对分隔的数据库，共享信息数据，建立较为精准的公共服务供需数据匹配链，提高公共服务供给的回应性与有效性。

3. 拓展协同主体的参与渠道

在创新过程中，公共服务供给主体主动使用技术平台、社交媒体等参与渠道，有助于识别组织外部的复杂信息，提升各主体间的信息沟通质量。

一是建立协商对话机制。在工作联席会议制度下开展多个参与者的协商对话，进行充分的信息沟通，有助于激活创新资源。

二是推动参与者之间的非正式沟通。群团组织积极发挥桥接作用，通过各类创新大赛、项目评估等方式，推动参与者之间的非正式沟通。

（二）研究趋向

协同创新是解决复杂公共服务供给问题的重要方式。社会治理面临的不确定性日益增加，厘清基层社会治理的需求，探索公共部门协同创新过程的治理特征，阐明不同的管理策略如何影响公共部门的协同创新，是推动基层社会治理现代化的重要治理方法。群团改革的一个重要方向是面向群众提供更为丰富的公共服务供给。新时代社会治理的核心特征是党建引领和社会参与。从近年来的推进情况看，党建引领做得较好，但社会参与明显不够。因此，需增强通过群团组织、社会组织、社区、企事业单位等方式将群众组织起来的本领，[①] 架构多样化的协同结构，有效地吸纳与融合多方参与主体，进而改善基本公共服务供给。从建构的意义来看，群团组织是整合公共服务供给的参与主体、吸纳政策资源的主要节点，也是组织间信息沟通与运行协调的重要行动者，通过建构协同结构、创新参与策略、识别参与障碍，以协同促参与，推动基本公共服务供给创新，进而实现公共服务价值。围绕群团组织建构的协同结构，仍然需要关注提升社会组织参与积极性的问题。

---

① 龚维斌、张林江:《四型"社会建设：未来社会发展的思路与对策——疫情"大考"之后的社会建设路径》,《行政管理改革》2020年第5期。

综上，本文从公共服务供给主体参与程度较低这一问题出发，尝试运用公共部门协同创新作为理论基础，应用比较案例研究方法，将群团组织纳入公共服务供给的参与主体，阐述了不同类型协同结构的构建与运行，识别协同结构存在的创新障碍，并提出相应对策，但仍有需要改进之处。

首先，在理论解释层面，公共部门协同创新理论发端于国外治理情境，因此，将该理论用于解释国内公共服务现象时，要充分考虑其适用性。在分析公共部门协同结构时，需要进一步明确协同主体结构之间的关系，这也是未来公共部门协同研究的理论增长点。同时，有学者注意到群团改革过程中某一类型的群团组织出现"没有实质发展的增长"的内卷化现象。① 因此，需要科学评估相关主体的公共服务供给质量，准确衡量协同创新的有效性。显然，对公共部门协同创新的效果评估不仅有助于传播"最佳做法"，还可以促进"下一个实践"的探索。②

其次，案例选择层面，本文虽然总结了部分治理经验，但相关经验也仅适用于案例观察对象。本文仅关注了一个城市的群团组织，缺少其他城市群团组织的丰富例证。因此，在研究效度方面，本文结论仅适用于案例观察对象。案例比较层面，本文考查了聚合型与扩散型两种类型的协同结构，是否存在更多类型的协同结构，尚需更多的观察案例加以剖析。

最后，就本文所探讨的两种协同结构而言，两种协同结构在初始制度安排层面存在差异，但在参与策略、运行管理过程中的差异并不显著，由此可能产生的一种理论猜想，即不同协同结构最终形成结构上的趋同，并被逐步吸纳或融入科层制。因此，未来相关研究需要进一步拓展公共部门协同创新理论的解释力，增加典型案例的描述与比较，综合运用定性、定量方法，进而总结出可供推广的普适性经验。

---

① 杨柯、唐文玉：《路径依赖、目标替代与群团改革内卷化——以 A 市妇联改革为例》，《华中师范大学学报》（人文社会科学版）2022 年第 3 期。

② Sørensen, E., Torfing, J., "Enhancing Collaborative Innovation in the Public Sector", *Administration & Society*, 2011, 43(8):842–868.

数智化赋能基层文化治理的重庆实践与优化路径[*]

金　莹　黄均倩[**]

在以中华优秀传统文化和社会主义先进文化为底色的中国式现代化构建过程中，文化既是治理内容更是治理工具的价值日益凸显，文化治理逐渐成为不可或缺的治理理念和路径。在数字化、智能化的时代背景下，科技赋能文化形式多元化、内容传承持续性、传播范围广泛性，有力推动了文化治理的实践步伐。以大城市带大农村为特色的重庆，作为我国超大城市之一，近年来积极探索智慧化城市治理之路，从数字化到大数据，从板块端口到系统集成，将城市的方方面面纳入数智视野，文化也不例外。文化是城市存续和发展的灵魂，超大城市能够源源不断地汇聚人才、资源，始终保持活力并辐射周边，其根本在于城市文化的内聚力和驱动力。通过引入数字技术，搭建数字文化平台，创新文化供给，重庆不断探索数智在以文化人、以文治城中的运用。梳理这些实践样态，总结经验、发现问题，既是重庆市不断提升基

*　基金项目：重庆市社会科学规划项目"三级数字化城市运行和治理中心能力体系建设研究"（2025ZL07）。

**　金莹，西南政法大学政治与公共管理学院教授，主要研究方向为城乡基层治理、文化治理、人才开发与管理；黄均倩，遵义医科大学护理学院助教，主要研究方向为思想宣传、基层治理。

层治理效能、提升城市竞争力的需要，也是凝练中国特色超大城市治理经验之需。

一 文化嵌入基层治理的缘起

中共中央办公厅、国务院办公厅印发的《"十四五"文化发展规划》提出，文化是国家和民族之魂，也是国家治理之魂。文化不仅具有传递文明和构建精神世界的作用，作为一种价值体系和行为规范，还具有规范行为、凝聚社会的作用。而治理，区别于管理、控制，是利益协调、系统规范等理念的体现，本身就蕴含着多元、沟通的内在要求，主体的多元意味着观念、利益的不同，沟通正是糅合差异、共商共谋的过程，沟通的基础是对理念、价值形成认同，文化恰是理念相通、价值相容的根脉所在。可以说，治理离不开文化，治理是文化的内在属性，文化本身不仅有价值规范的特性，更是一种治理逻辑和机制。从国家整体治理到基层治理，文化都是一种有效的治理资源和治理工具，也是一种不容忽视的治理理念。

（一）从理解文化治理说起

文化的治理实践源远流长，但在用词表意上有着时代的变迁，意味着其内涵的变化。西方学者对文化治理的研究分为两个阶段：第一个阶段以伯明翰学派和葛兰西的"文化霸权"为代表，主要强调文化的政治构造和治理功能，认为有效的"文化霸权"不是简单的自上而下的"强制"和"控制"，而是一个"协商""谈判""共谋"的结果，同时也包含着"抵抗"、"理解"与"收编"；第二个阶段以福柯的"治理术"思想和本尼特的"文化治理性"思想为代表，强调文化作为治理手段和治理对象的多角色存在，主张运用高超的技巧和策略将诸多要素运用到权力运行的实践之中。20世纪90年代，"文化治理"作为一个正式的学术概念引入国内，走入研究者的视域，并在结合中国特色的实践中，逐渐形成了中国语境下的概念内涵和理念。

党的十八大以来，以习近平同志为核心的党中央高度重视国家的整体发展，十分关注文化在国家发展、社会进步、满足人民对美好生活需要方面的深刻作用。2013 年，党的十八届三中全会提出了"全面深化改革的总目标是完善和发展中国特色社会主义制度，推进国家治理体系和治理能力现代化"，把国家治理的地位提升到了一个新的高度，同时也把文化治理作为国家治理的重要部分。《中华人民共和国国民经济和社会发展第十四个五年规划和2035 年远景目标纲要》明确指出，"完善文化管理体制和生产经营机制，提升文化治理效能"。此后，依托于国家治理体系的文化治理引起学界的深度关注，文化治理得以向纵深推进。我国学者关于文化治理概念的研究主要表现在两个层面：一是将文化作为治理的对象，即如何治理文化的问题；二是将文化作为治理的工具，即如何依托文化进行治理的问题。将文化作为治理对象的研究指出政府的文化治理工作与国家治理现代化和文化治理现代化的实现息息相关。[1] 政府要不断提升文化治理能力，促进政府职能的转变和优化。同时，政府要做到简政放权，着眼于文化管理体制的完善，正确处理市场和社会力量在文化治理中的作用，从而调动基层文化治理的积极性、主动性。除此之外，政府应致力于健全服务监管体系，推动公共文化服务的优化和升级。也有学者立足于文化管理体制、文化市场体系、公共文化服务体系以及文化开放体系，指出治理文化要不断完善文化管理体制，正确处理文化市场主体间关系，建立健全现代文化市场体系。[2] 将文化作为治理工具的研究指出要通过优化文化政策治理文化，在这一过程中要把握经济、政治、文化、社会和环境之间的相互关系，并且进一步指出，不管是政策的制定、实施，还是最终的评估环节，都要始终坚持以人民为中心的价值导向，符合最广大人民群众的根本利益。同时，要进一步完善政策过程，不断提升政策的科学性。除此之外，要加强政策整体的协调性，在落实中央有关文化发展政策的同时，制定符合当地实际情况的相关计划。[3] 现阶段，我国文化治理的直接目的在于"满足人民日益增长的美好生活需要"。将"对文化的治理"

---

① 陈福今：《切实转变政府职能　提升文化治理能力》，《行政管理改革》2014 年第 9 期。

② 范玉刚：《在全面深化改革中实现国家文化治理》，《湖南社会科学》2014 年第 2 期。

③ 荣跃明：《提升文化治理能力》，《光明日报》2014 年 6 月 12 日。

和"用文化来治理"相结合来看，文化治理的实践路径以政府为主，社会力量、公众共同参与文化建设，并通过文化的传承发展，实现个体发展、社会有序、国家稳定的多重目标。公共文化领域的文化治理充分体现了这两个面向，也是当前文化治理研究的重要落脚点。例如，公共文化治理的顶层设计[①]、公共文化治理对象的辨析[②]、公共文化治理模式的实践应用[③]等，都推动了文化治理在顶层设计到基层治理等多个层面的运用，并在理论总结中不断发展。

（二）基层为何需要文化治理

基层治理是国家治理的重要基础，文化治理则是国家治理体系的重要组成部分，基层文化治理是对国家治理体系和治理能力现代化建设的具体响应，对保障人民群众精神文化生活质量、构建基层文化认同具有重要的现实意义。

1. 基层文化治理是国家治理体系和治理能力现代化的基层践行

国家治理体系是在党领导下管理国家的制度体系，包括经济、政治、文化、社会、生态文明和党的建设等各领域体制机制、法律法规安排，也就是一整套紧密相连、相互协调的国家制度。[④] 在党的十八届三中全会提出推动国家治理体系和治理能力现代化的背景下，文化治理有了更加多元化的意义。文化治理是国家治理的重要组成部分，实现国家治理现代化离不开文化治理的支撑。从文化与国家治理体系的关系角度来看，文化传统是国家治理体系形成的要素，文化开放是推进国家治理体系现代化的必由之路，文化兴盛是国家治理体系现代化的标志，文化软实力是国家治理体系的灵魂。[⑤] 文

---

① 杨红：《公共文化服务水平提升路径：从"管理"到"治理"》，《图书馆论坛》2021 年第 10 期。

② 王滢涛：《公共文化治理：理念、模式与实践路向》，《图书馆杂志》2022 年第 12 期；张东华、廖程程：《数字乡村档案文化治理的现实挑战与实施路径》，《北京档案》2022 年第 8 期。

③ 赵继强：《城市文化治理的方法论寻索》，《人民论坛》2020 年第 21 期。

④ 习近平：《切实把思想统一到党的十八届三中全会上来》，《求是》2014 年 1 月 1 日。

⑤ 林坚：《文化治理与文化创新》，中国人民大学出版社，2019，第 47~50 页。

化建设作为中国特色社会主义"五位一体"总体布局的组成部分，从内涵到外延已不再局限于"建设"或"改革"的层面，而是扩展至以"治理体系和治理能力现代化"为基本内容的"治理"范畴。① 推进基层治理能力现代化，要注重从中华优秀传统文化中汲取养分，做到穷理以致其知，反躬以践其实。按照习近平总书记所要求的，深入了解中华文明五千多年发展史，推动把中国文明历史研究引向深入，推动全党全社会增强历史自觉、坚定文化自信，坚定不移走中国特色社会主义道路，为全面建设社会主义现代化国家、实现中华民族伟大复兴而团结奋斗。② 通过挖掘中华优秀传统文化的精髓，将其转化为滋养社会主义核心价值观的重要资源，并有机融入基层治理，从而不断推进基层治理体系和治理能力现代化。借此，基层实施文化治理既是对国家倡导文化治理的响应，也是对国家提高基层治理现代化水平的回应和印证。

2. 基层文化治理是人民群众精神文化生活质量的末梢保障

当前，人民群众对美好生活的向往对精神文化生活提出高要求。党的十九大提出的推动社会主义文化繁荣兴盛，就是对人民精神文化需求的回应。党的二十大报告从国家发展、民族复兴高度，提出"推进文化自信自强，铸就社会主义文化新辉煌"的重大任务，就"繁荣发展文化事业和文化产业"做出部署安排，为做好新时代文化工作提供了根本遵循、指明了前进方向。从基本权利的角度讲，社会成员是否能公平享有文化权利与公共文化资源、是否享有充足的公共文化服务是现代和谐社会的重要标志。③ 基层文化治理既是保障公民基本文化权益的应有之义，也是满足人民群众对美好生活需要的必需之举。基层是文化供给与文化需求的对接点，是文化创新和文化传承的关键点，是文化引导和文化自觉的交汇点。基层文化治理，充分体

---

① 高雪静、罗榕榕、黄新宁：《南疆农村基层社会文化治理策略构想及实践路径》，《喀什大学学报》2022 年第 5 期。

② 习近平：《把中国文明历史研究引向深入 增强历史自觉坚定文化自信》，《求知》2022 年第 8 期。

③ 李军鹏：《文化权利同经济、社会权利一样重要》，《人民论坛》2007 年第 15 期。

现了文化治理的双重内涵，既要将文化作为对象，调动广大人民群众共同参与基层文化建设，通过基层的活力，传承创新塑造繁荣多样的文化；又要将文化作为工具，通过将社会主义先进文化精准地送达每一位群众实现以文化人之效，通过中华优秀传统文化的溯源寻根整合人们的价值观和行动。基层公共文化服务的完善，基层精神文明实践站、公共文化空间的打造等，都是基层文化治理的标志性体现，通过打通"最后一公里"，营造围绕身边的文化氛围，不断提升基层社会的文化环境和文化品位，为人民群众精神文化生活质量提供保障。

3. 基层文化治理是构建基层文化认同的必须

随着城市化进程的加快，"熟人社会"逐步转变成"陌生人社会"，原本依靠血缘、家族维系的社会关系和人际信任遭遇根本性挑战，基层社会靠什么维持和谐稳定，靠什么凝聚人心气向，是基层治理面临的重要问题，而文化治理正当其时。一方面，文化的凝聚功能会对认同者形成黏合力，让即使来源于不同血缘、家族的"陌生人"也会因为中华民族上千年的文化根脉而相连。另一方面，文化治理的治理性不仅涉及文化与权力、国家与社会的议题设置，还能作为一种价值存在进行建构，[①]这个建构价值存在的过程在一定程度上就是对基层价值观体系的建构。文化治理是一种集理念、制度、机制和技术于一体的治理形式，它既涉及文化功能的重新发掘，又涉及文化组织方式的革新，还涉及个体文化能动性的彰显。[②]"文化功能的重新挖掘"在某种程度上可以等同于价值观体系的建构，对于重塑基层价值观、建构文化认同具有重要的促进作用。如，中华优秀传统文化中将爱国视为"大节"，强调"天下兴亡，匹夫有责""以家为家，以乡为乡，以国为国，以天下为天下"，提倡"正心、修身、齐家、治国、平天下"。这些饱含责任意识和爱国情怀的文化为价值观整合提供了标准。各地特殊历史自然条件所陶冶的地方文化，也是建构基层文化认同的重要支点。基层文化治理将国家民族的

---

① 周彦每：《公共文化治理的价值旨归与建构逻辑》，《湖北社会科学》2016 年第 7 期。

② 王前：《理解"文化治理"：理论渊源与概念流变》，《云南行政学院学报》2015 年第 6 期。

文化与地方特色文化相结合，通过多样的文化形式和途径进行宣传推广，充分发挥文化的审美功能。这不仅改善了居民的生活环境，增加了居民之间的良性沟通，还增进了居民之间的信任，促进了居民关系的融洽。同时，基层文化治理也是对文化产生土壤的再造，不断作用于人们的思想、行为，提升了居民的素养、道德、目标追求，形成了基层文化认同。借此，产生了强大的"归属感"和"凝聚力"，为基层治理中的协商共治奠定了良好的心理基础，也为民族文化认同、文化自信夯实了社会基础。

二　数智化赋能基层文化治理的作用机理

数智化在数字化和智慧化的基础上，利用算法建立起与现实世界对应的全领域、全时空的动态虚拟影像，通过数据感知自动收集和分析大数据，采用人工智能和智能系统代替人工进行自动学习、自动决策、精准执行任务。随着技术飞速发展，数智化逐渐成为新时代的标签和发展趋势，其应用场景已经拓展至政治、经济、社会、文化等领域，数智政府、数智社会、智慧治理、智慧城市、智慧社区等新概念陆续涌现。在此背景下，基层文化治理在计算技术、海量数据、人工智能的加持下，通过更近距离的文化触碰、更高质量的文化参与、更具吸引力的文化形象，推动治理功能实现多元化。

（一）通过"硬件"迭代，以公共文化均等共享助推文化育人

公共文化服务作为一项润物无声的文化事业，以保障群众基本文化权益为主要目标，是丰富人民群众精神文化生活、促进人民群众精神生活共同富裕的根本保障，是传承中华优秀传统文化、弘扬社会主义核心价值观、增强文化自信、促进中国特色社会主义文化繁荣发展、提高全民族文明素质的现实需要。推进现代公共文化服务体系建设是中国特色社会主义文化发展道路的重要内容，也是基层文化治理的重要着眼点。2015年，中共中央办公厅、国务院办公厅印发了《关于加快构建现代公共文化服务体系的意见》，对完

善公共文化服务制度、保障人民群众基本文化权益做了全面部署。经过多年的努力，我国公共文化服务体系建设取得了重要成就。《中华人民共和国公共文化服务保障法》正式颁布实施，"四梁八柱"的制度框架基本建立，覆盖城乡的服务设施基本健全，文化产品和服务总量突飞猛进。然而，随着人民日益增长的美好生活需要，文化需求和供给之间的结构性矛盾更加突出，城乡之间基本公共文化服务均等化问题、地区之间高质量公共文化服务的不均衡问题并存。数智化赋能为这一难题提供了解决方案。早在 2002 年，文化部先后启动了"全国文化信息资源共享工程"、"数字图书馆推广工程"和"公共电子阅览室建设计划"等基础性数字文化工程；2012 年，接着发起了"边疆万里数字文化长廊建设"项目，该项目是我国早期较为典型的公共数字文化服务平台；2017 年 11 月，文化部主导建设了"国家公共文化云"，打造公共数字文化服务的总平台和主阵地。[①] 在"国家公共文化云"推出后，全国各地纷纷开展地方公共文化云建设。将原本设在线下的农村书屋、社区图书馆，分散在博物馆、文化馆、艺术馆的文艺作品以数字化形式接入"云端"，实现了公共文化服务资料设施场所等硬件从物理形态向虚拟空间的迭代升级。数智化赋能打通了公共文化服务的"最后一公里"，把高质量文化资源送到了群众身边手边。与实体农家书屋相比，数字农家书屋的资源是海量的。河南数字农家书屋阅读平台可提供 10 万册电子书、2000 个听书品种、3000 种期刊、50 万分钟视频，此外还集成了多家网站资源以及 10 余种报刊资源，群众的选择面大大拓展。[②] 河南省有超过 64 万名农民通过数字农家书屋看书、听戏、阅报。最受欢迎的是豫剧，点击量位居所有内容之首。不少农民用手机下载戏曲节目，一边干活一边听。公共文化产品和服务的广覆盖，推动了高质量文化的传播普及、民众精神面貌的提升以及文明素养的养成，更好实现以文化人，促进人的全面发展的文化治理功能。

---

① 《国家公共文化云平台：开启数字服务新时代》，《中国文化报》2017 年 12 月 5 日。

② 杜献宁、王彦林：《公共文化服务与文化产业协同发展研究》，新华出版社，2019，第 326 页。

（二）通过大数据技术，优化文化治理的主体参与和科学决策

习近平总书记指出，"运用大数据、云计算、区块链、人工智能等前沿技术推动城市管理手段、管理模式、管理理念创新，从数字化到智能化再到智慧化，让城市更聪明一些、更智慧一些，是推动城市治理体系和治理能力现代化的必由之路，前景广阔"[①]。这些技术同样可用于城市的文化治理体系，提升文化治理的能力。其一，将数据分析、监测、推算等应用到基层文化治理的决策优化中，通过各类文化场馆的数据信息，精准掌握资源的分布情况、群众的喜好、潜在的需求，从而更有针对性地开发新的产品和服务，统筹协调资源。例如，通过数字农家书屋的浏览阅读数据，可分析哪些书最受群众欢迎，从而为调整供给、引导偏好提供支撑。其二，数智化赋能文化供给侧结构性改革，培育社会多元服务供给主体。通过各种文化共享平台和数据互通，社会文化机构和组织能够及时了解文化动态，在政府统筹下，有序参与文化供给。例如，公共文化云服务平台上，街道社区"文化点菜"后，文化部门或文化组织可以按需提供相应文化产品和服务；同时文化骨干、文化社团参与文化服务供给的渠道和机会增加，如小程序、直播推送，提升人民群众的素养、道德、目标追求，增强人民群众参与文化治理的意识和素养。

（三）以文化推动产业繁荣，实现多元文化功能

文化生产领域的变革与科技进步息息相关，数智化的发展为文化产业高质量发展提供了较强的技术支撑。《中华人民共和国国民经济和社会发展第十四个五年规划和 2035 年远景目标纲要》明确提出，要实施文化产业数字化战略，加快发展新型文化企业、文化业态、文化消费模式。"十四五"时期，数字化向数智化的迭代发展，为文化产业向高质量迈进

---

① 《习近平在浙江考察时强调　统筹推进疫情防控和经济社会发展工作　奋力实现今年经济社会发展目标任务》，《人民日报》2020 年 4 月 2 日。

创造了更多可能。从推动文化的生产与整合来看，数智化通过创新形式如"数字记忆""云共享"等对中华优秀传统文化和各层级各类型的文化机构资源进行价值挖掘、记忆留存和资源信息融合共享，打破了基层文化资源在留存保护和分享使用方面的时空壁垒，使文化资源获得鲜活动态的生命力。同时，文化和科技融合，催生了新的文化业态、延伸了文化产业链，又集聚了大量创新人才，给文化产业注入了持续创新发展的动力。以此为基础，通过创新性地传承中华优秀传统文化、敏锐地捕捉时尚先进文化，产出高质量文化产品，提升文化审美和文化自信。这些措施所形成的国际化的文化吸引力作用于国家软实力，带动了文化经济、文化外交、文化政治的发展。

三 数智化赋能基层文化治理的重庆实践

重庆作为超大城市，存在人口规模大、资源紧张、社会结构复杂等问题，城市治理压力大、任务重。推动大数据、人工智能与城市各个领域治理的融合发展成为创新治理模式、重塑治理方式、重构治理结构、提升治理效能的必然选择。在积极推进超大城市现代化治理示范区建设的进程中，文化治理作为其中的重要一环，也被纳入顶层设计，从政策到平台，从市区到镇街，开启了探索数智化赋能文化治理的实践之路。

（一）落实与创新并举的政策支持

1. 系统梳理解读国家政策导向

随着互联网技术的迭代发展和海量数据的沉积，大容量、快增速、高价值的大数据技术应运而生，数智化赋能文化治理成为现实，国家应时代之势及时予以政策回应。2015 年，我国系统部署大数据发展工作，颁布了《促进大数据发展行动纲要》，指出大数据成为提升政府治理能力的新要素，这为我国文化治理发展提供了制度保障。2017 年 12 月 8 日，习近平总书记在中共中央政治局第二次集体学习时强调，"要运用大数据提升国家治理现代化水平"①。同年，党的十九大报告中首次提出"智慧社会"的概念，强调要打造共建共治共享的社会治理格局，提高社会治理的社会化、法治化、智能化、专业化水平。2021 年，《中华人民共和国国民经济和社会发展第十四个五年规划和 2035 年远景目标纲要》提出要加快建设数字经济、数字社会、数字政府，以数字化转型整体驱动生产方式、生活方式和治理方式变革。2021 年，《中共中央　国务院关于加强基层治理体系和治理能力现代化建设的意见》提出要提高基层治理智能化水平。2022 年，中共中央办公厅、国务院办公厅印发《关于推进实施国家文化数字化战略的意见》，明确到"十四五"时期末，基本建成文化数字化基础设施和服务平台，形成线上线下融合互动、立体覆盖的文化服务供给体系；到 2035 年，建成物理分布、逻辑关联、快速链接、高效搜索、全面共享、重点集成的国家文化大数据体系。同年，中共中央办公厅、国务院办公厅印发《"十四五"文化发展规划》，强调文化是国家和民族之魂，也是国家治理之魂，要推进城乡公共文化服务体系一体建设，推动公共文化数字化建设。党的二十大报告也明确提出，要加快建设网络强国、数字中国。这一系列文件不仅为我国数智化赋能文化治理提供了政策依据，更为基层文化治理能力的迭代升级提供了新契机。

2. 积极出台市级促进政策

在国家方针引导下，重庆市积极响应，出台了大量支持数智化赋能文化治理的政策，多措并举推动实践。2015 年，重庆市人民政府办公厅印发了《重庆市"互联网 +"行动计划》，列出了"互联网 +"创业创新、"互联网 +"益民服务、"互联网 +"高效物流、"互联网 +"电子商务、"互联网 +"便捷交通、"互联网 +"绿色生态、"互联网 +"人工智能等 11 项主要任务，"互联网 +"益民服务为数智化赋能文化治理提供了支撑。2018 年，重庆出台了《深化"枫桥经验"重庆实践十项行动实施方案》，指出深入开展社会

---

① 《习近平在中共中央政治局第二次集体学习时强调　审时度势精心谋划超前布局力争主动　实施国家大数据战略加快建设数字中国》，《人民日报》2017 年 12 月 10 日。

治理大数据智能化建设行动，加强"雪亮工程"建设联网应用，加快视频监控补点扩面，实现城区街面全覆盖。加快全市社会治安综合治理信息系统建设，深化政法系统信息共享平台建设。同时，加强社会治理大数据智能化应用，抓住民生领域的突出矛盾和难点，加强人工智能在矛盾纠纷调处、风险隐患监测预警、重大活动安保、突发事件应对、执法办案工作等方面的深度应用。2021年，为贯彻落实《中共中央 国务院关于加强基层治理体系和治理能力现代化建设的意见》中"提高基层治理智能化水平"要求，按照重庆市委、市政府部署，重庆市大数据应用发展管理局构建"1+3+3+7+N"基层智慧治理数字化体系，即建设1个基层智慧治理平台，打通党务、政务、综合治理3类数据，贯通3级政府（市—县区—街镇）、7级管理（市—县区—街镇—社区—网格—物业—楼栋），打造N个基于数字孪生的基层智慧治理应用场景，"聚数赋能"基层治理。2021年，《中共重庆市委重庆市人民政府关于加强基层治理体系和治理能力现代化建设的实施意见》中指出，要加强基层智慧治理能力建设，实施"互联网＋基层治理"行动，建立数据共享汇聚机制，整合人、地、物、事等数据，共建全市基层治理数据库。统筹基层治理数据开发利用、隐私保护和公共安全，推动基层治理数据资源共享，根据需要向基层开放使用。推进村（社区）数据资源建设，实行村（社区）数据综合采集，实现一次采集、多方利用。

2021年3月，《中华人民共和国国民经济和社会发展第十四个五年规划和2035年远景目标纲要》出台，重庆市更是踏上了数智化赋能基层文化治理的新阶梯。2021年，《重庆市人民政府关于印发重庆市数字经济"十四五"发展规划（2021—2025年）的通知》中提到，坚持以人民为中心，充分运用5G、大数据、人工智能、物联网等数字技术，推进社会治理和政府管理模式创新，加大数据治理及安全保护力度，加快推动政府管理、城市治理、民生服务数字化转型，建设超大型山水智慧城市，打造面向未来的数字社会、数字政府，使城乡公共服务更加便捷、政府管理更加科学，让市民享有更多智能红利。这一规定指明了社会治理发展的方向，再次强调了数智化赋能在文化治理中的角色和作用。2021年，《重庆市人民政府关于印发重庆市数字产业发展"十四五"规划（2021—2025年）的通知》聚焦"住"，提到围绕基层治理、医疗服务、应急调度、公共安全等领域，建设智慧小区、智慧医疗、智慧养老、智慧警务等一批宜居应用场景，营造秩序良好、平安和谐的城市居住环境。同年，重庆市人民政府印发的《重庆市数据治理"十四五"规划（2021—2025年）》中指出，数据是数字经济发展的关键要素，加快推进数据治理工作是保障数字经济高质量发展的重要前提。同时，还提出要打造"一网治理"数据融合应用工程，建立公共服务、便民服务、物业服务、养老服务等领域基层治理主题数据库，汇聚整合公安、民政、卫生健康、基层党建等业务系统数据，推动基层治理数字化。此外，2022年重庆市人民政府印发《重庆市战略性新兴产业发展"十四五"规划（2021—2025年）》以及《重庆市城市基础设施"十四五"规划（2021—2025年）》等政策文件，都进一步强调了数智化在重庆市高质量发展中的重要作用。2023年，《重庆市文化和旅游发展委员会　重庆市财政局关于开展重庆市公共文化服务示范乡镇（街道）创建工作的通知》对重庆市公共文化服务示范乡镇（街道）创建标准进行了规范，强调要加快公共文化服务智慧化，为数智化赋能基层文化治理奠定了坚实基础。

（二）"市—区—街道"三级立体化的实践

在政策的强有力推动下，重庆市、区、街道开展了立体化、多渠道的实践，并取得了丰富的阶段性成果。

1. 市级层面：阵地与平台建设的整体推进

重庆市将建设数字重庆"1361"整体构架作为探索超大城市数字化转型的路径，"1"即一体化智能化公共数据平台，实现全市应用、云网、感知、数据、能力组件等数字资源"一本账"管理；"3"即三级数字化城市运行和治理中心，实现市级、区级、街道上下贯通；"6"即设置数字党建、数字政务、数字经济、数字社会、数字文化、数字法治六大应用系统；"1"即打造基层智治体系，旨在推动六大应用系统在基层实现综合集成、协同赋能，确保各项措施落地见效。数字文化作为数字重庆建设的组成部分，主要体现在以数字理念为指导，将数字技术融入传播新时代文明和党的创新理论、普惠公共文化服务以及繁荣文化产业，这也是数智化赋能基层文化治理的核心所在。在市级层面，侧重阵地、平台的统筹规划和建设，为文化治理提供稳定的基础支撑。

（1）赋能文明实践阵地，夯实文化治理根基

重庆市委高度重视新时代文明实践中心建设与基层社会治理、乡村振兴等工作融合推进，将其纳入重庆市精神文明建设"十四五"规划，按照"531"模式配齐配强中心、所、站三级工作力量，确保文明实践有人抓、有人干。在统筹推进文明实践五项任务基础上，充分借助数智化赋能这一契机，突出学习传播党的创新理论这一首要政治任务，整合县（区）文明实践中心、所、站、点和 23 个市级部门资源，招募会宣讲、懂政策、有特长的宣讲志愿者 2 万多名。实施《重庆市文明行为促进条例》，制定重庆市新时代文明实践积分管理办法，将参加学习理论政策、参与公益活动、践行文明行为等纳入积分管理，采取政府投入、社会捐赠、集体经济分红等方式筹资，建立积分兑换物资、参与评先评优等细则，激发群众参与文明实践的内生动力，促进了文明城市、文明村镇、文明单位、文明家庭、文明校园等群众性精神文明创建。

（2）搭建数字文化平台，扩大文化治理触及面

文化治理的前提是文化的传播，而平台则是文化得以传播的渠道，数字文化平台更是打通文化基层传播"最后一公里"的关键。而且，全市统筹的平台建设是整合资源、高效利用的基础。因而，重庆市以公共数字文化平台建设为抓手，整合公共文化资源、改善公共文化服务供给，让更多的民众能接触到公共文化产品与服务，不断拓展文化治理的有效范围。近年来，重庆市积极融入"数智化+"的趋势，相继搭建了重庆群众文化云、重庆图书馆、重庆自然博物馆、重庆中国三峡博物馆等公共数字文化服务平台（见表 1），并开展丰富的数字文化活动，加强文化资源整合，明确和拓展服务主体，规范服务流程，增强民众体验感和获得感。

表 1 重庆市部分公共数字文化服务平台

平台名称	主办单位	平台形式				平台特色
		网站	微信	微博	App	
重庆群众文化云	重庆市群众艺术馆	√			√	由市级主平台、区县分平台、乡镇（街道）基层服务点为架构的重庆文化馆系统数字文化服务云平台。平台具备信息发布、网络培训、报名预约、艺术赏析、活动开展、直播点播、志愿服务、大数据等15个功能，平台上接国家公共文化云平台，下连重庆各级文化馆站，横向与市内公共文化单位及市外省级数字文化馆对接，逐步实现互联互通、资源共享
书香重庆	重庆市文化信息中心	√	√	√		以"全民读好书、导读天下书"为宗旨，引领全市人民的阅读趋势，并提供在线互动空间
重庆图书馆（云上重图）	重庆市图书馆	√	√	√	√	集文献收藏开发、数字图书馆服务、特色文献研究于一体
重庆自然博物馆	重庆市文化和旅游发展委员会	√	√	√		展示各展厅及相关藏品的详细介绍及学术研究内容，并设有虚拟展厅
重庆中国三峡博物馆	重庆中国三峡博物馆	√	√	√		有专门的"数字博物馆"栏目，集巴渝文化、三峡文化、抗战文化的收藏、展示和传播于一体
重庆美术馆	重庆市美术馆	√				提供网上虚拟展厅、网上展厅参观，场馆预约服务
重庆市少年儿童图书馆	重庆市少年儿童图书馆	√	√	√	√	可阅读馆内各类数字资源，还可以进行书目检索和图书续借，内容丰富，功能齐全，更新及时
重庆云上博物馆	重庆市文化和旅游发展委员会		√			体验VR全景漫游；3D见文物，360°旋转赏析文物细节；购买特色文创商品；报名研学活动；随时随地预约场馆门票；了解文化遗产信息，观看文物故事

以重庆中国三峡博物馆为例，重庆中国三峡博物馆是一座以巴渝文化、三峡文化、抗战文化等为特色的历史艺术类综合性博物馆，是中央地方共建国家级博物馆、国家文化和科技融合示范基地、首批国家一级博物馆、全国最具创新力博物馆、国家文物局重点科研基地、全国爱国主义教育示范基

地、全国科普教育基地、全国青少年教育基地、海峡两岸文化交流基地、全国古籍重点保护单位等。馆舍由主馆、重庆白鹤梁水下博物馆、重庆宋庆龄纪念馆、涂山窑遗址、重庆三峡文物科技保护基地五个场馆组成，占地面积为 5 万平方米，建筑面积为 7.17 万平方米，展厅面积为 2.7 万平方米，年均服务观众超 300 万人次。主馆于 2005 年 6 月 18 日正式对外开放，位于重庆市渝中区人民路 236 号，与相邻的重庆市人民广场、人民大礼堂共同形成"三位一体"的城市标志性建筑群。随着互联网技术的蓬勃发展，重庆中国三峡博物馆以数智化赋能为契机，将重庆中国三峡博物馆推向更广阔的天地。一方面，重庆中国三峡博物馆充分利用互联网技术，通过线上官网对其基本简介、典藏、展览、教育、研究、服务、交流、科研基地、资源和文创等情况进行了较为详尽的介绍，为其潜在参观者提供了全面的指导和服务。同时，也为因时间、空间等因素不便前来参观的参观者提供了足不出户全面了解重庆中国三峡博物馆的平台。另一方面，重庆中国三峡博物馆设有专门的"数字博物馆"栏目，集巴渝文化、三峡文化、抗战文化的收藏、展示和传播于一体，并且在展览栏目设有"虚拟展览"项目，将重庆中国三峡博物馆的精彩展览逐一进行展示，内容涵盖了珍品展、绘画作品展、文化主题展、标语展等，有效解决了传统线下参展的时效性、地域性和资源限制问题，且具有成本低、效率高、观众面广泛、展出时间长、展出空间无限、展览规模不受场地限制等优点，极大满足了参观者居家走遍全馆的需求，很好地激发了民众的文化探索心，提升了文化认同和文化自信。

2. 区级层面：提升文化供给的高品质

在市级统筹推动平台建设的基础上，区级层面则侧重于利用平台资源开展文化服务，探索如何用文化发挥治理之效。如，重庆市江北区着重探索数字化高品质公共文化服务的供给。一是确保硬件保障到位。江北区文化馆于 2015 年开始数字化建设，2017 年被评选为首批重庆市文化馆大数据采集试点，2019 年完成了大数据采集试点设备建设，购置了视频会议系统 2 套、客流统计智能感知设备 30 套、人脸识别前端摄像机 20 套、硬盘录像机 1 台，在全市率先实现了所有免费开放功能厅室客流统计和人脸识别设备全覆盖。

江北区图书馆按照数字化要求，在每个自助图书馆安装配备自助办证机、自助借还书机、电子书借阅机等智能化设备。二是丰富数字资源库。按照数字图书馆推广工程和有关部门资源建设要求，结合江北区图书馆技术能力和资源特色，经过反复调研，制定建设方案，进行公开课加工项目建设，逐步完善数字资源库建设内容，满足读者多元化需求，为群众提供更丰富的特色数字资源，更新了电子图书、万方数据库、有声阅读、中文在线等数字资源，新增数字连环画 700 册、万方数字资源 1.02TB，馆内电子图书总量已达 268577 册，数字资源总量达 29TB。三是开展好数字文化活动。江北区文化馆依托重庆群众文化云江北区分平台，开设了一系列的线上文化服务。截至 2023 年底，重庆群众文化云江北区分平台发布资讯 1583 条；承接文化馆免费开放培训、活动报名 10492 人次，完成线上场馆预约 3097 人次。2021年以来，重庆群众文化云江北区分平台累计发布区内文化资讯 269 篇，举办数字展览 4 场，展出作品 49 件。累计 1256 名学员通过重庆群众文化云江北区分平台报名江北区文化馆举办的各类免费开放培训班 61 个、活动 16 场次。除此以外，江北区文化馆还建设有江北区文化馆官网、微信小程序等线上服务平台为群众提供丰富便捷的公共文化数字化服务，共计拥有数字艺术资源1454.6 小时。江北区图书馆利用共享工程、数字图书馆推广工程等丰富的资源库，举办"阅享文化一座岛"文化活动、"红色经典阅读 点亮爱党红心"全市阅读活动以及"网络书香 阅见美好"文化活动，提高了广大读者的阅读兴趣。大力倡导数字阅读，推广数字阅读服务，组织开展共享工程"常青e 路 幸福夕阳"老年人数字阅读培训活动共 13 场，参与培训 531 人次。方便、快捷、全面、实用的数字化文化资源，满足了广大人民群众多样化、多层次的文化需求，丰富了群众生活。

重庆市渝中区通过嵌入式公共文化服务助推基层治理。作为首批国家公共文化服务体系示范区，渝中区坚持以人为本，紧紧围绕标准化、均等化、社会化、数字化以及融合发展理念，充分调动各项文化资源，深耕"家门口文化圈"，使高雅文化与市民高品质生活需求"无缝对接"，探索形成了以高品质生活为导向的嵌入式公共文化服务创新发展模式。随着数智化建设的加快，"让信息多跑路换群众少跑腿"已成为提升服务质效的重要手段。近年来，渝中区采取本地资源数据化、政府购买服务等方式，加大了线上公共文化服务矩阵建设力度，已建成并投用渝中云上文旅馆、渝中区图书馆小程序及渝中文旅、重庆市渝中区文化馆、渝中区图书馆微信公众号等数字信息平台，市民足不出户，就能享受图书借阅、文化艺术培训、景区景点预约、演艺门票购买、文物介绍、非遗文创好礼购买等智能化公共文化服务。各大信息平台内容、"扫码阅读母城渝中"城市导览活动、"一键游"渝中智能服务项目等都在持续优化，数字公共文化服务链条也在进一步延伸。

3. 街道层面：末端的特色化路线

街道是基层治理的神经末梢，形形色色的居民、丰富的生活场景、多样的业态结构使得街道的文化治理必须有自己的特色。

（1）重庆市江北区观音桥街道：建设智慧化商圈助推文化治理

2021年5月，《商务部等12部门关于推进城市一刻钟便民生活圈建设的意见》中提到要创新服务能力，通过拓展智能体验，鼓励应用先进信息技术，拓展便民生活圈应用场景；优化信息服务，支持依托智慧社区信息系统，构建城市便民生活圈智慧服务平台（小程序或App），整合本地商户资源，接入多种线上功能，打造集约式发展生态圈。江北区作为重庆市国际消费中心城市首选区，全力推进国际消费中心城市建设，充分借助数智化赋能的契机，加快新一代信息技术与终端消费领域的深度融合。观音桥街道作为江北区的优质商业聚集区，以旅游、经贸、服务为核心，依托大数据智能化，着力从智慧商贸、智慧产业、智慧交通、智慧市政、智慧政务、智慧治安、智慧消防等七大板块打造观音桥智慧商圈。除了触摸屏硬件改造外，观音桥商圈还围绕"人流—车流—商流—市政配套及服务"搭建商圈大数据中心，为商圈进一步的消费升级迭代及业态优化调整储备数据资源，提升商圈管理和公共服务的智慧化水平；以智能商圈建设为抓手，建成商旅、物业、交通、安防、城管和服务"六位一体"的智能管理服务平台系统，打造"逛得舒心、游得放心、购得满意"的"云上"观音桥，让商场数据动起来，百姓少跑腿，游客少吐槽。随着"智慧商圈"品牌的树立，观音桥逐渐成为科技时尚、便捷高效的代名词，形成了明确且有特色的区域文化形象，吸引了更多创业者、投资人、游客的目光，文化促经济作用明显；居民的区域认同感增强，规范意识提升，主动维护文明环境、积极为商圈的可持续发展献计献策。

（2）重庆渝中区石油路街道：打造智慧社区助力文化治理

与观音桥街道的商业氛围形成鲜明差异，渝中区石油路街道是以居住为主的街道，以居民需求为中心成为街道工作核心。面对治理工作中基层人员压力大、往往身兼数职、难以及时准确掌握居民需求、服务质量提升遇瓶颈等问题，石油路街道借着渝中区成功纳入国家智慧城市试点的东风，借助数智力量，打造智慧社区，推动基层治理。自 2015 年起石油路街道积极按照渝中区的部署和要求启动智慧社区建设，提出了"统筹规划、分步实施、量力而行、注重实效、便捷利民"的总体工作原则和全面打造"智慧石油路"、提升居民幸福指数的工作目标。智慧社区建设主要包括硬件配套设施建设、"积分账户"建设、"社区 e 家"公众微信平台建设三个内容。首先，大力推进辖区"智慧化"硬件配套设施建设。通过与通信运营商合作，石油路街道在辖区建立了多个 Wi-Fi 站点，以此保障全街道 Wi-Fi 的全覆盖，使各种"智慧化"工具正常工作成为可能。石油路街道与通信运营商一起提供流量支援，保证有足够通畅的流量用于智慧社区。同时，石油路街道在辖区各处配置了数量充足的物联网探测装置如视频探头等，为收集公众活动数据提供基础，数据通过信息网络技术与街道网管中心连接，在街道办事处设置高清大屏，并与社区联网，实现网格化管理的同步预防、指挥、监控、处置等。同时为全辖区高龄老人装备智能手环，用于老年人危险预警等。其次，建立居民"积分账号"。社区对每个居民和商户建立个人积分账号，对进行公益志愿服务、积极参与街道活动的个人和商户进行积分奖励。石油路街道与辖区商户合作，使积分可以实现货币化，当个人和商户累积一定的积分后，居民可通过网络平台兑换自己需要的公益服务（例如家政服务等）、商户的电子现金券或实物，以此更好地鼓励公益行为、激发居民参与热情。最后，建立"社区 e 家"公众微信平台。为实现城市管理、公共安全、社会民生、社区生活质量的提高，街道以链接社会资源为着力点，与辖区内重庆骏本科技有限公司紧密合作，构建了"政府主导＋企业运营"的模式，初步建立起"社区 e 家"微信公众平台，开通了社区微政务、社区微商务、社区微互动 3 个板块，囊括展示社区建设成果、提供政务办理、提供政策咨询、推送"吃、住、行、游、购、娱、健"等生活便利信息等服务。社区微政务功能的开通，使政府和居民之间的沟通更为便捷，居民可直接在微信公众平台上留言咨询相关政务问题，让"群众少跑路、不跑路，在家门口办事"得以初步实现。社区微商务吸引辖区企业入驻社区商铺，街道与企业合作使居民得以享受折上折优惠。社区微互动为街道居民提供了一个线上信息共享、交流互通的平台，便于居民沟通交流，同时该平台还时常向居民普及诈骗、偷窃识别方法等知识，帮助居民增强自身防范意识和能力。

在数智加持下，石油路街道探索对社区居民"吃、住、行、游、购、娱、健"等生活七大要素的网络化、智能化和协同化管理与服务。便捷的生活提高了居民舒适度，信息的公开通畅提升了居民对街道事务的掌握度和参与度，和谐的邻里、平安的环境增加了居民归属感，"便捷、安全、和谐"成为街道的形象名片。在这里，文化以其最为质朴的形式——生活方式，潜移默化地达人心、导人行。

四 数智化赋能基层文化治理面临的挑战

数智化赋能基层文化治理，创新了基层文化治理的手段和方式，优化了治理效能，但随着对这一领域研究的不断深入，数智化技术为基层文化治理带来发展契机的同时，也面临着数智禀赋差异、多元参与不足、供给与接受失衡以及隐私风险等挑战。

（一）数智禀赋差异带来文化治理水平的新一轮失衡

数智化赋能基层文化治理需要数字技术运用的硬件环境和兼具运用意识能力的治理主体作为基础，这决定了各地区数智化赋能的加速度。

1. 数字鸿沟钳制数智化转型进程

数智化基建水平高的地区，特别是技术要素、资金要素充裕的地区，其数智化转型阻碍因素少。因此，由于运营费用高昂，技术难以支撑，地区间数字化水平悬殊。[①] 一方面，数字技术运用所需要的末端设备、网络通信线路需要大量的资金支持，各地经济条件就成为新一轮数智化发展的基础，经济实力的差距变为了禀赋差异，影响了对数字技术的投入度。如，重庆市江北区渝能阳光社区曾构思过充分利用数字技术打造智能社区，如居民通过手机能实时监控车位、控制门卡、缴水电费等。但是，经过和中国移动通信集团有限公司等通信运营方的沟通，数智化基础设施一年建设费用需要 300 万元左右，加上后续的维护费用以及必要的软件配套，大大超出了街道的资金预算，让居民分担的可能性低，因而只能放慢数智化的建设速度。另一方面，数字技术研发和运用模型开发均是技术密集型行业，人才的支撑影响度高，地区的人才密度以及地区所拥有的数字行业密度也对数智赋能产生影响，数字研究行业和人才密度高的地区，更利于基层文化治理数智化先行先试，如浙江的数智化发展整体程度高，向基层治理延伸的应用多、范围广，在数智化赋能文化治理上的探索也走在全国前列。

2. 治理主体的数字能力差异影响赋能程度

数智化赋能文化治理对相关治理主体的意识能力提出了新要求，数字能力成为一种全新能力被提及，但各层级相关人员的能力更新参差不齐。大数据时代的治理强调跨部门协同，这需要实现实时数据共享和信息互联，给传统部门的权责划分和信息壁垒带来挑战。尽管各类会议传达政策精神，但实际落实中困难重重。而在基层的一线治理主体，没有认识到数智化赋能基层文化治理的重要性，未从大治理、大协同、大统筹角度重视基层文化治理的数智化转型。有一定意识的治理主体又陷入"本领恐慌"，不能精准理解数智化赋能的内涵，对数智技术的接受和运用不足，在数智化赋能基层文化

---

① 贾炳涛、周文福：《数字技术赋能全民健身公共服务治理现代化：理论逻辑、问题透视及路径选择》，《体育科技文献通报》2023 年第 9 期。

治理上显得力不从心。当然，数字禀赋也是主体意识的基础。数字技术发展运用较好的地区，能充分利用数智化技术赋能红利，稳步推进基层文化治理工作。

技术、资金、人员意识能力的差异，使得各地在数智赋能文化治理的发展起跑线上拉开了距离，在马太效应下，这种差距还会进一步拉大，引发文化治理水平在数智化时代下的新一轮失衡。

（二）数智技术带来的信息便捷化对于多元参与的两面性

一方面，数智技术利用网络通信、大数据集成能更好地实现一体化协调，大大提高信息获取处理、事务沟通协调的效率，图片、影音、材料的大容量储存，为远程处置、监督核查提供便捷。但是，由于当前数智化发展由政府主导、财政资金支持，设计核心是满足政府主体的需要，国家、省、市、县区、街道的多级参与并没有跳出行政科层体系。正是在数智技术加持下，政府主体的信息更加通达，资源整合能力得以提升。过去需要多方合作采集的信息，如图书馆人流量、社区居民满意度等，现在可通过公众号、小程序获取；过去由政府购买社会力量提供的传统线下文化活动、宣讲培训，现在部分被网络视频代替。这在一定程度上减少了传统社会组织参与文化治理的途径。同时，社会组织要么与政府主体间权力边界、职责划分模糊，要么囿于长期的政府主导思维，自身的责任意识和能动性不足，社会组织之间协同乏力，在数智化转型过程中难以主动开拓，也阻碍了其参与文化治理。

另一方面，基层文化治理就是要不断地回应最广大群众的文化需求，公众是基层文化治理的主体，既应该是受益者也应该是参与者。但数智化技术的广泛介入，一是政府依靠技术力量对信息的掌握，使得对基层事务的干预更便捷，决策的群众回应性更强，加剧了传统的"官为民做主"，民众"事不关己，高高挂起"的心理认知模式；二是众多平台的构建为群众广泛参与提供了渠道，也增加了意见的多样性甚至无序化，加上别有用心的造谣、个人利益至上的引导等，在一定程度上离散了基层群众的文化伦理价值观念，

"不想蹚浑水""图个清静"的心理让部分有参与之心的群众望而却步，出现了有渠道也不参与的现象。

（三）技术高供给与群众低接受的供需失衡

数智化赋能基层文化治理在一定程度上解决了资源分布不平衡、不充分问题，让更大范围内的居民享受到了更多的文化服务，然而，由于政府的行政惯习与居民的文化诉求以及文化组织的发展需求尚存在差距，因此各参与主体在实践认知和行动策略上也存在差异。其一，当前数智化赋能基层文化治理的方式更多的是借助线上平台，将文字、实物转化为图片、视频等形式。然而，文化供给渠道单一，且自上而下的政府供给占绝对比例，对群众精细之需、特色之需的掌握不足，运用数智手段了解需求并按需推送的实践还不够充分。其二，基层文化治理尚未走出公共文化服务的有限范畴，仍在一定程度上延续着传统思想政治宣传的单一模式，对"文化"之于"治理"的广泛性认识不足，对如何利用城市形象、营商环境、社区公约、小区生活习惯、社群特点、品牌活动等发挥治理之效的思考不足，导致基层的文化治理缺少人文关怀和现实变通，覆盖面不够广、对日常生活的渗透性不强，基层的接受度不广。其三，在数智化赋能基层文化治理的背景下，"层层加码"的政策指令不断增加着技术工具的供给，数智化赋能基础设施建设、农业发展推广、教育医疗卫生发展、社区治理等方面的同时，也对基层的数智需求和数智化接受程度提出了更高的要求。先进的高技术供给和基层由资源分配不均、知识素质差异、年龄结构分化而导致的城乡数智化接受程度形成鲜明对比，导致了基层，尤其是农村、偏远村庄依然存在着数智化资源浪费与流失的现象，外部高供给的数智技术面对的是缺乏数智需求与数智接受度低的老年人群，技术资源难以直达乡村群体，导致输入端与输出端脱节与错位，进而导致数智化赋能处于悬浮状态。

（四）隐私风险暴露数智赋能的"后勤保障"不足

随着数智化的发展，数据的来源和应用领域越来越广泛：在互联网上随意浏览网页，就会留下一连串的浏览痕迹；在网络中登录相关网站会留下个人的隐私信息；随处可见的摄像头和传感器会记录下个人的行为和位置信息等。在数智化赋能基层文化治理过程中，通过引入数字技术，收集分析公众的个人信息，如家庭住址、联系方式、浏览信息、行动记录等，挖掘出公众的行为习惯和兴趣偏好，有助于实现供给侧的需求把握和服务的精准推送。当前的数智赋能已经发展到多源头、跨领域的大数据共享阶段，多元主体都有获取公众信息的可能，但每个主体的数据获取、使用权限不同，责任义务不明确，这不仅增加了规制的难度，更埋下了信息安全隐患。其一，公众在接受文化服务和产品的过程中所提交的个人隐私信息储存不当被不良分子窃取；其二，公众的偏好和兴趣会被抓取分析，形成"画像""轨迹"，用于营销推广，如广告推送、骚扰电话，给公众带来困扰，甚至被用于违法犯罪，如电信诈骗等导致人身财产安全问题。这反映出数智赋能的时代发展趋势下，信息的"后勤保障"亟待加强，一方面在法律和政策层面尚不完善，需要快速完善保障各类机构的数据使用安全、相关知识产权以及个人隐私保护的法制体系，另一方面从政府职能机构到社会组织再到公众，各相关主体的意识能力培训仍有较大提升空间。

五　数智化赋能基层文化治理的发展路径

数智化时代，数智化技术在基层文化治理中发挥的作用越来越明显，逐渐成为基层文化治理的重要手段和工具，亟须通过观念与能力更新、角色关系优化、供需调整、保障加强等突破牵绊，搭好数智化赋能这辆"快车"，促进基层文化治理的现代化发展。

（一）观念与能力更新：全面提升文化治理主体的治理能力

基层文化治理的主体对数智化以及数智化赋能基层文化治理的认知程度和运用能力直接影响数智化的应用程度和赋能的深度广度，因而转变"人"的观念、提升其数字能力，是提升数智化基层文化治理效能的前提和基础。

1. 引导主体树立数智化文化治理的观念

观念是行为的先导，正确的意识是行为得以规范的前提条件。想要提升数智化赋能基层文化治理效能，前提是要引导基层文化治理主体树立数智化文化治理的观念。特别是作为主导力量的政府相关部门应顺应形势变化，树立数智化赋能意识，充分认识到数智化在文化治理领域的广阔运用场景，如顶层制度设计、法律法规完善、文化供给预测指导、文化过程与成果监督评估、公众参与文化治理途径拓展等，进而影响社会各界的观念更新，为全面数智化文化治理奠定理念基础。具体来说：其一，治理主体必须厘清"数字化"与"数智化"的关系，"数字化"是技术概念，而"数智化"属于数字技术的应用，包括"数字智慧化""智慧数字化"，以及这两个过程的结合体，形成对数智化赋能的初步认识；其二，随着数智化发展的不断深入，各种新观念不断出现，知识更新速度加快，必须引导基层文化治理主体树立开放的观念，及时掌握数智化发展最新动态和国际形势的发展变化，尤其是数智化在基层文化治理中的发展和运用，增强数智化基层文化治理工作的针对性和实效性；其三，明确数智化下文化治理能力的现代化需要缩小"数字鸿沟"、维护社会公平，保障公众的数智文化获取权益和教育权利。在平等、开放、互动、共创、共享共同利益的基础上，实现理念、战略、资源和技术的最大化集成，[①] 避免盲目追求数字、科技而带来新的不均衡。

2. 优化数智化基层文化治理的人才队伍

数智技术应用场景的快速扩展，不仅需要大批数智化技术的开发设计人才，也对广大应用场域从业人员的数智素养提出了要求。在文化数智化进程中，文化治理的相关部门机构人员既要具备数智化的意识，愿意接受全新的系统、方式，还要改变传统治理思维，掌握用数智技术开展文化治理的方法技能，从而充分发挥数智技术在文化治理中的作用。因此，培养与建设一支专业的数智化基层文化治理人才队伍是重中之重。一方面，应推进匹配基

---

① 张植卿、苏艳红、张海丽：《河南省社会事业开放的总体设计及对策研究》，《经济研究导刊》2014年第26期。

层文化治理人员所需的数智化素养培养课程开发，加大操作性指导；另一方面，鼓励基层文化治理人员在使用数智技术的过程中，积极发现问题，或思考数据的分析解读，从"我为数据所累"变为"数据为我所用"。

（二）优化角色关系：构建多元共治的文化治理网络体系

治理的价值在于让具有治理精神的社会个体和群体在公共空间里对公共规则达成共识并付诸行动，我国文化治理已从一元化行政命令体制向多元化契约体制转型，[①] 形成了政府主导下，社会力量、公众等主体参与文化建设的多元合作型文化治理模式，既展现出政府的公共性、集中性优势，又为各参与主体发挥优势提供可能。数智化赋能基层文化治理的根本目的在于实现人与人、人与事的适配，实现基层文化治理事务的高效运转与社会个体的价值表达。主体的多元性不会改变，但如何充分发挥政府的主导作用，如何借助数智化提升多元主体协同效率，成为重点。

1. 借助数智的统筹性，发挥政府的导航定向作用

明确政府职能定位，充分发挥政府在数智化基层文化治理中的导航定向作用，是汇聚基层文化治理协同合力的重要基础。政府应继续简政放权，鼓励社会力量与公众参与，将自身牢牢定位于统筹协调和方向引导上。通过建设文化数据库、文化专网、文化服务云等基础数据采集平台，运用数智化技术的大数据采集功能、智能化分析预测功能，提高信息精准性、快捷性、全面性。这为政策制度出台提供了事前摸底、事中跟踪、事后评估的全流程信息支持，为文化宣传引导的方向、力度、内容提供依据。同时，政府需协调社会主体参与基层文化治理的准入条件、权责和服务范围，监管文化安全风险，保障文化治理覆盖范围和效果。

2. 运用大数据的共享性，强化社会力量的深度参与

文化企业、非营利组织等社会力量凭借其对不同文化需求的快速响应能

---

① 傅才武、秦然然：《中国文化治理：历史进程与演进逻辑》，《兰州大学学报》（社会科学版）2022年第3期。

力、专业化的文化服务水准以及资源分担优势等，成为基层文化治理不可或缺的主体。目前，社会力量已经在宏观政策指导下，通过投资捐赠、资源建设、服务供给、运营宣传、投资管理、社会监督等多种途径参与基层文化治理。那么数智化赋能下，需要进一步考虑的是：其一，如何更高效地整合社会组织的力量，这就需要在设计文化场域的数智运用模型时，充分研究社会组织的特点、禀赋，并留出可供接入的端口；其二，面对数智时代"无技术者无权利"的趋势，需加大对社会力量的数智能力培养，提升其数智化思考的层次、转变其现代化治理的理念，促使社会力量能与数智化的时代发展、政府文化治理能力和体制转变同频共振。

3. 利用网络的便捷性，激发公众的广泛参与

基层文化治理中，公众具有双重身份，既是文化引导的对象，又是治理的主体。但传统的参与途径总是受参与距离、参与方式等的影响，公众的文化治理参与度始终不高。在数智化赋能下，无限延伸的网络终端抹掉了参与距离的影响，打通了公众参与的"最后一公里"，既可以在手机、电脑等端口享受文化的熏陶，也可以对文化建设建言献策、对文化服务监督评价、对文化需求畅所欲言。当然，随之而来的"数字鸿沟"问题一度成为新的干扰因素，但随着数智化的深入，语音对话、语言翻译、方言识别等技术为消弭"数字鸿沟"提供了有力支撑。因而，核心关键还是坚持公众参与，只要坚定这一出发点，技术终将成为公众参与文化治理的助推器而非障碍。

（三）新的平衡：精准供给与技术接受

数智化赋能基层文化治理的精准化发展需要供给主体的精准化供给和需求主体的精准化接受，这要求供给主体不断提高自身供给精准性的同时，也要求基层文化治理的客体不断提高对数智化赋能基层文化治理中各种高技术供给的接受程度。

1. 进一步提升文化供给的精准度

供需平衡一直是文化治理中的重要命题，虽然我国已经基本解决文化温饱问题，对基本文化需求有所满足，但目前依然存在地区不平衡、城乡不平衡、群体不平衡的问题。数智化赋能在一定程度上解决了这些不平衡的同时又带来新的不平衡。因而，我们既需要利用数智技术更好地解决原有的不平衡，还要克服新的不平衡。其一，融合大数据和信息处理技术分析基层多元需求，及时和精准地把握公众文化需求和文化治理领域中的趋势与热点，推动提升政府主体决策的科学化及灵活性、社会及市场主体的参与热情和多元主体间的沟通效率，真正提供契合基层真实需求的高质量文化服务；其二，分析把握各地区在文化需求、文化习惯、文化基础等方面的准确差异点，为区域性特色文化供给、补齐文化治理短板提供依据；其三，精准识别不同群体的文化需求和数智素养差异，实施差异化信息推送，并对数智弱势群体配合其他途径的文化供给，实现技术工具性与人文关怀性的有机统一。

2. 处理好技术与服务之间的关系

数智化的核心是以海量大数据为基础，依托人工智能相关技术，打破"数据端到端孤岛"，通过场景化应用解决问题。然而，进入数智化时代以来，大多数基层文化治理转为向公众"炫技"，出现了技术决定论、技术门槛高、技术责任归属不明等一系列技术偏离问题，归根到底是没有处理好技术与服务的关系。其一，优化技术使用，确保考核结果的真实性。在数智化的背景下，数据考核、指标测评等技术手段成为数智化基层文化治理的考核指标和依据，必须做好数智化基层文化治理数据真实性的监督工作，确保数智化赋能基层文化治理落地见效。其二，推进技术使用与基层需求相结合。数智化基层文化治理中，始终坚持数智化技术发展的人本化服务原则，使用数智化技术时要充分结合基层群众所需，充分考虑技术发展给老人、文盲等社会弱势群体带来的不便。其三，明确技术责任的归属。由于数智化技术贯穿了数智化赋能文化治理过程始终，因此，必须明确技术的服务内容和服务责任，为数智化基层文化治理提供更全面的责任保障。

3. 提高基层文化治理客体技术接受度

基层社会充满了复杂性，复杂性背后的社会秩序使得各类问题相互纠缠，形成难以化简的共生关系。对复杂性的处理并非固定的、单线条的，而需要精准施策，兼顾多个层面的因素。① 实现数智化基层文化精准治理的重点不仅在于精准化供给，还在于其与基层需求的有机契合。作为数智化基层文化治理的最终受益主体，基层群众必须不断提升对数智化文化治理的接受度，同时保障弱势群体在数智化下的文化权益。其一，需培养基层的数智化认同和数智化素养，推动基层供给有效对接基层的多元化需求，对不需要数智化技术与产品的人群实现"在册化"与组织化，由基层针对性制定相应举措，在保障"数智化弱势群体"基本权益的基础上，尽可能减少政策执行中行政资源的浪费。其二，应注重数智化接受的现实情境，将基层风俗民情与伦理道德融入数智化基层文化治理的各个环节，不断增强文化治理的人情黏度与实用性，不断提高数智化技术资源下沉的精准性，持续提高数智化技术的接受度。

（四）强化保障：筑牢文化治理的信息安全防线

数智化的发展及其对各个领域的"赋能"，极易产生个人信息扩散、外泄的问题，数智化时代也往往是隐私保护脆弱的时期。如何在规避风险的基础上借助技术推动文化治理发展是数智赋能必须回答的问题。由于我国立法与司法实践中对隐私权的保护尚有短板，公民尊重他人隐私和自我隐私保护的意识比较淡薄，技术的开发和使用企业的法律意识和违法成本低，使得侵害隐私权的现象比较普遍，且呈逐年上升的趋势。因此，亟须加强文化治理中信息隐私权的法律保护。2017 年 6 月，正式实施的《中华人民共和国网络安全法》对信息收集使用、网络运营者应尽的保护义务等提出了明确要求。隐私保护的法律保障应进一步扩大隐私权客体的范围、完善侵犯隐私权的救济手段，对基层文化治理中可能存在的治理对象个人信息被侵犯的情形进行立法，逐步建立一套完整的隐私权保护的法律法规体系，筑牢文化治理的信息安全防线。

---

① 刘天元、田北海：《治理现代化视角下数字乡村建设的现实困境及优化路径》，《江汉论坛》2022 年第 3 期。

基层卫生健康的数字化赋能与创新实践

贺知菲[*]

一 问题的提出

随着全球加速迈进数字化发展快车道，以数字化、网络化、智能化为特征的网络通信技术加速融入和改变人们的生产生活方式，数字化变革已成为当今世界发展的大趋势。超大城市治理离不开信息化，其中医疗治理、卫生治理作为超大城市治理的重要议题，[①] 其有效实现更离不开数字化、信息化的核心支撑。习近平同志在2000年便做出建设"数字福建"的部署，2003年又提出建设"数字浙江"。2015年，习近平主席在第二届世界互联网大会开幕式上提出推进"数字中国"建设，并在2022年将其上升为国家战略。数字化变革为卫生健康行业发展带来重大机遇，数字化正在驱动传统的医疗卫生服务向数字健康发展新阶段迈进。数字健康指面向卫生健康高质量发展要求，以数字或知识作为关键要素资源，以5G、大数据中心、人工智能、区块链、云计算等新型基础设施作为重要载体，具备数字化升级、智能化应

---

[*] 贺知菲，西南政法大学政治与公共管理学院副教授，主要研究方向为数字健康、重点人群健康公平。

[①] 李文钊：《超大城市治理与发展：概念框架、核心议题与未来展望》，《北京行政学院学报》2024年第4期。

用、技术融合与创新等特征的一系列卫生健康服务与管理活动。

2020 年，中央全面深化改革委员会第十四次会议指出，要高度重视新一代信息技术在医药卫生领域的应用，重塑医药卫生管理和服务模式，优化资源配置、提升服务效率。[①]卫生健康行业从高速增长阶段进入了高质量发展阶段，数字健康将成为促进卫生健康事业发展的重要方面。数字健康将在技术、业务和治理层面为卫生健康行业发展带来根本性的改变。然而，当下卫生健康行业所面临的主要问题依然是优质医疗资源供给相对不足，卫生健康服务供给不能满足人民群众服务需求，与实现人民群众高品质生活、行业管理高效能治理之间存在差距。要高度重视新一代信息技术在医药卫生领域的应用，重塑医药卫生管理和服务模式，优化资源配置、提升服务效率。在健康中国和数字中国两大国家战略的交汇点上，卫生健康行业能否高效融入数字浪潮，加快自身数字化体系建设，提高卫生健康数字治理能力与数字服务水平，是一个值得深入研究与探讨的重大议题。

随着健康中国、数字中国战略的推进，基层卫生健康服务数字化赋能变得越发重要，对基层卫生健康服务产生积极影响。2016 年，中共中央、国务院印发的《"健康中国 2030"规划纲要》指出，健康村镇建设是推进健康中国建设的重要抓手之一。2019 年，中共中央办公厅、国务院办公厅印发的《数字乡村发展战略纲要》，强调要大力发展"互联网＋医疗健康"，支持乡镇和村级医疗机构提高医疗信息水平，加快形成智慧城市、数字乡村一体化发展格局。与此同时，基层卫生健康数字化的短板和瓶颈也是显而易见的。一方面，基层医疗资源有限，人力短缺，导致服务能力不足；另一方面，基层卫生健康服务的质量参差不齐，存在服务覆盖不全、医疗质量不高等问题。而数字化赋能可以在一定程度上解决这些问题。本文在分析基层卫生健康数字化技术应用的基础上，从"以健康家庭为核心的智能自治"、"以

---

① 李丹丹、陈大明、刘樱霞、杨露、李祯祺：《2022 年数字健康发展态势》，《生命科学》2023 年第 1 期。

全方位全周期为目标的协同共治"以及"以生态多元为保障的现代法治"三个方面构建"三位一体"的基层卫生健康数字治理模式，以期实现与整体社会发展的适应。

二　文献综述

（一）基层卫生健康的源起与发展

公共卫生概念由美国的 Winslow 教授于 1920 年最早提出，他认为公共卫生聚焦于社会努力、健康权利、长寿权利、艺术、科学等五个关键词，从医务人员为公民提供的疾病诊断服务和预防性治疗、环境卫生的提高、传染病的控制、个人卫生教育、利用社会机构保障公民健康生活标准这五个关键概念来确定公共卫生的范围。从 Winslow 教授所提出的公共卫生概念可知，公共卫生的目的在于预防疾病，延长寿命，使每个公民都能获得健康和长寿权利。[①] 此后在 1986 年的第一届国际健康促进大会上首次界定了新公共卫生的概念，即政府领导下的保护人民远离疾病与促进人民健康的所有活动。[②] 之后提出的生态公共卫生，作为新公共卫生概念的衍生，认为人的身心健康取决于环境、社会经济、文化政治和个人因素。之后，学者 Acheson 于 1988 年提出了对公共卫生的理解，认为公共卫生是一门科学和艺术，其通过社会有组织的努力来实现预防疾病、延长寿命和促进健康的目标。1988 年，美国医学研究所在《公共卫生的未来》中强调了各种影响健康的环境因素以及公共卫生与社会、经济、政治和医疗服务之间的紧密关系，即通过保障人人健康的环境来满足社会的利益。[③] 基层卫生健康的外延大于公共卫生。从国外文献来看，学者们针对基层卫生健康的研究主要聚焦于社区层面，如社区卫生

---

① 龚向光：《从公共卫生内涵看我国公共卫生走向》，《卫生经济研究》2003 年第 9 期。

② Forestland, L., Bjomdal, A., "The Potential for Research-Based Information in Public Health: Identifying Unrecognised Information Needs", *BMC Public Health*, 2001, 1:1-8.

③ Heller, R. F., Heller, T. D., Pattison, S., "Putting the Public back into Public Health. Part 1. A Re-Definition of Public Health", *Public Health*, 2003, 117(1): 62-65.

服务、农村初级卫生保健体系研究等。自 20 世纪 50 年代，社区卫生服务已成为学术研究的重点，经过几十年的发展，社区卫生服务已成为基层公共卫生的主流模式，亦称之为"初级卫生保健制度"。[①]Buna 指出社区卫生服务的重点应以健康为中心，通过预防、保健、康复与健康教育的有机结合，构建连续性的整合式服务体系，旨在解决社区的健康问题。[②] 有学者认为未来的基层卫生健康可能会以医疗合作社的模式呈现，此模式要求区域内的公立医疗机构、当地政府、第三方机构共享资源，通力协作完成公共卫生服务任务。[③]2012 年，外国学者发现瑞典的社区卫生服务中心主要由全科医生、护士、助产师、理疗师等构成，并在三级医疗服务体系中扮演重要角色。[④] 学者 Nathan 等认为卫生机构雇用调解人对于促进社区卫生服务具有重要意义。[⑤]

我国的基层卫生健康发展分为三大阶段。第一阶段为构建中国特色的基层卫生服务网络（1949~1978 年）；第二阶段为基层卫生服务体系的改革探索（1979~2008 年）；第三阶段为深化医药卫生体制改革（2009 年至今）。相较于国外，国内学者对基层卫生健康的研究主要集中在基层公共卫生服务、基层卫生人员队伍以及基层卫生人员组织结构等几大领域。其中，基层公共卫生服务指由社区卫生服务中心、乡镇卫生院等基层医疗机构提供的，面向全体居民的最基本的卫生服务，也是公共卫生服务的重要组成部分。郭海健等人基于慢性病管理、健康管理以及基层卫生应急三大内容进行梳理，探讨了新时期我国基层卫生服务的重点服务对象及其重点内容等。[⑥] 有关基

① 何彬：《产城融合背景下金坛开发区新型农村社区卫生服务建设研究》，硕士学位论文，南京理工大学，2017。

② Buna, K. H., *Promotion: The Day-Care Unit as Centered*, Chinese General Practice, 2013.

③ Keihher, J. M., *Rural Policy in Sana Loue and Eeth*, Kluwer Academic Plenum Press, 2008.

④ Anell, A., Glenngard, A. H.,Merkur, S. M., "Sweden: Health System Review", *Health Systems in Transition*, 2012, 14(5): 1–159.

⑤ Nathan, S., Braithwaite, J., Stephenson, N., "Facilitating the Action of Community Representatives in a Health Service: The Role of a Community Participation Coordinator", *BMC Health Services Research*, 2013, 13: 1–12.

⑥ 郭海健、徐金水、沈雅、董力榕、毛涛：《不同视角下我国基本公共卫生服务现状与发展》，《中国健康教育》2018 年第 4 期。

层卫生人员队伍的研究主要集中在卫生健康人员的配置、人员的激励机制等方面，如学者韩敏、郭航远立足于医疗卫生综合体制改革和健全公共卫生应急管理体系的背景，指出基层卫生人员队伍是提升基层公共卫生治理能力的关键。[①] 屈伟等采用多阶段分层抽样方法，研究医防融合视域下的基层卫生人才队伍的建设与发展，以期提升基层卫生健康服务能力。[②] 有关基层卫生人员组织结构的研究多集中在县域医共体、城市医联体以及县乡村三级医疗机构内部组织结构等方面。

（二）基层卫生健康数字化的相关研究

世界卫生组织（World Health Organization，WHO）发布的《数字健康全球战略（2020—2025）》指出，数字健康被定义为依托数字技术开发和应用，以促进健康水平提升为目标的专业知识体系和实践领域，包括更广泛的智能设备，使用智能连接设备的数字消费者，与物联网、人工智能、大数据和机器人技术相结合的健康服务等内容。[③] 关于卫生健康数字化的研究，McCullough 从卫生信息化视角出发，指出卫生信息化是医疗卫生机构履行公共卫生职能的重要手段，其主要表现为广泛利用信息技术和构建信息系统对卫生信息进行管理。[④] 基于数字公共卫生视角，2017 年英国公共卫生局在《数字优先的公共卫生：英国公共卫生局的数字战略》中，将数字公共卫生描述为利用新的工作方式重新构想公共卫生，将现有的公共卫生理论和知识体系与新的数字概念和工具相结合，探索使用数字技术的公共卫生新

---

① 韩敏、郭航远：《基层公共卫生综合治理能力建设现状与建议》，《医院管理论坛》2021年第 6 期。

② 屈伟、陈浩、郑琪、王萌康、刘毅、郭岩：《医防融合视域下基层公共卫生人才队伍的建设与发展》，《中国卫生事业管理》2021 年第 11 期。

③ 徐向东、周光华、吴士勇：《数字健康的概念内涵、框架及推进路径思考》，《中国卫生信息管理杂志》2022 年第 1 期。

④ Mac McCullough, J., Goodin, K., "Patterns and Correlates of Public Health Informatics Capacity among Local Health Departments: An Empirical Typology", *Online Journal of Public Health Informatics*, 2014, 6(3): e199.

模式，可开展更具灵活性、更加高效且精准的公共卫生实践，改善群体健康。[①]Odone 等人认为，要将数字公共卫生视为一种方法而非学科，认为可采用数字公共卫生这一方法实现卫生保健的目标和使命，即确保卫生保健的质量、可获得性、效率和公平。[②]

国外有关基层卫生健康数字化的研究多聚焦于社区卫生技术管理和社区居民电子健康档案管理。如，相关研究指出，社区居民电子健康档案管理旨在通过社区卫生服务体系，整合居民的电子健康档案数据，实现与医院电子病历的互联互通。[③] Schoen 等人认为，在当前各国社区卫生和初级保健机构中，以电子健康档案为核心的集成信息系统已被普遍采用，且取得了良好效果。[④]1975 年，Hershey 等人设计了用于规划资源和监测社区卫生服务绩效的信息系统，可整合社区人口普查数据、挂号信息、健康服务利用数据和财务数据等。[⑤] 到 20 世纪八九十年代，美国研发了"卫生信息标准"技术，建立了以居民个人电子病历为核心的卫生信息化管理和监测系统。2009 年，美国出台的 HITECH 法案，提供财政支持激励对电子健康档案达到"有意义的使用"标准的医生和医疗服务机构，从而推动了社区广泛采用以居民电子健康档案为核心的健康信息系统。加拿大于 20 世纪 90 年代探索卫生信息化建设，并在政府领导和监督下，致力于影像和诊断系统、电子健康档案操作

---

① Lantzsch, H., Eckhardt, H., Campione, A., et al., "Digital Health Applications and the Fast-Track Pathway to Public Health Coverage in Germany: Challenges and Opportunities Based on First Results", *BMC Health Services Research*, 2022, 22(1): 1182.

② Odone, A., Buttigieg, S., Ricciardi, W., et al., "Public Health Digitalization in Europe: EUPHA Vision, Action and Role in Digital Public Health", *European Journal of Public Health*, 2019, 29 (3): 28–35.

③ 闫昕、雷行云、李娟、高星:《国外社区卫生服务绩效管理和信息技术应用的现状研究》,《中国全科医学》2015 年第 1 期。

④ Schoen, C., Osborn, R., Squires, D., et al., "A Survey of Primary Care Doctors in Ten Countries Shows Progress in Use of Health Information Technology, Less in Other Areas", *Health Affairs*, 2012, 31(12): 2805-2816.

⑤ Hershey, J. C., Mooire, J. R., "The Use of an Information System for Community Health Services Planning and Management", *Medical Care*, 1975, 13(2): 114-125.

系统的建设。[①] 英国在社区居民电子健康档案方面注重建立社区卫生服务和大中型医院的双向转诊机制，以实现不同等级医疗机构之间的对接。[②]

国内卫生健康信息化发展可追溯至 20 世纪 80 年代，主要划分为三大阶段。第一阶段始于 20 世纪 80 年代，彼时我国大城市的大型医疗机构开始尝试信息化建设，并初步确立了相关工作流程以及适合的建设方法；第二阶段开始于 2003 年，国家逐渐重视卫生信息化建设，我国卫生信息化建设发展迈入新阶段；第三阶段始于 2009 年国家新医改方案实施，区域内医疗机构的信息共享成为这一阶段的主要目标。对国内学者有关数字健康的研究进行整理，发现当前数字健康的研究框架主要涵盖了数据驱动的数字健康发展环境、数字健康基础能力、数字健康价值、数字健康服务成效等内容。其中，数字健康发展环境主要指数字健康发展需要的法律法规、政策制度、标准规范等。数字健康有其特殊性，且健康服务行业和产业覆盖面广，需加强大数据、物联网、云计算、区块链、人工智能等新技术应用，这必然会引发新的伦理挑战。因而，数字健康发展需要符合循证医学标准，满足隐私保护、监管合规、责任追溯和公众信任等要求，同时兼顾国家和国际社会的数据治理及管理规范。[③] 此外，逻辑清晰的政策体系构建尤为重要，比如数字健康的顶层设计、指导推进、数据要素配置等相关政策。数字健康基础能力是促进数字健康迈向数字时代，从而实现高质量发展的必然选择。卫生健康行业要充分利用互联网、物联网、区块链、大数据等技术，盘活信息化存量，做大数字化增量，聚合智能化流量，从不同层面夯实数字健康基础，如分级诊疗、三医联动的实现，健康产业等生态数字资源的聚合等。数字健康价值主要体现在优化服务和创新发展两方面，一方面，优化服务聚焦数字技术驱动

---

① 张富勇、王光旭、李志刚：《区域卫生信息化建设》，《电子技术与软件工程》2019 年第 7 期。

② 马琛：《东胜区社区卫生服务信息管理系统设计与实现》，硕士学位论文，大连理工大学，2018。

③ 刘顿、李韬、刘旭、王迪芬：《贵州省基层医院数字化建设调查分析》，《中华危重病急救医学》2022 年第 8 期。

医疗业务和服务模式的数字化转型，将数字技术与医疗卫生服务融合，赋能行业发展；另一方面，创新发展需要注重提升数字资源协同能力，着力构建数字信息共享机制和风险应对价值链，通过充分利用以人工智能、区块链为代表的新生产力工具，将数据要素转化为新生产资源、依托互联网及物联网重构行业生态关系，实现数字健康新模式构建。① 数字健康服务成效聚焦"共建共享、全民健康"的健康中国战略主题，通过提高公众的参与感、强化医疗健康服务多方的互动感、增强健康生态的包容度等方式，推动健康中国建设。"用数据说话，靠数据决策，依数据行动"成为共识，海量数据及分析模型与工具可更好地服务医疗诊断、健康管理、行业管理等，从而不断培育数字健康新动能、构筑竞争新优势、改善民生新服务。

农村卫生健康数字化的关注度相较于城市地区较低，其缘由体现在两方面。其一，从区域卫生健康视角看，农村地区覆盖面更大，现实情况更复杂，要求更高；其二，从卫生健康资源投入视角看，农村地区相较于城市地区资源投入更少。多数学者针对基层卫生健康数字化的概念持有不同看法。有学者认为区域基层卫生健康数字化指在一定区域内，以人的健康为中心，以区域的基层医疗卫生机构为基本单元，在基层卫生信息资源规划和信息标准化的基础上，开展居民电子健康档案和区域基层卫生信息平台建设，并以该平台为基础，建设基层卫生信息系统，提供"六位一体"服务，同时以电子健康档案管理作为重要内容，以基本医疗卫生服务为基础，注重双向转诊、信息交换共享等。② 另有学者关注区域卫生信息基础设施建设，将区域基层卫生健康数字化概括为在县区范围内，为医务工作人员、医疗卫生行政部门、患者和第三方机构等用户提供卫生信息业务、技术交融平台，助力其实现卫生信息联通，提高基层医疗卫生机构工作效率，促进医疗资源配置的

---

① 陈玲、吴颖敏、李家伟、朱立燕：《民族地区基层医疗卫生机构信息化建设现状与效能研究》，《中国全科医学》2022 年第 16 期。

② 冯昌琪、甘华平、陈文、沈明辉、王帅、毛云鹏、邓韧、丁志华：《基层卫生信息化建设思考》，《中国卫生信息管理杂志》2014 年第 2 期。

优化与重组。[①] 亦有学者在此基础上，对基层卫生健康数字化做了进一步阐释，即将市级或县级范围内的基本医疗、公共卫生、医疗机构运营管理等基本功能整合在一个平台，由卫生行政部门对区域内医疗卫生机构进行监督管理，以促进区域内各基层医疗卫生机构间的数据共享。

与此同时，当前国内基层卫生健康数字化面临诸多挑战。如新时期基层卫生健康智慧化发展不平衡、资金和人员不足、运营保障不到位、信息安全体系尚不健全、医疗信息资源共享不足、地区之间差异性大。[②] 例如，农村基层卫生健康信息化程度弱，存在数据异质性、"数据孤岛"、技术过度依赖以及"数字鸿沟"等问题。[③] 再如，基层卫生健康信息化改革功能可用性不强、数据迁移困难、数据采集工作量大、资源利用率低、系统缺乏智能性、相应的技术人才和资金支持与顶层设计和统一规划不匹配。[④] 还有学者针对全国 6764 家基层医疗卫生机构开展网络问卷调查，结果发现区域基层卫生健康数字化进程慢、"数据孤岛"、长效运行及保障机制缺失等问题依然存在。[⑤]

（三）文献小结

针对国内外有关基层卫生健康数字化的研究，总结如下特征。一是国外学者针对基层公共卫生的研究主要聚焦于社区层面，如社区卫生服务、农村初级卫生保健体系研究等。相较于国外，国内学者对基层卫生健康的研究主要集中在基层公共卫生服务、基层卫生人员队伍以及基层卫生人员组织结构等领域。二是国外有关基层卫生健康数字化的研究多体现在社区卫生技术管

---

① 万德年：《区域卫生信息化建设的现状与对策》，《四川职业技术学院学报》2016 年第 5 期。

② 王富民：《分级诊疗体系下医疗资源优化配置探索：基于大数据医疗信息共享机制》，《中国卫生经济》2019 年第 8 期。

③ 李洁：《数字鸿沟背景下中国"智慧医疗"的发展》，《电子政务》2018 年第 2 期。

④ 郝晓宁、马骋宇、刘志业、周宇晨、刘乾坤、张山：《中国基层卫生信息化改革的成效及问题研究》，《卫生经济研究》2020 年第 7 期。

⑤ 吕欣航：《基层医疗卫生信息化建设模式研究》，硕士学位论文，中国医学科学院北京协和医学院，2019。

理和社区居民电子健康档案管理层面；国内卫生健康数字化发展可分为三个阶段：20 世纪 80 年代城市大型医疗机构的信息化建设尝试阶段，2003 年的公共卫生快速发展阶段，2009 年新医改之后医疗机构的信息共享平台建构阶段。三是我国目前农村卫生健康数字化的关注度相较于城市地区低，农村地区覆盖面大、现实情况复杂、卫生资源投入少。四是当前国内基层卫生健康数字化面临诸多挑战，如新时期基层卫生健康数字化发展不平衡、资金和人员不足、运营保障不到位、信息安全体系尚不健全、医疗信息资源共享不足、数据异质性大、"数据孤岛"现象较严重、地区之间差异性大等。针对上述国内外关于基层卫生健康数字化的研究聚焦点，本文认为目前我国基层卫生健康的数字化有待进一步提升，本文旨在基于前人研究，从具体案例出发，剖析当下基层卫生健康数字化赋能与创新方面的具体做法、可能存在的不足，以及未来的走向。

三 基层卫生健康数字化转型案例解读

（一）C 市 Y 区智慧医疗赋能全生命周期管理

2021 年以来，C 市 Y 区加快推进智慧医疗建设，通过建平台、筑阵地、设终端，实现数字化、智能化设施与医疗场景的结合应用。重点以智慧医疗赋能医药卫生体制改革，优化全区医疗资源，提升全生命周期管理水平，让群众看病就医更加便捷高效。C 市 Y 区作为公立医院综合改革国家级示范城市，在推动医改方面切实呈现典型特征。如，Y 区医共体医通、人通、财通"三通"试点的开展，智慧医疗健康小屋的设置等，均是智慧医疗成果的重要体现。

首先，在智慧医疗发展方面，Y 区率先建设智慧管理平台，打破数据壁垒，聚合健康服务"智联网"，如 Y 区打造了全民健康信息、医疗健康公众服务以及居民慢性病管理三大平台。其中，全民健康信息平台以健康大数据服务精准覆盖为目标，集成妇幼、公共卫生、HIS 医疗等系统，共享全区 30 家公立医疗机构应用信息系统数据，整合"区—镇—村"三级医疗机构数据

3000 余万条，促进全生命周期服务提质增效。在建设医疗健康公众服务平台方面，Y 区统筹全区医疗资源，开发健康公众服务号，居民用户使用电子医保卡一键登录，实现 23 个镇（街道）卫生院（社区卫生服务中心）的预约分时挂号。平台功能覆盖全流程线上诊疗、双向转诊、检查结果互认，方便群众看病就医。Y 区居民慢性病管理平台探索实现高血压、糖尿病等患者线上续方、居家远程健康监测和风险预警功能，慢性病患者等重点人群签约智慧医疗管理服务 15.27 万人，签约率达到 66.9%，健康服务"智联网"为慢性病患者提供更加精准快捷的健康服务。

其次，Y 区打造了智慧医院阵地，深化了场景应用，搭建了优质资源"生态圈"。Y 区将智慧医疗建设融入医药卫生体制改革，助推三级医疗服务体系健全完善。如，将智慧医疗赋能该区的医联体建设，旨在探索实施扁平化管理和垂直化运行，以互联网医院重医附属 Y 区医院为龙头，以互联网医院区中医院、区人民医院等 4 家公立医院为主体，以 27 家公立医疗卫生机构、288 所村卫生室、8 家民营医院为成员，构建"1+4+N"网格化医联体，深化数据应用，拓展技术合作，共建肾内科、血透中心等专科项目 37 个，以智慧医疗助推医共体"三通"建设。再如，将智慧医疗赋能分级诊疗。分级诊疗包含基层首诊、双向转诊、上下联动、急慢分治。Y 区将智慧医疗赋能其中，让数据多跑路，辖区公立医院、基层医疗机构检查结果互认，减少群众就医挂号、检查等中间环节，截至 2021 年 8 月累计双向转诊上转患者 1.8 万人次，下转 6562 人次，Y 区域内就诊率 91.1%，基层诊疗人次占比由 47.3% 提高至 55.8%，累计为群众节约就医费用 2000 余万元。从 Y 区各级医疗机构所涵盖的医疗资源可见，公立医院区域医学影像中心、心电诊断中心已实现基层医疗机构全覆盖，区级医院与基层医院"同质化"诊断最快 10 分钟即可完成，2021 年以来全区远程影像、远程心电服务达 9 万余人次。此外，智慧医疗在赋能优质资源布局方面亦发挥了重要作用。近年来，Y 区已与新加坡 TalkMed 医疗集团、北京 301 医院合作共建区域远程诊疗中心，实现远程心电、远程影像、远程会诊信息数据的实时监测及信息共享，使得急诊患者心电图信息 5 分钟内可生成报告，常规心电图信息 10 分钟内生成报告，在提高区域内心脏急症患者抢救时效及疑难疾病诊治率方面取得重要突破，亦可实现跨区域优质医疗资源联动延伸。

最后，Y区健康小屋终端上线，呈现网格矩阵布局，实现医疗服务的"零距离"。Y区主要以社区、院校、企业等为网格矩阵单元，布局投放"5G智慧健康小屋"，同时上线电子处方、自动发药等16个功能，将优质医疗服务送到群众"家门口"。如，为实现预防保健"零距离"，"健康小屋"24小时全面开放，居民可就近查询个人健康档案、健康指数分析，获得日常预防保健健康指导，系统同步分析健康数据，辅助预警和防范流行疾病、突发公共卫生事件。再如，健康促进"零距离"旨在依托"健康小屋"可穿戴监护设备，将患者个人生命体征采集数据实时传递给健康管理医生，支持慢性病管理、院后随访等医疗服务需求，实现线上线下相融合的健康管理。此外，诊疗服务实现"零距离"主要体现在患者使用远程诊疗方式，医生可后台一键调取其就诊记录和既往病史资料，开具诊疗处方并自动配发常见病药品，同时借助AI辅助诊疗技术，提高病种及病程判断准确度，缩短就医时间50%以上，减少重复用药、检验检查费用10%左右。

（二）C市R区"健康大脑＋智慧医体"助推医共体建设

C市R区将"健康大脑＋智慧医体"与"保基本、强基层、建机制"的要求相结合，持续强化医疗卫生服务体系。截至2023年6月，R区有各级各类医疗机构444家，医疗卫生机构卫生人员总数4715人、执业（助理）医师2170人、注册护士2545人。现有乡村医生514名，每万常住人口全科医生数达到4.25人。已基本实现村卫生室100%覆盖，并构建了"农村30分钟、城镇15分钟医疗服务圈"。

通过流程再造、机制重塑、场景多跨搭建，在建设卫生健康数字化场景的同时，R区从本地特色出发，实施包含医疗健康数据贯通、医疗体系高效运行以及体医融合等在内的医疗健康数字化改革。此外，在医疗健康数字化中的健康大脑满足"数据通"、"数据管"和"两端活"等三方面的需求。具体而言，"数据通"按照集约建设、互联互通、协同联动的工作要求，实现区域内医疗健康数据智能归集共享、患者区域内全程就诊记录与医院信息系统互联互通；"数据管"旨在借助大数据融合和智能分析，建设一屏统揽的区域级智治监管平台；"两端活"旨在盘活"渝快政""渝快办"两端建设，将数字技术运用其中。

C市R区作为全国紧密型县域医共体建设试点之一，以"人通、医通、财通"三通为抓手，整合医疗卫生资源，实现医疗体系高效运行。资料显示，C市R区共计21个基层医疗卫生机构为医共体分院，13家基层医疗机构纳入区人民医院医共体总院，另有8家基层医疗机构纳入区中医院医共体总院。但三级医疗体系仍存在"各自为政"，基层医疗服务能力偏弱，患者数据、医疗资源无法互通共享等问题。R区面对上述问题，以专病专管为切口，构建"区级医院—社区（镇）卫生院—村站"三级联动的区域医疗服务体系。通过区域内数据贯通联合"家全专服务联动体系"，将"两慢病"及重大疾病纳入一体化全程管理，系统智能提示健康风险、推送诊疗任务，并向各级医疗机构引流检验、检查、问诊、转院等诊疗业务。同时以资源共享为抓手，促进区域内医疗资源高效运转。且当区域内数据贯通后，再通过床位、大型检查设备、标准化中医馆等线下资源的在线共享，有效盘活区域内闲置医疗资源、设备资源，实现资源共享共用、避免重复建设，从而提升基层医疗卫生服务能力，提高政府投资资源使用效率。

近年来，R区推进"体育＋医养"融合发展，但仍存在数据平台暂未打通、数据无法共享、医院重医疗轻管理、文体重竞技轻康复、体医融合的路径不清晰等问题。C市R区通过数字化赋能，对标"数字重庆"提出了建设数字社会、数字文化、数字经济等路径。体医融合数字化转型与推进体医融合高质量发展，建设数字社会、数字文化与数字经济等方面紧密相关。同时，以慢性病康复为切口，建设贯通"运动处方"与"运动教练"的数字化平台，加强了社区运动与健康促进中心建设的有机结合。如，将"健康大脑"赋能"运动处方"，支撑社区医生实施数字化管理，帮助居民及时有效获得运动健康师的专业指导，再将居民的运动健康数据贯通数据平台，以实现体医融合全程协同，提高系统、动态、智慧服务管理能力，并探索基于数字化平台的多元主体协同治理机制和长效发展机制,从而提高体医融合资源供给质量。

四　基层卫生健康数字治理存在的主要问题

上述 C 市 Y 区与 R 区两则典型案例在基层卫生健康数字化方面均取得了些许成效,为区域内医疗资源发展不充分不平衡问题的解决提供了路径选择,具有一定的借鉴推广价值。C 市基层卫生健康通过数字化赋能,在区域内基层医疗机构的互联网诊疗、数据信息互通、三医联动、体制机制创新等方面做了一些积极探索。然而,就目前的具体实施情况,依然存在困难和问题,而这些困难和问题亦是我国基层卫生健康数字化转型实践中存在的共性问题。

一是医共体与各医疗机构间业务系统建设条块分割、"信息孤岛"现象突出。尽管医共体建设目前已有长足进步,但我国基层医疗机构在数据安全监管、行业标准设置与数据共享等方面存在困难。从实践看,多数医共体内部各级医疗机构间医疗信息数据尚未整合,患者就诊信息尚未实现上下联通,上下转诊对接存在障碍,甚至基层医院内部依然存在"数据孤岛",难以实现数据有效整合。

二是多数基层医疗机构基础条件有限,难以达到互联网医院准入标准。从互联网诊疗的用途看,当下最适用的是对于慢性病患者的复诊,众所周知慢性病患者复诊以老年人群体为主,而基层医院作为老年人群体就诊的主要场所,对于远程诊疗和互联网医疗有着强烈需求。从服务提供方看,无论是家庭医生的签约服务、在线随访、流动就诊车等均需要互联网支撑。互联网诊疗相对线下面对面诊疗,要求、门槛准入条件更高,基层医疗机构基础条件难以满足国家信息安全等级保护三级认证的准入标准。

三是基层医疗机构"三医联动"不足。当前在政策支持、体制机制创新、数字技术支撑以及需求导向等多重因素的驱动下,"三医联动"开展程度及实施效果并不均衡,部分地区在多因素驱动之下,在医保、医疗、医药等方面取得初步成效。然而，数字技术与"三医"之间融合程度较低，甚至某些区域并未融合。数字技术在区域内医共体各级医疗机构的卫生信息资源整合、促进地域医疗卫生均等化等方面作用发挥有限，具体实施亦存在片面性和区域限制性。

四是当前数字卫生健康仍然属于新兴领域，基层医疗机构多数卫生人员对其认知不足，要很好地接受这一新生事物需要时间和过程，而兼具互联网思维和医学专业素养的高端技术人才缺乏，即使数字技术硬件层面已基本完善，但软件方面人才短板依然是发展瓶颈。因而，卫生健康数字化人才的需求是必然的，亦是必须的。

五 基层卫生健康数字治理路径分析："三位一体"的基层卫生健康数字治理模式构建

上述典型案例勾勒了基层智慧医疗的生动画像，借助数字技术，在实现医疗卫生资源的高效融合、提升居民医疗卫生服务的获得感方面起到了重要的促进作用，但目前的主要问题依然是数字卫生健康技术的发展与居民的数字技术应用能力及获得感之间不能有效衔接。为了更加翔实地说明基层卫生健康的数字化发展路径，本文依据 2019 年 6 月《国务院关于实施健康中国行动的意见》提出的基层卫生健康 15 项重大专项行动，构建出"以健康家庭为核心的智能自治"、"以全方位全周期为目标的协同共治"以及"以生态多元为保障的现代法治"的"三位一体"的基层卫生健康数字治理模式。

（一）构建以健康家庭为核心的智能自治模式

家庭是人类社会的基础，也是最重要的组成部分，在任何国家、任何文明中，家庭对人与人、人与社会的关系都有着不可忽视的影响。家庭人口要素之间的相互作用、相互影响催生了社会中不同的家庭模式。在家庭结构中，家庭内成员的氛围、饮食结构、生活习惯等差异都会对个人的健康产生重要的影响。建立良好的家庭健康理念，树立牢固的家庭健康意识是社会健康发展的重要前提，推动智能健康家庭建设，防范和化解家庭隐性健康风险，亦有助于智能社会背景下人的健康管理。

围绕"健康中国2030"目标，以人工智能、大数据、云计算等新一代信息技术为支撑，构建以健康家庭为核心的数字健康治理新模式。通过整合优质医疗卫生资源，精确匹配医疗卫生领域供需关系，形成以健康家庭为驱动，以健康场景为抓手的城市级长链条、多环节、高价值的健康管理链。同时，构建形成面向医疗卫生人员和以家庭为单位的健康家庭智能自治模式，通过合理分配数据、医疗卫生资源，以终端的方式为群众提供方便快捷的健康服务（见图1）。

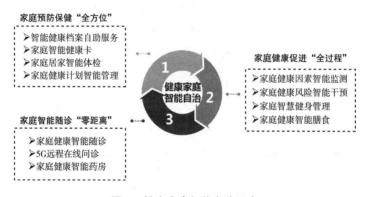

图1　健康家庭智能自治示意

首先，家庭预防保健"全方位"，涵盖了智能健康档案自助服务、家庭智能健康卡、家庭居家智能体检以及家庭健康计划智能管理等内容。智能健康档案自助服务主要利用大数据、物联网、机器学习等前沿大数据技术，分析用药、疾病、家族遗传、就医记录等数据，建立家庭电子健康档案，绘制家庭居民从出生到死亡的生命体征变化。① 运用自身所实践过的与健康相关的行为与事件，形成智能健康档案，通过智能化的数据分析方法，让健康管理医生全面掌握家庭健康问题，提高家庭健康服务效率。同时，居民可通过智能健康档案，查询自己和家人的健康数据，及时掌握自身健康状况，让健

---

① 顾昕:《"健康中国"战略中基本卫生保健的治理创新》,《中国社会科学》2019年第12期。

康档案数据"取之于民，造福于民"。家庭智能健康卡主要借助物联网、移动互联网、大数据，实现手机就诊；同时继续为老人、小孩以及无法使用手机的人群提供服务通道，满足家庭不同人群的业务需求，方便家庭成员跨机构与跨医院就医。家庭居家智能体检旨在利用5G、互联网、物联网医疗设备终端等，构建智能化的居家体检，家庭成员足不出户即可完成常规体检。体检流程一端覆盖居民，一端覆盖家庭医生，通过家庭医生对居民的指导或智能提醒完成体检过程，亦可结合家庭健康档案对体检数据开展智能分析和健康预测，出具家庭健康体检报告，针对可能存在的健康问题，给出具体解决措施和步骤。家庭健康计划智能管理主要针对重点人群、特定人群等，以其健康需求为导向，以健康管理为目标，以家庭电子健康档案、电子病历等全周期家庭健康信息为基础，补充采集可穿戴健康管理设备个人体征信息，并对家庭成员开展健康分析、健康预测，生成健康方案，制订个性化健康管理计划，细化健康管理任务，自动监测反馈计划执行情况，在各阶段末期评估居民健康管理效果。

其次，家庭健康促进"全过程"涵盖家庭健康因素智能监测、家庭健康风险智能干预、家庭智慧健身管理、家庭健康智能膳食等内容。家庭健康因素智能监测需运用核心技术，借助覆盖全年龄段的智能穿戴设备、健康数字机器人、便携式健康监测设备等智能设备，实现个人健康监测数据的采集，方便医生实时查看居民生命指标情况，辅助家庭医生完成体检筛查、面对面随访、健康干预等工作。家庭健康风险智能干预需基于智能穿戴设备、居民体检数据与家庭成员健康自评数据，融合医学专业权威文献与临床专家实践，同时借力健康医疗大数据技术，采用人工智能，构建慢性病及其并发症预测模型。预测模型可用于评判家庭成员的身体、心理状况，并借用人工智能技术分析源于智能穿戴设备的体征数据，对居民健康进行评级，并制定差异化的健康计划和管理路径，继而提供个性化的健康服务指导。此外，还需调动居民健康管理的自觉性和主动性，有效防止疾病发生，提高居民生命质量。家庭智慧健身管理需推动智能穿戴设备、运动健身器材、医疗器材等运动设备与医院健康管理系统对接，整合跑步、游泳等运动数据和心率、压力、睡眠、血氧、血压、血糖等生理数据，实现日常健康数据和院内诊疗数据融合，帮助家庭医生为不同人群提供科学合理的个性化、碎片化运动建议，制订适合不同个体的定制化运动模式、运动强度和运动时间等健身计划并监督执行，有效帮助特定人群进行康复训练，避免无规律运动给身体带来的副作用。家庭健康智能膳食需以人工智能、大数据、云计算等新兴技术为依托，结合智能穿戴设备，加强家庭成员营养监测，对重点人群实施营养干预，重点解决居民营养不足和营养过剩并存问题。同时，充分应用大数据分析技术，针对老年人、慢性病患者、儿童、孕产妇等特定饮食需求人群的个人健康状态，结合医院检查信息和医嘱数据，科学有效地调整身体各项机能。

最后，家庭智能随诊"零距离"包含了家庭健康智能随诊、5G远程在线问诊以及家庭健康智能药房。其中，家庭健康智能随诊需要利用人工智能、物联网、大数据、视联网等技术，通过家庭成员的个人健康信息，获取居民就诊计划和慢性病随访计划，实时进行检查和随访提醒。结合家庭成员的个人身体情况，定期推送有价值的健康医疗信息，提供医疗卫生资讯和有利于健康管理的方法建议，开展个性化健康指导并提供智能随诊。5G远程在线问诊即依托5G，通过移动应用开展移动信息查询服务、预约服务、在线互动服务、随访服务等在线诊疗服务。例如，可让家庭成员通过交互式平台等向医生发起图文、电话、视频等方式的问诊咨询，实现医院与患者的双向沟通、双向了解，同时能够查询发起的历史会诊记录和医生诊断记录等信息，有助于家庭成员从诊前、诊中、诊后各个环节进行移动健康管理，提高居民健康服务体验，方便患者个人健康管理。家庭健康智能药房旨在打造以区块链、大数据等为主要技术的共享药房场景应用，通过基层医疗卫生信息系统用药提醒接口，获取家庭成员用药情况，提供用药提醒服务，及时跟踪家庭成员用药情况，根据诊疗情况，实现药品自动配送。

（二）构建以全方位全周期为目标的协同共治模式

《"健康中国2030"规划纲要》提出开展个性化健康干预，实现重点疾病防治结合，建立健康管理长效工作机制，构建"预防＋治疗＋康复""三位一体"的重点疾病服务模式，为广大患者提供覆盖全生命周期的健康保障。2017年，习近平同志在中国共产党第十九次全国代表大会上提出，人民健康是民族昌盛和国家富强的重要标志。要完善国民健康政策，为人民群众提供全方位全周期健康服务。① 即在生命周期中的不同阶段，持续投入各种资源，建立覆盖全生命周期的大健康服务体系。要构建健全优质、高效整合的医疗卫生服务体系，从以治病为中心转变为以健康管理为中心，坚持预防为主，倡导健康文明生活方式，使居民从出生到年老去世都可以享受到健康管理服务；要优化健康资源分配，积极推进上级医院优质资源下沉基层，加强基层医疗卫生服务体系和全科医生队伍建设；要开展家庭健康促进行动，引导树立个人是健康第一责任人的健康责任理念。随着医疗卫生信息化建设进程的不断加快，医疗数据的类型和规模也在以前所未有的速度迅猛增长，智慧医疗的高速发展为居民健康提供精准、个性化服务，为医生的临床决策和方案制定提供支持，亦为公众健康服务等提供便利。构建以全方位全周期为目标的协同共治模式，即建立全方位多元协同治理格局，实现重点人群智能化健康管理。

构建全方位全周期的健康协同共治模式重在分级诊疗的有效落实。《"健康中国 2030"规划纲要》强调建立完善的分级诊疗制度的重要性，积极推行慢性病、常见病、多发病基层首诊，轻重症患者双向转诊，构建信息互通的上下联动机制。打破医疗卫生机构之间的信息壁垒，破除患者健康数据有限共享所导致的医疗资源浪费、看病效率低下等障碍，基于健康医疗大数据平台，推动上级医院、社区医院、家庭医生等和各部门信息的互联互通，提升看病就医效率，避免由重复诊断、重复治疗等导致资源浪费，优化医疗资源利用，为居民提供闭环的医疗卫生服务。通过构建家庭医生签约服务、居民居家智能健康管理、社区一体化健康照护、上级医院急危重专病诊疗多元协同治理体系，助力实现双向转诊、信息共享、资源下沉，全面提升居民健

---

① 习近平：《习近平谈治国理政》（第二卷），外文出版社，2017，第371页。

康管理服务质量和深度。创新并完善家庭医生团队组成模式，驱使其承担社区家庭健康守门人的重要责任。此创新模式可由医疗机构健康诊疗员、家庭健康管理员、家庭健康运动指导员三者组合而成。其中，医疗机构健康诊疗员即各级医疗卫生机构的医生，在充分利用互联网、5G、大数据分析等技术的基础上，为家庭成员提供"线上＋线下"的诊疗服务；家庭健康管理员即签约家庭医生，其主要职能在于为社区居民提供面对面、一对一的健康管理服务；家庭健康运动指导员即社区体育从业者，可针对家庭成员不同的健康情况和康复需求，提供个别化的运动康复方案。同时，吸纳社区护士、公卫医师、药师、健康管理师、心理咨询师、社工等加入，提供技术支持和业务指导。多方协作助力社区居民健康服务保障，满足社区居民全生命周期的健康需求。

重点人群智能化健康管理旨在强调健康智能社区的建设。何谓健康智能社区？简言之，健康智能社区强调人工智能、物联网等技术在现有智慧社区中的应用，融通区域医学影像中心、临床检验中心、远程医疗、双向转诊和检验检查结果互认等数据系统。首先，健康智能社区的建设对于引导重点人群就近就医、实现医疗资源最优化配置作用明显。社区卫生服务站或村卫生室医生可通过智能手机或者上门服务的方式为签约居民进行慢性病随访记录，社区卫生服务中心或者乡镇卫生院的家庭医生定期为高血压、高血糖病人测量血压、血糖并进行记录，同时对慢性病患者进行健康教育和日常监管。健康智能社区聚焦患者全景诊疗信息，在全景会诊触控交互终端实现远程同屏、交互操作及音视频交流，如果患者属于高中危患者，则联合专科医生一同进行严重并发症处理、疑难病例处理和长期不达标患者方案调整；若在日常健康管理中出现病情变化，则转诊上级医院由专科医生治疗。患者在上级医疗机构离院前由主管专科医生开具出院带药处方，并制订出院随访和康复计划，在患者离院后规定时间内，通过线下随诊、远程随诊、智能穿戴设备等手段对患者进行精细化出院随访和慢性病管理，同时在规定时间内对患者进行慢性病评估，当患者转为低危患者，则转诊社区进入日常维护期，由社区医生负责患者长期管理、生活方式干预和健康教育与促进。

其次，针对重点人群智能化健康管理的工作则聚焦于为孕妇、0~6岁儿童等人群提供个性化、智能化的健康服务，构建全周期健康服务体系。其中，妇幼健康智能辅助指基于健康医疗大数据平台，通过出生管理、妇幼就诊检查信息登记、新生儿缺陷和疾病筛查、儿童和孕妇死亡管理等信息采集途径，构建妇幼信息资源库。同时结合大数据分析、人工智能、物联网等新兴技术，进一步扩展服务方式，部署移动诊疗应用、移动随访应用等移动业务应用，为妇幼健康服务便捷开展提供信息化支撑。通过线上线下联动交流，促进妇幼健康智能化服务能力的提升并与妇幼保健机构信息系统无缝对接，实现居民诊疗信息、检验检查信息互联互通。同时，充分利用远程教学、远程会诊、远程指导等信息化手段，引导妇幼医疗优质医疗资源下沉，为身处边远地区的县乡镇孕产妇提供便利，引导居民就近接受专业规范的专家会诊和医疗服务，有效改变偏远地区孕产妇产前规范检查率低、低体重新生儿发生率高等现象。其中，0~6岁儿童智能健康管理可利用"互联网+"技术搭建疫苗云平台，提供专业的在线疫苗知识普及教育、疫苗查询、远程接种预约、智能接种分配等多项便民服务，增强和提升公众预防免疫意识和主动接种意愿，减少疾病发生。强化城乡家庭医生"防疫管家"定位，由家庭医生协助防疫教育、疫苗查询、接种预约等便民服务的实施。利用大数据分析、人工智能等数字技术加强辖区儿童疫苗接种等健康管理，保证疫苗接种信息全程可追溯，减轻接种工作压力，保障疫苗质量和接种安全，实现门诊接种流程规范化、系统化，完善全过程疫苗接种服务管理流程。

最后，针对老年人的智能健康管理，尤其是针对行动不便的高龄或失能、半失能老人，慢性病、疾病康复期或终末期，出院后仍需医疗服务的老年患者等适宜居家连续治疗、需医护人员上门服务的对象，提供集合家庭病床服务设施设备及信息系统的服务，由家庭医生团队负责家庭病床的建床流程管理、家庭医生工作计划制订、电子病历记录、医疗质量与病历质控、护理预约与执行、远程访视安排、医疗行为多媒体记录、健康宣教与健康监测等管理工作。一是可为家庭医生或家庭护士提供移动诊疗系统，推出上门服务患者信息查看、现场医嘱开具、患者病程管理、现场护理执行、患者位置导航、在线沟通等功能；二是可为居家卧床患者提供智能设备，患者可在家通过终端设备实现与责任医生的远程沟通，查看医疗费用情况，查看治疗计划以及进行用药提醒。

（三）构建以生态多元为保障的现代法治模式

树立"以人民健康为中心"的理念，确保卫生健康法律规范及各项制度有效执行落实，围绕"全局治理、源头治理、科技治理、模式治理、依法治理"，系统化推进卫生健康领域社会治理。一是需建设并完善卫生健康数字化法规体系。围绕卫生健康领域重难点突出问题，着重解决制约卫生健康领域治理能力提升的关键难题，优化部分领域立法。二是要强化对从事大数据分析处理机构的登记备案制度，加强个人隐私信息泄露的监管，并解决掌握健康数据的部门和企业监督缺位的问题。为此，应建立健康隐私数据分级使用机制，确保隐私数据在合理必要的前提下使用，健全跨部门协作的大数据治理法规。三是加强应用标准建设，重点推进医疗数据监测与获取，医疗数据隐私与交换，医疗数据标注、甄别与质量评价等标准的制定工作。加快人工智能在托幼、养老领域的标准化建设进程，建立健康养老产品分类标准、健康养老服务流程规范及相应评价指标体系。加快推进智能穿戴设备分类描述及技术规范、健康养老服务平台参考模型、健康管理系统技术规范等医疗产品和服务类应用标准的完善和研制工作。四是建设评价标准，尤其是构建基层医疗卫生机构服务能力评价体系。如，建立科学化、制度化的"治理绩效"评价制度，并将此纳入年度绩效考核体系，建立"健康家庭"签约服务制度和标准，建立健全基层医疗机构与上级医院衔接机制，实现家庭成员全流程的健康管理服务。加快推进卫生健康领域人工智能从业相关人员的备案与统一培训机制。五是建设伦理标准，坚持伦理与法治相结合的原则，强化对卫生健康人工智能系统的可解释性。如，设立内部伦理委员会，建立完善的培训、认证标准体系，树立领域内从业人员伦理意识、情感意识和法律意识，培养其充分的社会责任感和民族认同感，强化其责任担当，规范其研发行为。

六 结论

超大城市的主体是人民，要让人民在超大城市中感受到幸福，就需要在民生治理和基层治理两个方面下功夫，前者关注基本公共服务的供给，后者则关注社区公共事务的有效治理。[①] 如何通过构建民生治理和基层治理的界面治理体系夯实超大城市治理与发展的基层基础，也是超大城市治理与发展的重大挑战。在超大城市治理中，医疗治理、卫生治理作为重要议题，[②] 要得以有效实现，数字化、信息化是不可替代的重要手段。

党的十八大以来，以习近平同志为核心的党中央高度重视人民群众的卫生健康工作。按照习近平总书记提出的"没有全民健康，就没有全面小康"[③] 的重要指示精神，《"健康中国 2030"规划纲要》已明确将"全民健康"作为"建设健康中国的根本目的"，明确提出发展健康新产业、新业态、新模式，发展基于互联网的健康服务，鼓励发展健康体检、咨询等健康服务，促进个性化健康管理服务发展，培育一批有特色的健康管理服务产业，探索推进智能穿戴设备、智能健康电子产品和健康医疗移动应用服务等发展。本文以当前卫生健康数字化发展现状为基础，通过对 C 市 Y 区与 R 区两个典型案例数字化赋能卫生健康的介绍和分析，发现存在的主要问题，并凝练出"以健康家庭为核心的智能自治"、"以全方位全周期为目标的协同共治"与"以生态多元为保障的现代法治"的"三位一体"基层卫生健康数字治理模式，为进一步提升卫生健康智能治理能力和水平提供参考。

---

① 李文钊：《超大城市治理与发展：概念框架、核心议题与未来展望》，《北京行政学院学报》2024 年第 4 期。

② 李文钊：《超大城市治理与发展：概念框架、核心议题与未来展望》，《北京行政学院学报》2024 年第 4 期。

③ 习近平：《决胜全面建成小康社会 夺取新时代中国特色社会主义伟大胜利——在中国共产党第十九次全国代表大会上的报告》，人民出版社，2017，第 48 页。

数字革命背景下通过公益诉讼实现未成年人网络保护

梅 玫 刘 莉 [*]

一 问题背景

（一）检察系统的数字革命

为应对科技日益发展对犯罪治理所带来的挑战，检察机关正自上而下地推进改革工作，以增强监督职能对新科技的适应性。响应党的二十大加快建设网络强国、数字中国的号召，检察机关下发了《关于加快推进数字检察工作的通知》，指出要加大数字检察战略的力度。2023 年 2 月，最高人民检察院《2023 年数字检察工作要点》巩固"数字赋能监督，监督促进治理"的理念，强调以"数字革命"助推检察工作现代化。2024 年的全国检察长会议上再度强调"高质效办好每一个案件"的理念，"个案办理—类案监督—社会治理"的法律监督路径，更把数字检察制度体系作为推进检察工作体系现代化的重要内容。

所谓数字革命，并非学术概念而是指检察机关通过转变理念，深化数字思维，有意识地把案件证据承载的信息，变成法律监督模型里的数据，实

* 梅玫，重庆市大渡口区人民检察院副检察长；刘莉，西南政法大学政治与公共管理学院副教授，主要研究方向为司法社会工作、未成年人犯罪问题等。

现证据到数据的转化，从而搭建大数据法律监督模型，形成数字检察工作模式。[①] 为加快这一进程，2023 年最高人民检察院数字检察工作领导小组就组织了 5 场以上座谈会、论坛、培训、竞赛和工作推进会，形成了从理念提出到工作部署与实施的闭环。

（二）未成年人网络保护

《中共中央关于进一步全面深化改革　推进中国式现代化的决定》中有多个板块强调未成年人保护和犯罪预防的相关工作，特别是在"健全网络综合治理体系"中提到，"加强网络空间法治建设，健全网络生态治理长效机制，健全未成年人网络保护工作体系"。对未成年人进行专门的网络保护是一项世界性议题。未成年人构成了一个数量庞大的网络用户群体，他们的成长早已深刻烙下了互联网的印迹。有国外学者研究表明，当今世界上约有三分之一的网络用户是未成年人。[②] 如何净化网络空间、推动未成年人网络保护法治化，已被世界大多数国家提上重要议事日程。例如，2020 年 7 月 28 日国际儿童保护热点问题系列研讨会上指出儿童线上性引诱问题日益严峻，迫切需要专门性立法来进行遏制。

未成年人保护的相关法律近几年来有所加强。《中华人民共和国刑事诉讼法》《中华人民共和国民事诉讼法》的修订中都增加了未成年人权利保护的条款。已经颁布的《中华人民共和国民法典》给未成年人权益保护提供了更有力的支撑。[③] 新修订的《中华人民共和国预防未成年人犯罪法》《中华人民共和国未成年人保护法》也为未成年人的保护提供了法律依据。但未成年人保护法的法律实施问题没有得到实质性的改善，大多数法条表述含糊、责任主体落实不到位、救济手段乏力、强制性不足、可操作性不强。例如，《中华人民共和国未成年人保护法》对网络信息仅有较为原则化的规定，关

---

① 崔晓丽：《数字革命赋能法律监督的进阶之路》，《检察日报》2024 年 2 月 26 日。

② Livingstone, S., Carr, J., Byrne, J., "One in Three: Internet Governance and Children's Rights", *Global Commission on Internet Governance Paper Series*, 2016:15-17.

③ 张军：《把实施民法典贯穿法律监督始终》，《求是》2020 年第 12 期。

于网络信息内容及分类，则主要通过《未成年人网络保护条例》《互联网信息服务管理办法》等行政法规和部门规章进行规范。特别是网络犯罪乃至未成年人网络权益保护方面的立法滞后，无法摆脱未成年人案件处置面临的"九龙治水"问题。例如，在《未成年人网络保护条例》中，明确由国家网信部门牵头，要求教育、电信、公安、民政、文旅、卫健等有关部门依据各自职责做好未成年人网络保护工作。在复杂且高速变化的网络生态环境下，落实未成年人网络保护仍然面临诸多挑战，拓展多主体系统的协同治理模式，①已获各界认同，但明确各主体具体责任的立法还有待推进。

（三）未成年人保护的公益诉讼

立法不足，已是未成年人权益保护领域学界和实务界的共识。实际上，这并不是中国独有的现象。比如，针对儿童性引诱问题，目前只有 63 个国家有专门性立法。而在世界范围内，针对通过网络对儿童实施性侵害的立法更是匮乏。就法理而言，立法的滞后有其合理性和正当性。但司法重在实践，如何应对网络空间未成年人权益保护的紧迫性，提供权利救济途径，是整个司法实践领域共同面临的挑战。检察院作为专门的监督机关，其未成年人检察部门通过长期的探索与实践，成为构建未成年人综合司法保护的引领者，是未成年人权益保护在司法实践中得以实现的核心力量，通过检察建议、公益诉讼等方式，积极发挥法律监督职能。

检察公益诉讼制度在 2017 年确立。2018 年，《最高人民法院关于互联网法院审理案件若干问题的规定》明确了互联网法院管辖案件包括"检察机关提起的互联网公益诉讼"。2020 年，增设"网络保护"专章的《中华人民共和国未成年人保护法》的第一百零六条规定：未成年人合法权益受到侵犯，相关组织和个人未代为提起诉讼的，人民检察院可以督促、支持其提起诉讼；涉及公共利益的，人民检察院有权提起公益诉讼。在正式

---

① 林维、吴贻森：《网络保护未成年人模式：立法跃升、理念优化与困境突破》，《吉林大学社会科学学报》2022 年第 5 期。

实体法层面确立了未成年人公益诉讼制度。2023 年 4 月，最高人民检察院印发的《关于加强新时代检察机关网络法治工作的意见》强调，要聚焦网络空间未成年人权益，大力加强网络空间未成年人权益的综合司法保护。2022 年的数据显示，检察机关立案的涉及网络权益和公益诉讼的案件达到341 件。

检察机关在未成年人保护方面已获得充分授权，其在未成年人保护领域的公益诉讼充分体现了检察机关在实施监督权力过程中践行国家亲权理念：以公诉权的行使为形式和手段，实现国家亲权的内容和目的。延伸到网络空间，虽仍有大量有待讨论和解决的问题，但时不我待，在深化理论讨论的同时，需要加大实践探索力度，在网络空间构建未成年人的综合司法保护体系，进而以实践推进理论发展，推动立法过程。

二　理论基础：拓展网络空间未成年人公益诉讼

（一）公益与公益诉讼

未成年人检察公益诉讼是指，检察机关依法对侵犯众多未成年人权益的违法行为，在相关责任主体未充分履责且造成危害后果的情况下，提起诉讼追究其法律责任的司法活动。如以上案例所述，检察机关为保护未成年人权益，已在网络空间公益诉讼领域积极开展实践，并且借助智能化平台，各方力量协同的机制积极有效推进。但在学理和法律适用上仍存在诸多争议问题，特别是对"公共利益"的界定与扩张，已成为未成年人公益诉讼理论研究中的热点议题之一。[①]

公益及公益诉讼这两个概念，我国法律文本中虽多有触及，但无明确规定；[②]关于未成年人公益诉讼制度的建立虽多有讨论，但都处于起步阶段，

---

① 何挺、王力达：《未成年人保护公益诉讼中的公共利益》，《国家检察官学院学报》2023年第 3 期。

② 宋志军、覃振模：《论未成年人检察公益诉讼之"公益"界定标准》，《青少年犯罪问题》2022 年第 6 期。

尚无定论。① 一般认为，公益诉讼之"公益"为社会公共利益。2019年10月，党的十九届四中全会决定"拓展公益诉讼案件范围"，最高人民检察院将"等"外探索原则确定为"积极、稳妥"，并强调不仅要把法律明确赋权领域的案件办好、办扎实，还要以高度负责的精神，积极办理群众反映强烈的其他领域公益诉讼案件，为健全立法提供实践依据。目前，列明的公益诉讼范围仅限于生态环境和资源保护、食品药品安全、国有财产保护、国有土地使用权出让、英烈权益保护五个领域。对于如何拓展"等"外公益诉讼，有学者认为，《中华人民共和国行政诉讼法》第二十五条第4款中的"等"和"'等'外"解释，主要以应然视角，认为"等"外领域受损的公共利益大量存在，为更好地保护社会公共利益，应以行政行为是否侵害公共利益为界定标准。② 就法意解释而言，"等"外与"等"内事项应具有同等含义。需要注意的是"4+1+N"模式中，明列的公益领域所具有的共性，应为"等"外领域的必备条件，即公益诉讼保护的是不确定众多（潜在）受害人，且检察机关正常行使监督检察权，主体适格。涉未成年人公益诉讼首先来自检察公益诉讼"等"外领域的新拓展，③ 新修订的《中华人民共和国未成年人保护法》通过实体法的方式确认了检察机关的主体资格，但并没有也无法对公益诉讼的范畴、类别和适用条件做出具体规定，在司法实践中，仍然需要在学理和基本法律的基础之上来进行辨别、说理和论证。

（二）涉未成年人公益诉讼的理论基础

检察机关在这五个领域展开的公益诉讼，既有对"人"的保护也有对"物"的保护，但从根本上讲都是对"人"的保护。面对未成年人保护是

---

① 李珂：《未成年人检察公益诉讼若干问题研究》，《贵州警官职业学院学报》2019年第6期；张垚、刘昊：《未成年人检察公益诉讼制度的构建——以浙江实践为分析样本》，《中国检察官》2020年第12期。

② 温辉：《行政公益诉讼"等外"刍议》，《河北法学》2020年第9期。

③ 高志宏：《未成年人公益诉讼受案范围：实践扩张、理论逻辑与制度选择》，《政法论坛》2023年第5期。

否属于公益范畴的问题，从广义和政策角度来说，目前已没有异议。但就理论基础而言，未成年人权益的公益性仍需论证。首先，应扩大"公益"的内涵，不能仅仅限于社会公共利益，而应理解为公共权益，因此，公益诉讼既包括对公共财产权利也包括特定个体的人身权利、社会权利等全方位的保护。其次，检察机关对未成年人的保护，无论出于国家亲权而衍生的监护权，还是出于公诉权对国家利益的保护，都不应该将未成年人"物化"。相反，这种保护应立足对未成年人的尊重及对其平等的公民权利的充分保障。再次，在当前中国宪法诉讼尚不能有效展开，保护未成年人的责任主体权责不够明确的情况下，涉未公益诉讼所具有的宪法权利保护意义不容忽视。最后，在中国厌讼传统的影响下，在儿童长久以来处于劣势的现实中，涉未公益诉讼具有积极的社会意义，是实现社会正义的重要途径。

透过未成年人检察工作的特殊性来把握其公益性。也就是，以公益诉讼为手段，维护未成年人合法权益，但并非一切侵害未成年人权益的行为均属于未成年人检察公益诉讼的案件范围。根据最高人民检察院发布的有关未成年人公益诉讼的文件，未成年人检察公益诉讼所维护的未成年人权益，应当是众多未成年人的合法权益。所谓"众多未成年人"，既包括现实数量上的多数，也应包括潜在的不特定多数。对此，有学者认为，如果被侵害的不特定多数人中仅有部分涉及未成年人，则仍应属于一般检察公益诉讼案件。只有专门针对未成年人的案件，如网络侵害中的儿童权益、食品药品安全中的儿童食品和儿童药品等，才能归为未成年人检察公益诉讼范围。未成年人保护的特殊性决定了在判断是否构成侵害公共利益时，针对未成年人的部分应该有更严格的标准。① 总之，若想化解未成年人网络保护难题，那么我们需要联系未成年人检察公益诉讼的属性、功能特征、立案条件和范围等系列问题，并且结合与之紧密相关的特殊性等探究其具体出路。

---

① 张宁宇、田东平：《未成年人检察公益诉讼的特点及案件范围》，《中国检察官》2020 年第 12 期。

（三）网络空间的未成年人权益是众多未成年人的权益

随着互联网的高速发展，未成年人上网接受在线教育、开展社交活动、玩游戏等已经成为一种生活常态。2023 年 12 月 23 日，共青团中央维护青少年权益部联合中国互联网络信息中心共同发布的《第 5 次全国未成年人互联网使用情况调查报告》显示，我国未成年网民规模已达 1.93 亿人，未成年人互联网普及率达 97.2%，使用手机上网的比例为 91.3%。这一报告表明，我国未成年人成了一个规模庞大的网络用户群体，并且首次"触网"年龄持续走低，甚至可以说从一出生他们就开始接触互联网。互联网运用已渗透到未成年人成长的各个方面，互联网已经成为他们生活学习的伴随式工具。

作为一种生活新常态，未成年人在线教育还将会持续发展壮大。但是，在纷繁复杂的网络世界里，各种信息真伪参半，甚至潜伏着无法预知的伤害和风险。这对于正在成长阶段、学习模仿意识较强的未成年人来说，利弊互见。未成年人在享用互联网给生活学习带来的高效便捷的同时，也面临着诸如网络暴力、不良信息影响、个人隐私泄露以及网络沉迷成瘾等伤害和风险，因此存在众多未成年人的身体权、人格权和财产权等宪法和法律保护的权益受到侵害的风险。其中，《2018 年全国未成年人互联网使用情况研究报告》显示，截至 2018 年 7 月底，15.6% 的未成年人表示曾遭遇网络暴力，最常见的是网上讽刺或谩骂、自己或亲友在网上被恶意骚扰、个人信息在网上被公开；30.3% 的未成年人曾在上网过程中接触到暴力、赌博、吸毒、色情等不良信息。北京市第一中级人民法院于 2019 年 8 月发布的《未成年人权益保护创新发展白皮书（2009—2019）》指出，近七成未成年人犯罪案件与接触网络不良信息存在关联。《中国青年报》发布的《青少年互联网平台参与风险研究报告综述》显示，未成年人遇到的社交平台风险主要集中于网络违法侵害和网络沉迷成瘾两类，其中网络欺凌事件占 6.67%、网络性侵案例占 20%、网络诈骗占比高达 46.67%。

正是基于网络空间的未成年人权益是不确定众多未成年人的权益这一基本认知，重庆大渡口区的网络公益诉讼案件具备可诉性。但是，由于立法存在空白，以及《中华人民共和国未成年人保护法》和《未成年网络保护条例》的用语模糊，致使公益的范畴界定存在困难。如《未成年人网络保护条例》第二十三条第 1 款将网络不良信息界定为可能影响未成年人身心健康的信息内容。"可能"二字为法律适用和司法实践带来了解释上的困难。同时，也会带来诉讼客体的不确定性。就本案来说，检察机关向发布不良信息的个人提起的诉讼，是否应该追究平台责任，是否应该向监管部门问责，而不仅仅是向个人追究民事赔偿。

三 挑战与对策：构建网络空间未成年人的综合司法保护体系

（一）网络空间未成年人权益保护的特殊困境

网络空间作为新型执法领域给未成年人权益保护和公益诉讼的开展提出了新的挑战。如，跟踪和散布个人隐私或信息、网络欺凌或骚扰、网络性侵害等行为，使得未成年人保护工作更加复杂。第一，网络的隐匿性给公安和检察部门的调查取证带来挑战，虽然各大网络平台实行了实名制，但仍然无法保证在网络空间发表言论、传递信息的是注册者本人。第二，网络技术增加了犯罪手段的多样化，对侦查技术提出了越来越高的要求。第三，目前网络监管属多头管理，责任主体不够明确。第四，网络空间的虚拟性给未成年人保护的双向性带来更大挑战，一方面我们应保障未成年人使用网络的权益，另一方面需要预防和处理具体涉网犯罪问题。

网络空间的法律法规尚未形成完整体系，网络平台未成年人保护合规制度尚在形成之中。[①] 但我国对网络空间未成年人权利保护的理论和立法已有一定的基础，如协同理论、企业社会责任理论和社会治理理论。在立法方面，《中华人民共和国未成年人保护法》的"网络保护"专章和《未成年人网络保护条例》都对网络信息服务提供者的用户身份信息管理提出了要求。

---

① 徐辉、沈磊：《网络平台未成年人保护合规制度的构建》,《少年儿童研究》2024 年第 4 期。

国家互联网信息办公室于 2019 年 8 月 23 日发布了《儿童个人信息网络保护规定》，并于 2019 年 10 月 1 日正式施行。在此之前，我国没有专门针对未成年人个人信息保护的立法，对个人信息保护的相关规定也较为分散，而且多为原则性规定，实操性较差，在具体落实的过程中存在很多漏洞。[①]有关部门出台的《网络游戏管理暂行办法》《未成年人节目管理规定》《儿童个人信息网络保护规定》《关于防止未成年人沉迷网络游戏的通知》等规定，对与未成年人有关的网络表演经营活动管理、节目制作传播、个人信息保护、网络游戏沉迷预防等进行明确。一些行业协会发布的《网络短视频平台管理规范》《北京网络直播行业自律行动公约》等文件，在互联网行业未成年人权益保护方面建立了自律机制。上述法律法规和文件，对加强未成年人网络保护具有重要作用，但尚未形成较完整的法律体系和完善的司法行政制度，效果十分有限，实践中经常出现法律依据因为模糊而难以执行的问题。

（二）网络空间未成年人保护立法逻辑的不足

不少学者极力主张以立法手段推动未成年人权益保护问题。[②]依此逻辑，网络空间的未成年人保护需建立健全中国特色未成年人互联网运用保护规制体系，完备完善未成年人法律法规。与这种立法论思路不尽相同，未成年人网络保护法治化的确需要健全的规制体系，但它绝不能等同于制定完备的法律法规。处理未成年人事务不能采取像处理成年人事务一样的做法，审理成年人案件可以只审查证据、认定事实、适用法律，但审理未成年人案件就不

---

① 佟丽华：《构建未成年人网络保护法律制度 助力全球规则发展》，《中国信息安全》2024年第 1 期。

② 赵卿、李庆：《未成年人检察公益诉讼制度构建研究——以全国首例民政部门申请撤销监护权案为例》，《青少年犯罪问题》2015 年第 5 期；吴春妹、金英梅、李建林：《未成年人检察视阈下公益诉讼诉前程序探究》，《中国检察官》2016 年第 9 期；张雅芳、李碧辉：《探索构建未成年人保护公益诉讼制度》，《检察日报》2019 年 7 月 18 日；汪江连、柯丽贞：《未成年人监护权撤销制度之完善——基于检察公益诉讼的视角》，《河南财经政法大学学报》2019 年第 4 期。

能仅限于此，还必须适用特殊的程序，如社会调查、心理干预、社会观护、监督考察等一系列广义社会支持工作，特殊性不足的法律法规，反而会不断加剧未成年人的网络使用权利保障不力的困境。

规制未成年人网络保护应当明确各类责任主体及其义务内容，尤其重要的是明确执法责任主体。未成年人网络保护需要政府、企业、家庭、学校协同共治，"疏堵结合多方共治"的观念已经深入人心，但在具体实践中如何明确政府、企业、家庭、学校各方的具体责任范围或义务内容是长期存在的难题，如《中华人民共和国未成年人保护法》构建了家庭保护、学校保护、社会保护、司法保护这样一张看似严密的未成年人保护网络。然而，所谓保护未成年人的"共同责任原则"带来的是未成年人保护责任稀释困境——谁都有保护未成年人的职责，但没有人将保护未成年人的职责列为专门的职责和业务范围，其结果是保护未成年人"说起来重要，做起来次要，忙起来不要，出了问题找不到"①。《中华人民共和国未成年人保护法》第六条第1款规定，保护未成年人，是国家机关、武装力量、政党、人民团体、企业事业组织、城乡基层群众性自治组织、未成年人的监护人和其他成年公民的共同责任，确立了保护未成年人的共同责任原则。然而，第七条第1款却规定，中央和地方各级国家机关应当在各自的职责范围内做好未成年人保护工作，模糊稀释了具体责任。事实上，专属于未成年人网络保护的机构、程序、共治举措等除了笼统的立法规定，在实践中也尚无成熟的方案，同样存在保护责任稀释困境。

总结而言，关于未成年人网络保护法治化问题，与其渲染立法不足及由此产生的困境阻滞，毋宁以关注未成年人的特殊性为重要前提，以尊重与维护未成年人网络使用权利为基本原则，切实确立起"疏堵结合多方共治"的机制，积极探索在具体实践中如何克服"执法责任主体不明确"这一顽疾。

---

① 姚建龙：《未成年人法的困境与出路——论〈未成年人保护法〉与〈预防未成年人犯罪法〉的修改》，《青年研究》2019年第1期。

（三）技术赋能，构建未成年人的网络综合司法保护体系

加强专业化建设，提升新时代未成年人检察工作水平，要健全专门机构和办案组织，对未成年人检察人员、办案机构等进行适当调整，建立健全未成年人检察业务考评体系，加强未成年人检察品牌建设，增强示范和带动效应。但由于未成年人检察工作的特殊性和隐私性，再加上网络空间的复杂性和公共性，公益诉讼的展开需要各司法部门的协同配合，同时也需要社会支持体系的全方位运作。

1. 未成年人网络保护需要全面的综合司法保护

传统上，未成年人检察工作以防范、惩治和教育未成年人刑事检察为重心，轻视对未成年人其他权利的维护。2018年3月，《最高人民法院　最高人民检察院关于检察公益诉讼案件适用法律若干问题的解释》指出，涉及未成年人保护的一些具体问题，因常常不在列明的检察公益诉讼领域之内，故可以归入"等"外领域。实践中各地检察机关办理的涉未成年人公益诉讼案件主要局限于生态环境和资源保护、食品药品安全两大类。2020年4月，《最高人民检察院关于加强新时代未成年人检察工作的意见》印发，明确规定对食品药品安全、产品质量、烟酒销售、文化宣传、网络信息传播以及其他领域侵害众多未成年人合法权益的，结合实际需要，积极、稳妥开展公益诉讼工作。据此，未成年人检察公益诉讼的领域范围不仅得以明确，而且对未成年人检察部门能否开展公益诉讼工作的争议也予以平息。

2. 加强未成年人全面综合司法保护与技术赋能

2018年2月，最高人民检察院与共青团中央签订了《关于构建未成年人检察工作社会支持体系的合作框架协议》，开展社会支持体系建设试点工作，标志着未成年人检察社会支持体系建设进入了新的发展阶段。总之，做好未成年人网络保护工作，大力发展检察工作社会支持体系，促进社会支持体系的专业化运作与社会化保障是其发展趋势。2019年6月，重庆市检察院建成了全国第一家省级未成年被害人"一站式"询问救助中心，救助中心设置有监控室、多功能大厅、询问调查区、谈心谈话区、心理疏导区、检查

取证区等六大功能区域，是针对未成年人检察特殊性的重要举措，体现未成年人保护的"温度"。2020年4月，成都市委全面深化改革委员会审议通过成都市检察院牵头拟定的《关于进一步加强社会支持体系建设强化未成年人司法保护的意见》，成都着力构建起党委领导、政府负责、社会协同、公众参与、法治保障的未成年人司法保护社会支持体系，并取得初步成效。

已有学者提出要立法建构未成年人网络保护的基本体系，并得到社会各界的肯定，[①]包括建议加快建设以平台责任为主的未成年人网上保护机制，如建立网络平台、游戏开发商、运营商等网络产品供应商的责任制；建设网上网下有机衔接的未成年人综合保护机制，如健全举报机制，推进强制报告制度，加强网上网下互动，完善对侵害未成年人案件的报告和干预处理流程。只有全面构建网上网下有机衔接的未成年人综合保护机制，才能更好推动未成年人网络保护工作的开展。为此，应充分发挥技术优势，建立大数据系统，加强未成年人信息的申报、汇总、分析，为加强未成年人保护提供数据支撑；建立基层儿童主任、儿童督导员管理系统，确保其及时有效介入留守儿童和困境儿童关爱保护工作；建立及时高效的举报机制，发挥强制报告制度效能；加快建设网络教育平台，为未成年人开设网络素养教育、安全教育等课程，不断提升未成年人的网络安全意识和自护能力。

3. 以公益诉讼为抓手实施网络未成年人权益保护

相较于通过法律解释拓展"等"外领域以解决未成年人网络公益诉讼法律依据不明问题，明确未成年人网络保护责任主体的执法权限和义务更为关键。2019年10月，全国人大常委会对未成年人保护法修订草案一审后的公开征求意见稿增加了"政府保护"和"网络保护"两个专章，并且在"网络保护"专章最后一条明确规定，"未成年人网络保护的具体管理办法由国务院规定"。表面上，这一规定实现了与国务院正在制定的《未成年人网络保护条例》的有效衔接。它明确规定了政府具体部门的责任：一是明确规定了网信部门及其他有关部门应当加强对未成年人网络保护工作的监督检查，依

---

① 佟丽华：《立法构建未成年人网络保护的基本体系》，《光明日报》2020年7月4日。

法惩处利用网络从事危害未成年人身心健康的行为，为未成年人提供安全、健康的网络环境；二是规定了网信部门会同文化旅游、新闻出版、电影、广播电视等部门根据保护不同年龄阶段未成年人的需要，确定可能影响未成年人身心健康的网络信息的种类、范围和判断标准。实质上，这一规定缺乏明确的执法责任主体。未成年人网络保护工作既涉及政府多个部门的协同监管，也牵涉多个部委就未成年人保护制定的多项规章政策的统筹实施。由于职能部门多元、法律法规分散且缺乏有效统筹，实践中根本就无法为化解未成年人涉网问题提供全面的综合司法保护。因此，面对这些无法消除的复杂性问题，未成年人网络保护的出路就在于明晰权责，既要明确未成年人网络保护中的牵头部门，界分其职权，又要明确其法定责任，避免出现互相推诿、衔接不畅的局面。

4. 建立网络空间未成年人公益诉讼的社会支持体系

未成年人网络保护的核心不是在多大程度上鼓励或限制未成年人使用互联网，而是如何培养未成年人的网络素养。为此，至少还应当采取这样三种举措。第一，分析既有司法判决数据，发现问题集中在哪些方面。第二，进行广泛的社会调查，形成一个有权威性、说服力的数据支撑，以反映实际危害未成年人程度最重、最迫切需要解决的问题，并且针对这样的问题，通过公益诉讼方式予以破解。第三，借鉴吸收各地丰富的实践经验，通过大量的数据分析和法律条文的梳理，建立健全未成年人检察社会支持体系。

四 结论

在网络空间未成年人保护的相关立法尚未完善的前提下，未成年人检察工作通过法律监督的方式承担起保护未成年人公共权益之责。未成年人检察工作不同于以部门法域或案件类型划分的检察业务，其兼具刑事、民事、行政三大检察职责。然而，无论在理论研究上还是具体实践中，未成年人检察公益诉讼仅体现出公益诉讼检察制度的普遍性，未有效突出未成年人群体保护的特殊性。尤其在未成年人网络保护方面，通常人们仅仅注意到了涉及主体的特定性，而没有关切网络保护问题本身的特殊性和公益性。简单地将公益诉讼理论直接适用于未成年人检察公益诉讼，势必会减损此项制度应有的设计功效。未成年人检察工作具有双重属性，既是司法工作的有机组成部分，又是未成年人工作的重要环节，要保障这项业务健康发展，既要遵守司法运作的基本原理，更要符合未成年人工作的特殊性，二者缺一不可。[①]

2006 年全国人大修订《中华人民共和国未成年人保护法》时，还没有立法者提出"网络保护"问题。新修订的《中华人民共和国未成年人保护法》，新设了"网络保护"专章，这显然是互联网时代社会发展的一个必然结果。事实上，网络早已成为影响未成年人身心健康的重要因素。网络上传播泛滥的暴力、色情等不良信息，容易侵蚀未成年人的思想认识，误导是非判断，造成道德观念混乱；网络成瘾容易引发未成年人社会认知出现偏差，危害其正常的心理、人格形成，甚至诱发违法犯罪。未来，网络社会的进一步发展会远远超出人们的预期与想象，也将制造出更多的社会问题。加强未成年人网络保护，借由数字科技的发展、整体智治之观念，以公益诉讼为抓手，构建未成年人检察社会支持体系，这既是一个共识，也成为化解问题的一种趋势，从更宏观的视角来看，这实质上是一项崭新的社会治理创新工程。[②] 在数字革命的背景下，在数字赋能的支持下，这一工程将更具可行性。

---

① 宋英辉、苑宁宁：《提升未检质效保护好最大"公共利益"》，《检察日报》2017 年 12 月 25 日。

② 刘艺：《论国家治理体系下的检察公益诉讼》，《中国法学》2020 年第 2 期。

超大城市灾害防治的体系构建及发展路向

申恒胜 *

一 智慧应急：超大城市灾害应对的重大命题

（一）研究背景

防灾减灾、抗灾救灾是城市生存和发展的永恒课题，其中蕴含着丰富的人文智慧与技术结晶。从横向看，灾害治理是人类对自然规律的发现与运用，体现为治理能力和治理技术的演化变革；从纵向看，灾害治理则是国家（政府）对资源调配与执行的权力实践，也是构建公众对国家认同与政府信任的能动性过程。历史上，传统国家的治灾行动大都遵照已有的规范、成制、惯例与经验进行事后的被动救灾，主要依靠应景性和累积式的经验开展治灾实践，呈现"先灾后治"或"后灾后治"的样态，灾害反应和资源调度的迟缓性与滞后性较高，所导致的效益损失与社会后果也较大。

随着工业化、城市化的不断演进和气候变化的加剧，人口、资源与环境之间的张力不断凸显，各类自然灾害、社会安全与公共危机事件不断在城市空间中聚集，导致灾害日益呈现叠加性和复合性特征。自然灾害、社会风险

---

* 申恒胜，西南政法大学政治与公共管理学院副教授，主要研究方向为地方政府与治理研究。

与承灾体脆弱性、治理复杂性等多重因素交织，制约着市域治理现代化进程和地方政府治理效能提升。传统的应急管理体系和模式存在基础薄弱、管理粗放、信息分散、技术失能、联动低效、体制机制不健全等缺陷，迫切需要转型升级灾害治理的技术与范式，搭建多主体联动、多学科交叉、多功能互嵌的灾害防治体制机制。如何在大安全大应急的总体框架下，适应信息化、数智化的发展趋势，有效利用现代信息技术手段推进灾害治理现代化，实现灾害的智慧化预防、精准化治理，是事关国家总体安全和城市可持续发展的重大问题。

在现代社会，灾害防治逐步摆脱传统的粗放式和应景性救灾的局限，依托传感技术、大数据、机器学习、AR、VR、云计算等信息技术和人工智能手段进行科学化、模型化防灾救灾，已成为智治背景下的新型应急治理方式。党的二十大报告提出，"建立大安全大应急框架，完善公共安全体系，推动公共安全治理模式向事前预防转型"，"提高防灾减灾救灾和重大突发公共事件处置保障能力"。在超大城市治理技术持续革新过程中，灾害防治、应急处突与智慧城市建设在实践中密切配合联动，成为一种基本的政策趋势和发展方向。2014年，国家发展改革委等八部门联合印发了《关于促进智慧城市健康发展的指导意见》，强调智慧城市建设的顶层设计以及发展规划。2015年，中央网信办提出"新型智慧城市"概念，指出新型智慧城市的目标是为民服务全程全时、城市治理高效有序、数据开放共融共享、经济发展绿色开源、网络空间安全清朗，要推进新一代信息技术与城市现代化深度融合、迭代演进，实现国家与城市协调发展的新生态。2016年，中共中央办公厅、国务院办公厅印发的《国家信息化发展战略纲要》提出新型智慧城市建设的遵循原则和具体要求。2022年印发的《国务院关于加强数字政府建设的指导意见》明确提出，要构建数字化、智能化的政府运行新形态，推进智慧应急建设，全面提升应急监督管理、指挥救援、物资保障、社会动员的数字化、智能化水平。2022年，国家减灾委员会印发的《"十四五"国家综合防灾减灾规划》也提出，要优化整合运用各类科技资源，提升防灾减灾科技支撑能力。《"十四五"数字经济发展规划》也明确要求推进新型智慧城市建设。根据国家发展改革委等八部委印发的《关于促进智慧城市健康发展的指导意见》，智慧城市是指运用大数据、物联网、云计算等新一代数字技术赋能城市规划、建设、管理和服务智慧化的新理念与新模式。简言之，智慧城市是数字技术与城市治理的深度融合。北京、上海、重庆等城市均在"十四五"规划中提出智慧城市建设目标，为现代化城市建设和应急治理模式转型奠定了坚实的技术支撑。

（二）问题提出

随着智慧城市建设、数字治理技术与人工智能工具的不断演进发展，智慧应急无论在国家应急管理体系还是地方应急治理实践中，都扮演着重要角色。这不仅体现在国家政策文件对智慧手段给予的充分强调和高度重视上，还体现在各城市政府的实践探索和技术创新上。通过构建综合防灾减灾监测预警平台，有效收集、分析和处理覆盖整个城市的风险源数据信息，进而为靶向预警和精准治灾提供数据和技术支撑。研究发现，大数据不仅为灾害治理提供了全样本、关联性与系统化的研究思维，而且为相应的决策提供了科学、客观的方法与技术支持。[①] 数字化、智能化作为提升灾害治理能力、实现治理精细化和全覆盖的重要抓手，以大数据和信息技术为依托，搭建智慧防灾减灾救灾的技术运用和治理场景，可以实现从"治灾"到"智灾"的模式转型。

现代城市是一个由政府部门、社会组织、市场力量、社区及居民等多元主体构成的巨型组织系统。组织、社区、社会应对潜在风险事件的韧性，取决于资源，也取决于是否能够改变自身组织，组织韧性有助于应对任务不确定性和弥补应急准备局限。[②] 智慧城市是集开放性、动态性、系统性、人文性于一体的韧性城市，其区别于传统城市的根本特征在于其运用智能

---

① 何兰萍：《大数据视角下灾害治理的整合性逻辑》，《广州大学学报》（社会科学版）2023年第2期。

② 程建新、刘派诚、杨雨萱：《科层组织如何实现应急状态下的组织韧性？——基层公共组织应对重大突发公共卫生事件的案例分析》，《中国行政管理》2023年第4期。

技术对灾害进行风险预测与精准防治。韧性城市建设需要多元主体或组织协同行动、相互作用，共同防御城市风险和灾害过程。因此，城市韧性治理可以视为多元治理主体致力于提高城市韧性的全部活动及其过程。智慧城市的功能分属和服务对象都是多元的，既要为政府、企业、市民等主体提供智慧化的便捷服务，又要兼顾政令贯通、经济发展、文化凝聚、教育提升、科技创新以及交通环保治理、治安消防保障、灾害防范预警等内容，必然时刻与这些服务主体进行频繁互动，促使智慧城市一直处于持续变化状态。尤其在防灾治灾层面，城市的"智慧"与否直接影响灾害治理实践绩效的高低。

基于政策的重视和实践的推进，学界对智慧应急的研究呈现四种研究取向。一是"理论—制度"视角，重在阐释大数据与灾害、风险、危机、安全等概念之关联，呈现现代社会的风险状态，借鉴韧性治理、韧性城市等分析概念，提出灾害韧性治理的理论构想和制度框架。[1] 二是"政策—实践"视角，主要基于地方灾害治理的案例研究，梳理大数据、人工智能等驱动灾害治理创新的实践，为灾害全周期和全过程治理提供决策支持。三是"治理—社会"视角，强调灾害治理应重视大数据信息的分析、整理和解释，将其作为公众参与治理和政府调动资源的依据。社交媒体大数据在灾前预防、监测、评估、应急与重建全过程中得到广泛应用，提供了一种与灾害发生速度相匹配的新治理工具，有助于快速科学决策。[2] 但基层应急主要以政府型为主，带有一定的强制性、导控性和短暂性，社会组织和公众因其异质性而未被纳入应急场域。[3] 四是"管理—技术"视角，将大数据、人工智能、物联网、遥感空间等视为技术工具，认为大数据可以推动科层式政府管理体制改革、转变政府和民众治理理念、提升政府和民众治理能力、提升非政府组织

---

① 朱正威、刘莹莹：《韧性治理：风险与应急管理的新路径》，《行政论坛》2020 年第 5 期。
② 周利敏：《大数据时代的社交媒体与自然灾害治理》，《人文杂志》2021 年第 1 期。
③ 温志强、付美佳：《基层应急治理能力提升：类型、梗阻与策略——基于"主体—情境—技术"分析框架》，《上海行政学院学报》2024 年第 3 期。

管理效率。①

然而，学界对地方政府实践探索的理论观照与文本呈现，也存在一定缺憾。一是理论与实践的关系倒置，呈现实践先于理论、理论滞后于实践的问题。二是研究视角层面，已有研究多将灾害治理聚焦于政府和技术层面，侧重于政府治理技术的结构和制度分析，较少论及灾害防治的体系运行及其能动过程。三是实践层面，目前多数城市已经搭建较为系统的应急管理平台，但实际操作仍存在判断性失准与协同性脱节等问题，未能实现治理主体、对象和技术的有机联结。

城市的发展体量与灾害特质影响了应急治理的效度及其运行机制。重庆山地、丘陵和槽谷相接，受岩土体结构与地质构造复杂性以及极端气候等因素影响，地质灾害点多面广，表现为洪涝灾害、森林火灾、山体滑坡、危岩崩塌，以及少量地面塌陷和泥石流，是我国地质灾害多发区和重灾区，近几年更呈灾多、灾频、灾重和灾害叠加的趋势，增加了防灾减灾救灾的难度。自然灾害的日益频繁推动原生灾害向次生灾害和复合型灾害转变，自然灾害和社会风险也随着城市规模的扩张不断叠合互嵌，呈现累进式递增的态势。

在灾害叠加和技术革新双重情境下，传统的城市灾害治理模式急需技术和范式变革，以有效应对城市突发灾害及各种治理风险。随着现代科学手段和信息技术的普及运用，人类应对灾害的方式发生重大转变，以大数据和人工智能驱动灾害治理为标志的智慧应急时代已经到来。在超大城市治理中，如何运用智慧技术手段推进应急治理现代化，推动灾害应急从"治灾"到"智灾"转变，成为当下城市应急治理现代化的重大课题。本文基于对重庆智慧应急与防灾减灾的个案考察，主要聚焦以下几个问题：重庆作为西部典型的超大城市，其智慧应急体系框架及运作实态如何，智慧网格如何为应急治理赋能，如何推进未来智慧应急的发展和优化。

---

① 周利敏、童星：《灾害响应2.0：大数据时代的灾害治理——基于"阳江经验"的个案研究》，《中国软科学》2019年第10期。

二 图网搭联与系统集成：超大城市智慧应灾体系的构建

随着技术条件的成熟，推进市域应急治理体系和治理能力现代化，急需智能技术和数字手段的运用。从灾害发生后的"治灾"到大数据时代的"智灾"，意味着灾害应对从注重灾后的被动救治，转向灾前预防、防抗救相结合。实践中，重庆市以大数据和智能化为基础，加强构建以预防为主的"网图搭联"应灾体系，强化点线面适配的动态监测"系统集成"，聚焦防治重点，加强灾害源头管控，成为重庆市整体性、系统性应急治理的基本内容。

（一）网图搭联：预防为主的智慧应灾体系构建

第一，搭建预防为主的智慧应灾体系。应急预防将传统突发事件应对模式关口前移，是新时期应急管理的关注重点。[1] 重庆通过搭建"1361"整体构架，探索超大城市数字化转型新路径，以整体增"智"的方式实现系统智治。一是建设一体化智能化公共数据平台，搭建重庆智慧应急"一张网"。应急管理过程是管理对象的信息化过程和管理主体的行动过程。[2] 数字技术赋权与赋能为应急管理提供新的决策模型，联结各种主体、系统、资源等应急要素，构建"一张网"。[3] 重庆智能化公共数据平台上线运行 IRS 系统基本功能，实现全市应用、云网、感知、数据、能力组件等数字资源"一本账"管理；打造数字基础设施体系，积极谋划和统筹推进建设视联网，实现数据传输、视频应用、安全防护、新兴业态"一张网"。通过一体化的平台构建数据资源体系，主要集中部署五大基础数据库，形成 229 个数据服务接

① 丁煌、张绍飞：《SOR 理论视角下地方政府应急预防协同失灵的生成解释——基于 X 区"城镇燃气整治专项行动"的案例研究》，《理论与改革》2022 年第 6 期。

② 李瑞昌、唐雲：《数字孪生体牵引应急管理过程整合：行进中的探索》，《中国行政管理》2022 年第 10 期。

③ 李诗悦：《数字技术赋能应急管理运行规则的内在机理与优化路径》，《行政论坛》2023 年第 5 期。

口；统筹建设市级部门和县区数据仓，按需打造一批主题数据库，推进"数据高铁"建设。二是打造三级数字化城市运行和治理中心，搭建实现超大城市敏捷治理、智慧治理的数字载体。三级数字化城市运行和治理中心聚焦城市运行、社会治理、便民服务、应急管理等重点领域，支撑"一件事"应用开发部署，构建全局"一屏掌控"、政令"一键智达"、执行"一贯到底"、监督"一览无余"的数字化协同工作场景。目前，三级数字化城市运行和治理中心已发布全国首个城市运行和治理大模型，通过开发迭代 12 个重点能力组件，构建了事件上报、任务分派、事项流转、事件处置、结果反馈上下贯通的全流程管理体系。三级数字化城市运行和治理中心整合"突发事件直报快响""危岩地灾风险应用"等 10 余个应用，实现治理效能横向协同、纵向贯通。三是构建数字党建、数字政务、数字经济、数字社会、数字文化、数字法治六大应用系统。重庆市将六大应用系统作为数字化变革与信息技术转型的主攻方向，共设置跑道 36 条，84 个市级单位共梳理核心业务 517 项，编制"三张清单"策划推出发展、服务、治理"一件事"场景 172 个，谋划开发多跨协同数字化应用 32 个，上线运行重大应用 26 个，形成整体性、现代化数字运用场景。四是构建基层智治体系，推动数字重庆在基层落地做细，更好承接六大应用系统在基层的系统集成和协同赋能。为了克服基层职责交叉、力量分散等难题，亟须将多层级应急主体进行整合，提高应急执行效率。基层智治体系以应急指挥中心为中枢，细化乡镇（街道）、村庄（社区）、网格三级职责清单及权责边界，实行清单化、规范化、闭环化运作，同时将各级主体纳入岗位管理，实现平时依岗履职、灾时协同工作。

第二，汇聚全域风险监测预警的可视图。数字应急的关键在于应急预测的科学性、应急场景的可视性、应急措施的实际性与应急手段的精准性。只有将灾害的预测、发生、结果进行逆向数字化推演，"整体智灾"的运行才成为可能。一是以系统建设构建风险监测预警"一张图"。2021 年，重庆市人民政府印发《重庆市应急管理"十四五"规划（2021—2025 年）》，提出建成智能气象预报系统建设项目、智能预警信息发布系统工程、重庆市防震减灾公共服务信息化工程、灾害应急联动保障智慧化能力提升工程等多个防灾应急系统性工程，着力打通信息流通与数字应急中的痛点与难点，推动智慧应急生态建设，全面汇聚共享安全生产和自然灾害监测预警数据，形成重点行业领域风险监测预警"一张图"。二是基于"全灾种，大应急"理念，重庆市将灾前预警、灾中应急、居民安置、灾后恢复等各环节工作模块化、系统化，将灾害事故救援信息全方位汇聚，便于快速研判和决策，实现智慧救灾一图通览、一网统管、一键调度，强化了救灾的协同功能。通过设立地质灾害信息采集点，布设灾害视频监控系统，实现灾情、工情和位置信息的精准确定，以及时掌握灾情的基本数据。例如，在洪涝灾害应对中，使用灾情自动监测技术、现代传感技术和相关数据分析软件，及时掌握降水量、水位、河水流量等地质灾害的相关数据，并及时进行统计、整合和分析，深度挖掘数据之间的联系，及时做出预警。三是以数智化救灾实现应急指挥救援的可视化和精准性。在高清电子地图上，超大屏幕实时展现城市运行、森林防火、地质灾害、防汛抗旱等相关数据，可以快速了解灾区分布情况、受灾人员情况、灾区地貌、舆情传播、群众求助等各类信息，便于及时救援。应急指挥中心通过实时监管、巡查和红外线云端监控，对监控点周围 5 公里的地面实现全面覆盖，实现智能监测与专业监测相结合。由此，指挥调度、决策支持、监测预警、监督管理等各环节，均嵌入全市应急指挥信息化平台的运作轨道，形成了系统化、立体化和智能化的智慧应急服务体系，有效推进了灾害预警能力现代化。

第三，构建区域协同化的全过程防灾救灾机制。在数智化背景下，有效掌握关于灾害的历史和现实数据，是推动灾害防治精准高效的前提。数据的搜集、分析和整理，既需要纵向历史样本的比较和整合，以探查灾害发生的演变规律，也需要横向区域间数据的共享，将灾害防治置于整体性视野，推动区域灾害信息数据互联互通。政府应急管理模式体现了不同层级、不同部门在应急预警、应急协同、应急处置、应急善后、应急评估等机制维度的运作过程和运作方式。[①] 依托数字技术与平台组织的优势，公共部门应构建基

---

① 温志强、付美佳：《大数据赋能政府应急管理模式变革：类型归结与未来向度》，《行政论坛》2023 年第 4 期。

于合作生产的应急管理信息机制。① 其中，横向府际应急协同制度是跨省突发事件的破解之法与必然抉择，该种避害型府际协同因区域间存在紧密关系而具备有效运行的可能性。②2020 年，川渝地区签订《推动成渝地区双城经济圈建设城市管理领域一体化发展合作框架协议》，着力推进川渝城市管理一体化发展，为推进智慧防灾减灾救灾与社会治理协同，构建共谋、共治、共享、共赢的一体化格局提供框架支撑。成渝两地开展联合执法行动，共建共享国家西南区域应急救援中心，开展成渝两地应急救援联合演练，构建重大事故灾害监测预警、预防治理、会商决策、信息共享和救援联动等机制，为跨区域应急治理协同提供了典型样本。

（二）系统集成：点线面适配的动态防治

在数字技术赋能与整体智治引领模式创新的基础上，应急管理体系应依托平台逻辑实现系统重塑。重庆位于长江上游，流域洪涝和城市内涝问题是重庆防灾减灾救灾的重要内容。重庆通过构建灾害综合救治系统，搭建应急指挥中心信息化平台，实现智慧监测的系统集成和点线面适配的动态防治。

第一，强化信息数据的系统集成，搭建城市动态运行的多维数字图像。为了开展智能化预警、多渠道防灾、智慧化救灾，妥善处置各类突发险情，重庆已形成"1+6+N"系统，"1"即指挥决策支持系统，"6"即 6 个配套系统和数字平台，包括智慧气象"四天"系统③、灾害监测预警系统、灾害预报调度系统、灾害监测预警系统、灾害信息管理系统、应急指挥平台等；"N"即若干基础数据感知系统，实现可视化信息传输，构建完整配套、相互支持的

---

① 郁建兴、陈韶晖:《从技术赋能到系统重塑：数字时代的应急管理体制机制创新》,《浙江社会科学》2022 年第 5 期。

② 付士成、谷静萱:《跨省横向府际应急协同机制的实践样态及制度保障》,《河海大学学报》（哲学社会科学版）2024 年第 1 期。

③ 重庆市整合高校、科研机构和互联网众创企业等团队力量，开发建设了以智慧气象为主要导向的"四天"系统，即"天枢"智能探测系统、"天资"智能预报系统、"知天"智能服务系统和"御天"智慧防灾系统，构建起防灾减灾的智慧气象系统。这一系统以大数据为链条，以人工智能为手段，形成自动监测、智能预警、智慧服务的灾害预防体系。

智能化防灾减灾体系。这一信息化指挥平台已与应急管理部、区县应急指挥平台及各镇街视频会议系统互联互通，具备可视化会商和视频会议等功能。"1+6+N"系统利用可视化技术搭建起城市三维空间实景模型、数字地表模型和城市动态信息综合体等数字化图像，实现对城市运行动态的全方位巡查和非接触测量。同时，充分发挥平战结合功能，紧急状态下能与一线救援、危机处置等现场事务互联互通和会商调度，实现智能化救援和一体化指挥，不断提升重大安全风险防范和应急处置能力。在技术端使用上，重庆将海量数据、人工智能、科学算法、模拟训练与工作经验相结合，实现相互支持与协同增效，并通过智能化算法不断优化系统参数，对灾害体进行风险性评价和发展趋势预测，精确掌握灾害变化的规律，提高了灾害防治的准确性。

第二，加强信息基础设施建设，构建点线面适配的防灾减灾系统。智慧应急是一个"软硬兼施"的过程，需要不断强化基础设施硬件和完善系统性功能软件，根据外在环境不断变更治理工具与治理手段。根据重庆山地、江河、槽谷相间的复杂地形特点，需要在地理层面构建"点线面"一体化风险管控体系，持续推进条块化智能应急系统管理。"点"即地质灾害隐患点，"线"即道路、景区、河道和重要建筑周边等线性区域，"面"即灾害风险极高的重点管控区域。重庆着力于构建基于物联网和大数据技术的"天枢"智能探测系统，综合运用卫星监测和地面雷达系统识别天象，对地质灾害隐患点和线性区域进行精准监控和预警。重庆持续强化灾害防治基础设施建设，对接8颗观测卫星、自建4部多普勒雷达，建立2000多处地面观测站，与其他省份共享灾害数据，并配备百度智能云大存储、高算力、强稳定性的灾害防治基础设施，对灾害监测数据进行自动采集、传输、处理，为灾害的监测、预警和调度提供了强有力的设施支撑。同时，利用AI技术对灾害险情进行精准化模拟训练和监测预警，构建统一的信息数据库，基于云存储方式对灾情隐患、设备监测、网格治理等基础数据进行存储、处理和运用。分级分类推进群专结合的普适型监测点建设和智能化群测群防预警建设，利用合成孔径雷达系统和综合卫星遥感等技术，实施覆盖全市的面域扫描，及时发现灾情隐患。

第三，多措并举，推动智慧服务各行业领域全覆盖。按照防灾与救灾并举、常态与应急态相结合的原则，充分利用航天技术、大数据、物联网、云计算、遥感技术和人工智能等新一代信息技术，通过全过程监管和数字化溯源，进行精准监测预警和防灾救灾，同时将智慧服务扩展到其他行业领域，是提升灾害治理效能的重要方式。在智慧服务方面，重庆智慧系统有效联通农业、旅游、交通、水利等多个行业领域，贯通城市综合治安、管理安全监控、森林防火监测、地质环保监测、气象水利消防、危化工贸煤矿及智慧出行服务等各行业部门，推进数据全面汇聚、信息高效互通、业务深度融合、程序形成闭环，为农村产业发展、农业技术推广和农村脱贫致富提供精准化、专业化的服务。智慧服务系统的相关数据、资料、产品、技术和经验，可供农村企业、农业专家、专业农户和普通农民所共享，有效解决农业技术化水平不高、产业化程度偏低、市场衔接不畅等问题。通过汇集、关联和整合各类资源、数据和信息，构建全面覆盖、智慧引领、统一指挥、专常兼备、平战结合、上下联动的应急管理信息化体系，进而有效防范化解重大风险隐患，提升重大自然灾害防治、安全生产和应急管理能力。

第四，利用大数据和信息技术手段，实现可视化救灾安置。在大数据时代，数字供应链思维能够在事后纠偏和事中控制状态下及时化解危机，也能通过数字全生命周期的可视化控制，在事前预测和动态追踪中消解危机。[①] 在对灾民安置中，为了实现对灾情影响的精准掌控，重庆应急管理部门将灾情状况录入系统，采集当地居民、商户与责任人的相关信息，生成完整的灾情评估报告，并对灾情进行情境化模拟分析，为灾害应对和灾后重建提供详细的数据支撑。通过灾情模拟分析，可以精准确定灾情影响波及的范围，甚至精确到楼栋或商户，进而提前判断和预测灾情的影响程度，通过网络电话一键呼叫楼栋负责人，在灾害发生前提前做出撤离预案。同时，通过大数据算法拟定转移路线和转移地点，结合实时救灾场景指派专人指挥人员撤离，

---

① 周荣超：《数字供应链：应急管理能力提升的一种新思维》，《河南大学学报》（社会科学版）2023 年第 1 期。

以线上操作的方式强化突发灾害应对的灵活性和适应性。不仅如此，该系统还可以对救援队伍调度、救灾资源配置、避难场所安置等，实现一图统揽和线上视频指挥，形成完善的应急联动指挥调度机制。

以大数据与人工智能算法为支撑的数字化应急治理实践通过增强城市的感知和监控能力，在日常实践中实现了对城市全域、全时的感知和分析，突破了人力巡查无法覆盖的治理盲点，以算法自动监控全量数据，有效识别、快速分析、及时响应和妥善处置异常事件，让城市变得更加"耳聪目明"，不断实现政府决策的科学化、防灾减灾的精准化和公共服务的高效化。

三 网格应急：智慧网格赋能重庆应急的组织与运行

灾害治理的制度与规范需要在基层治理实践中发挥效能，检验灾害治理成效的关键在于基层的组织与执行，尤其是乡镇（街道）、村庄（社区）层面的执行。在风险社会，社会脆弱性与灾害频发性的相互叠加，极易增强灾害的破坏性和影响力，这就需要推动各级政府和基层组织嵌入国家应急管理体系及其实践过程，真正发挥灾害治理的一线主体作用。一线治理具有科层组织最底层、直接面对公众、工作环境不确定、资源不足、人际互动复杂与目标冲突等特点。[①] 这使得系统性的灾害防治必须依赖于空间上的细分与技术上的革新，以实现空间与技术的双重联动，智慧网格恰恰成为应对突发性灾害和复合性风险的有效形式。

（一）四重网格：重庆应急网格的组织结构

网格治理是我国基层治理模式创新的重要形式。作为一种平战结合的管理和服务形式，它将传统的事后被动应对转变为事前预防和主动发现，实现了治理对象、治理手段和过程评价的专业化、精准化，保证了治理的敏捷

---

① Lipsky, M., "Street-Level Bureaucracy: Dilemmas of the Individual in Public Services", *New York: Russell Sage Foundation*, 2010: 49.

性、高效率和全覆盖。网格治理具备科学规范的管理标准和制度流程，在发现、立案、派遣、结案等步骤下形成闭环，有效化解网格空间内治理难题。网格员将人、地、事、物、组织等要素进行全面的信息采集，在地理空间与组织结构层面建立起统合性的治理网络，实现信息共享和行动协同。在防灾治灾层面，网格员身处一线治理的最前沿，具有极强的风险感知与灾害预判能力，在面对隐蔽性风险时能结合现实情况做出理性判断并及时处置。

基层数字化应急管理系统的构建需要发挥多主体协同力量，各个主体承担不同的责任，其行为也各有侧重。[①] 为此，建设市级、区县、乡镇（街道）与村庄（社区）四级应急救援队伍，培育一批有经验、懂管理、知风险、善技术的应急网格员，是重庆"整体智灾"的基础。重庆根据当地社会治理与灾害防治特征，按照"属地管理、规模适度、无缝覆盖、标准统一"的原则，创新设计出"四重网格"治理体系，作为基层综合服务管理和应急治理的基本构成单元。应急单元是以能否独立防范与处置突发事件为衡量标准，以监测预警、快速响应和高效处置为目标而划分的应急管理基本单位。[②]"四重网格"承担监测预警和应急处置职能，主要包括层级关联、全面覆盖、密切配合的四重组织和责任体系，这种组织结构体现出专业性、行政性和自治性三重逻辑的贯通性整合。

首先，应急网格的专业性体现为第一、二重网格由县区地环站工作人员和驻守地质队员等专业人员组成。应急管理的不同阶段对各主体的专业技能和知识需求具有较大差异。第一重网格主要由地质灾害应急管理方面的县区地环站工作人员组成，负责地质灾害的群测群防和专业监测，指导、协调、组织本县区的灾害防治，并对其他网格员调查上报的数据资料进行汇总、整理和更新，开展网格员培训和群测群防会商工作等，从整体上统筹县区的灾害治理事项。驻守地质队员则以其专业知识和技能指导 2~3 个乡镇（街道）

---

① 朱秀梅、林晓玥、王天东:《基层社区数字化应急管理系统构建研究》，《软科学》2020年第 7 期。

② 陶振:《迈向智慧应急:组织愿景、运作过程与发展路径》，《广西社会科学》2022 年第6 期。

的灾害防治工作，配合当地开展灾害巡查排查，对群测群防、应急处置和灾害救援提供技术指导、培训及其他服务，构成第二重网格。他们皆属于各县区派驻乡镇（街道）的专业工作人员，主要从专业角度对所负责的区域进行技术指导和服务。

其次，行政性网格由片区负责人构成，主要以乡镇（街道）为基本单元，党政主要干部负责辖区灾害防治工作，落实属地管理责任，承担灾害的巡查、宣传、监测、培训、演练、组织和避险等各项工作。险情发生时，片区负责人要第一时间赶赴现场调查、处置和汇报情况，劝导和组织群众开展撤离、疏散和自救等工作。可见，片区负责人是网格治理的关键责任主体，往往由科层化的部门领导划片担任，其工作直接面向基层群众，负责与灾害救治相关的具体工作，在灾害治理责任体系中承担执行和落实责任。

最后，自治性网格由基层社区整合资源，按要求将每个地质隐患点划分为一个网格，每个网格由四名网格员负责监测管理。这样形成的"社区制社会"，在数智化背景下实现了下沉管理，形成了政府管理与群众自治之间的功能性分权。① 第四重网格由基层群测群防员组成，根据地质灾害隐患点的分布情况由村庄（社区）干部或群众担任，主要负责对灾害隐患点的排查、巡查、监测、上报及协助做好群众疏散和抢险救灾等各项工作。

"四重网格"治理体系被纳入《重庆市地质灾害防治条例》并在全市推行，制定了网格员管理和保障制度，有效避免了重大灾害的发生，成为地质灾害防治的基础性架构。"四重网格"的科学划分，构筑了应急治理"一张网"，形成了属地管理、群专结合、层层覆盖、分级负责的网格化责任和治理体系，确保灾害防治无死角。网格的专业、行政和自治三重属性，贯通市、县区和乡镇（街道）三级政府，联结社区、网格、物业、楼栋四重治理网络，搭建出各层级相互衔接、一网统揽的一体化智慧防灾工作体系。网格在空间和技术上双重整合，强化县区在灾害防治上的主体责任，明确乡

① 连宏萍：《管理还是自治？——审视网格在基层治理中的作用》，《行政管理改革》2021年第 7 期。

镇（街道）在辖区内的属地管理和群测群防责任，建立了市级统筹领导、县区管理负责与乡镇（街道）落实执行的具体关系，实现了不同层级党委、政府，专业部门和基层组织之间协调沟通、信息共享和业务合作，构建了"人防"和"技防"相配合的联动机制，保证灾情信息精准到村到户到人。

（二）智慧网格：网格空间的数智赋能

提升基层社会的应急治理效能，不仅要优化基层场域应急工作中的组织、协商及制度架构，也应当找到更具号召力的制度特色与施政策略。[①] 网格治理的划片属性与灾害风险的空间分布特征具有高度耦合性。这一耦合特性使网格可以借助数智手段嵌入灾害空间，进而构成应急治理的特色性制度架构。为了实现对网格员的统筹调度及对风险地域的精准掌控，重庆市利用数智技术赋能网格治理，强化应急治理的智治支撑，提升基层治理效能。为此，重庆自主开发安全调度 App，将地质灾害和风险隐患的相关数据资料和信息纳入 App，并根据风险规律及其变化持续更新，通过大数据算法模型的引入和优化，提供区域风险预警，推动网格治理的精准化、智能化和敏捷性。

一是智慧防灾系统将地质灾害点与四重网格人员信息进行关联匹配，实现提前防灾避险。智慧应急的运作过程覆盖了突发事件事前、事发、事中、事后的全生命周期，契合了危机全周期闭环化管理的内在要求。[②] 一旦发生灾害险情，系统会自动发送信息给网格负责人，保证网络负责人可及时进行风险预判和避险防范。紧急避险与日常气象管理、险情监测相结合，推动了灾害防治的常态化和制度化。网格员根据所管辖网格和责任分工，主动监测、记录隐患风险和灾情状况，并通过系统 App 及时汇报监测内容。通过智慧防灾系统与 App，可以有效整合空间分散的四重网格员和各项治理资源，

---

① 徐顽强：《基层应急治理效能优化：赋权模式、内在机理与实现逻辑》，《求索》2021 年第 1 期。

② 陶振：《迈向智慧应急：组织愿景、运作过程与发展路径》，《广西社会科学》2022 年第 6 期。

统一行动步调，形成了信息多源采集、现场核查检测与智能协同处理相衔接的闭环处置规程。

二是在面对隐性险情时，协调推进"隐患点＋风险区"双控模式，加强隐患点精准监测和及时预警，强化风险区、密集居住区地质灾害的巡查监测。重庆市向各县区派驻专业地质工作人员驻守指导，开展灾害识别与隐患排查，彻底消除潜在的地质风险。专业监测和感应设备一旦发现数据异常，就会立即启动报警，网格员的手机 App 就会收到报警信息，并迅速开展排查及组织群众撤离。在实践中，由于村民的防灾意识不强，遇到发生险情而村民不愿意搬迁或撤离等情况时，网格员需进行持续劝导和思想动员，争取村民的理解和支持，最终确保村民快速避险。

三是建立智慧网格治理责任制度与运行管理机制，提高灾害响应处置能力。智慧网格在数字技术运用、应急组织动员和协同响应处置等方面具有内在优势，以社区为基础的应急管理模式能保证基层应急管理的整体性、灵活性、适应性和智慧性，从而夯实国家应急管理体系的根基。[①] 为了更好解决城市突发事件和复杂治理事项，重庆市持续优化应急管理网格员队伍，推进村庄（社区）预警服务站全覆盖，各镇街和村社网格员信息被纳入预警发布平台，并实施线上监督考核和管理，确保网格员全天候在职在岗。同时，对应急值班、12350 投诉电话等多项服务实施统筹管理，及时接收和发布预警信息。网格员接到报警信息后立即启动响应处置，构建起反应敏捷的"预警—响应"一体化运营管理机制，推动传统方式与信息技术、大数据监测预警与群测群防相互结合。重庆市不断完善县区群测群防员福利保障，补助费用提高至每月 3000 元，并为其购买商业意外保险，配备充足的应急物资，网格资源全面覆盖所有地质隐患点，实现了属地管理与专业监管的紧密融合。

---

① 陈涛、罗强强：《韧性治理：城市社区应急管理的因应与调适——基于 W 市 J 社区新冠肺炎疫情防控的个案研究》，《求实》2021 年第 6 期。

（三）智慧穿针：网格协同的"针线"串织

基层事务繁冗复杂，系统多而不通，数据多次采集、重复上报，造成数据分散混乱，基层常以有限资源应对多部门管理，导致基层负担沉重，群众体验感较差。重庆市通过智慧平台串联党政部门、基层社区和片区网格，构建以网格为载体、技术为支撑的网格服务治理体系和运行机制，探索"智慧穿针、协同引线"的网格治理新模式，打通联系和服务群众的"最后一公里"。

一是织密织牢基层防灾救灾"一张网"，健全智慧网格治理机制。重庆市通过搭建防灾减灾智慧平台，以综治网格为联络载体和治理单元，联通防灾减灾救灾及党务、政务、综合治理等不同应用领域，编织成具有相对固定空间的基层治理服务单位，实现防灾减灾和社会治理"一张网"。在基础网格内，整合综合治理、问题事项、风险隐患和矛盾纠纷等清单，实现数据统一采集、归类和整理，整合各类数据信息，构建"基层治理数据库"，进而简化基层治理事项。通过网格的精细化和智慧化治理，推动防灾减灾救灾从经验判断向数据分析、由被动救灾向智能防灾转变，实现了空间、技术与人事的多重赋能。同时，智慧网格精准满足、及时回应了各层级部门的运行调度和应急治理需求，全面支撑常态化服务和应急态管理双向推进，有效助推了基层应急治理的数字化变革。

二是智慧网格串联城市防灾减灾"千条线"，推动纳入城市应急治理"一张网"。政府机关、群团组织、国有企业等组织人员下沉至社区，由社区统一调度和指挥，确保基层拥有充足的风险管理和应急治理资源，实现了应急管理赋能。[①] 作为灾害治理的基本单元，城市防灾减灾主要依托社区网格治理模式，推动社区、网格、楼栋、单元等一网统管；网格长、网格员、楼栋长和社区志愿者等作为网格治理的运行实体，承担起信息收集和应急处

---

① 吴新星、叶继红：《基层应急管理如何提高效能——基于利益政治学的分析框架》，《探索与争鸣》2020 年第 4 期。

置的责任，成为防灾救灾的"第一前哨"。利用网格这根"针"有效统筹和串联应急管理"千条线"，汇聚城市各类数据成为治理"一张网"，推动城市实体空间转化为数据全息投影，实现了应急治理的简约化和精准化。

三是通过智慧网格实现服务网上办理、过程网上监督、责任网上考核，推动网格预警、风险处置、流程办结的全闭环管理。村民遇事可以通过村居小程序线上反映，系统自动分配或通过村社工作人员将问题反馈到对应板块和部门，督促问题得到线上反馈或线下解决。智慧网格使得线下实体网格和线上虚拟网格相互结合的"双网格"管理体制成为可能，"线上点单"可以为居民量身定制和提供更具便捷性、个性化的公共服务，推动公共服务供给的精准化和均等化。同时，线上办理、监督、反馈等工作机制，在通过整合社区各类资源重塑社区治理网络的同时，也重塑了政府运行模式。在"吹哨报到"过程中，具有"吹哨权"的街道乡镇可以发挥"联结中枢"作用，构建县区、乡镇（街道）、社区、网格四级协同联动机制，推动突发应急事件和风险安全隐患及时上报、高效处置和有效反馈，督促科层部门和基层组织在责任落实、协同参与和响应处置等方面应对到位，真正实现"街乡吹哨、部门报到"的治理协同。

四是以智慧网格联结基层群众，强化基层应急信息的供给和公众参与。现代社会，高效与完善的信息平台重塑了社会主体间的沟通与交流方式，也改变着社会群体信息获取渠道与认知需求，成为增强主体间互联信任的有效载体。[1] 智能技术的广泛运用及基层利益互动性的增强，推动基层治理主体按照参与能力重新联结，广大基层群众亟须按照新的参与机制参与基层治理过程。在灾害治理中，重庆市充分运用智能手段和智慧平台，提供更多渠道保障基层群众方便及时地参与村社公共事务。重庆注重基层群众层面的信息收集与事项受理，通过搭建各类区域化信息应急治理平台和媒介软件，引导基层民众广泛参与应急管理。村庄社区以物质表彰与精神

---

① 王倩、徐顽强：《应急管理效能的价值回应审视与重塑——基于社会认知逻辑的分析》，《理论月刊》2024 年第 2 期。

激励的方式引导广大基层群众参与应急"随手拍"活动，及时发现和上报风险隐患信息，拓展公众参与的广度和深度，做到应急治理不留死角，风险防控不留隐患，使基层群众成为搭建应急治理网络的"针线"。以数字化为依托强化应急信息的来源供给与人本关怀，可以增进多元治理主体的有效参与和良性互动，畅通基层政府、基层群众、基层信息"三网链接"的应急信息获取通道，实现信息的横向传达和纵向贯通。

四 超大城市智慧应急的发展路向

重庆市灾害治理已经摆脱了传统的粗放式被动"治灾"模式，转变为政府机构、社会组织、市场力量和公众个人等主体有效协调和精准互动的"整体智治"模式。展望未来的应急治理前景及实现进路，重庆的"整体智灾"应在动态调适型治理模式、全景式智灾机制及数字韧性治理能力、技术工具更新维护等方面进行革新。

（一）强化宏观统筹与部门协同，加快构建动态调适型治理模式

城市应急治理所面对的公共突发事件往往具有紧急性和不确定性，亟须以更为稳健且具有普适性、敏捷性的治理方式来应对。[①] 城市风险情境的变革要求城市应急治理从问题应对型模式向动态调适型模式转变，构建以数字化、智能化为基本特征的应急治理模式。研究发现，政府主导的协同网络具有更强的稳健性，在条件不足、资源有限、政策滞后等环境约束下，仍能推动数据持续共享和部门快速联动，体现了数字协同过程的动态适应性。[②] 这需要以构建大安全大应急治理框架为导向，以信息技术、人工智能为主要手段，统筹推进灾害风险防范化解、深化体制机制改革、强化应急力量体系和

---

① 樊博、贺春华、白晋宇：《突发公共事件背景下的数字治理平台因何失灵："技术应用—韧性赋能"的分析框架》，《公共管理学报》2023 年第 2 期。

② 张亦琛、樊博：《应急管理数字协同：一个超大城市的案例研究》，《中国软科学》2023年第 10 期。

救援能力建设、提升应急综合保障水平、强化科技支撑并筑牢群测群防基础，推进智慧应急治理体系和治理能力现代化。

在以科层制为基础的公共治理框架下，政府部门依职能、层级设立，具有不同的角色和利益诉求，这导致公共治理实践机制与治理目标之间存在隐性张力，给城市灾害治理构成挑战。为此，要强化需求牵引和目标导向，秉持"时时有防范""事事有回应""件件有落实"的风险治理理念，实施风险优先报备、优先管控、优先处理，推动应急治理向事前预防转移，探索建立监测预警与应急救灾相互衔接、动态反馈的常态化机制。

在条块机构的协同应急层面，党委、政府应加强规划领导，统筹应急管理及其他相关部门行动，在应急治理大网中搭建跨地域、跨层级、跨部门的协同性组织架构，解决存在于应急管理与灾害防治中的信息闭塞与资源梗阻问题，构建"随报随到""随动随行"的部门协同和资源调配机制。要持续推动城市应急管理的行为优化，强化政府机构在数智化时代的角色转型与行为适应，构建以主动调适、灵敏反应为特征的行为韧性，并针对城市应急管理行为与风险情境进行动态调整和科学优化。要通过宣传、教育、演练等多种手段增强基层社区及民众的自组织能力和自救互助意识，强化城市灾害治理重心下移和疏导功能，推进基层数字基础设施建设和智慧网格建设，完善"网格型＋专业化"的基层防治体系。

（二）强化数据互联互通和汇聚共享，搭建全景式治理新舞台

数据资源的互联互通和汇聚共享，是基层灾害治理的重要因素。基层"智灾"依靠的是对基层信息数据的采集和整理，即以智能中枢为底座支撑的数据平台，通过城市数据下沉、县区部门数据共享、街镇数据采集上报和基层网格事件流转等多重途径，实现跨部门、跨层级、跨业务的工作联动和数据一体化。

平台不仅是一种技术集成手段，也是一种新的组织逻辑。[①] 数字平台具

① 郁建兴、陈韶晖：《从技术赋能到系统重塑：数字时代的应急管理体制机制创新》，《浙江社会科学》2022 年第 5 期。

有社会连接和社会赋能的功能，有利于建立互联互通与部门协同的整合体系，促进"应急共治"或"敏捷治理"局面的形成。[①] 在信息传输与数据整合层面，要持续构建数据共享、功能集成、扁平一体、运行高效、执行有力的基层智慧平台，完善贯通县区、乡镇（街道）、社区、网格四级"智灾"数据网络，建立基层数据台账，推动智慧治理一图汇聚、一屏统览，实现所有资源、数据的高效汇聚和实时共享。推动应急治理和常态治理有机衔接，将智慧治理拓展到基层党建、城市运行、民生保障和公共服务等其他领域，通过例会的形式解决灾害发生中的民生难题，实现网格治理的生活化、场景化，形成"党建扎桩·治理结网"的工作格局，满足多元主体管理服务需求，实现精准服务群众、防范化解风险的目标。

智慧应急离不开社会组织和基层群众的广泛参与。社会组织、企业、社区、公民个体都有自身的能力、资源和责任，应在应急治理中形成责任与权利相对等的治理结构。[②] 要组织和动员社会力量，建立"数据搭台、群众唱戏"的全景式新舞台，强化基层群众的防范理念和参与意识，通过信息收集，将有用信息进行筛选编码，不断提升城市治理的群众智慧。要对政府、企业以及社会机构的技术资源、组织资源、人力资源等进行有效整合和共享，将大数据更好应用于其他更广阔的公共安全和社会治理领域，真正覆盖城市基建、公安、交通、气象、工农业生产、网络安全等各个方面。

（三）强化数字韧性，提升城市智慧应灾的精准性与坚韧性

韧性城市概念的核心主要指向城市应对风险以及从风险中复原的能力，它是一个包括基础设施韧性、人文理念韧性、风险救治韧性、公共安全韧性、组织架构韧性、治理机制韧性等内容的全系统、全过程概念。党的十九届五中全会明确提出"建设海绵城市、韧性城市"，党的二十大报告提出"打造宜居、韧性、智慧城市"。韧性城市建设需要借助数字化技术增强数

---

① 周利敏、邓安琪：《数字平台赋能下的应急管理创新》，《贵州社会科学》2023 年第 6 期。

② 任慧颖：《应急志愿服务的多主体—全过程联动研究——基于公共危机协同治理理论的视角》，《理论学刊》2022 年第 1 期。

字韧性，增强政府组织抵御风险的适应性、敏捷性，重塑"数字生产力"这一新质生产力形式。要多点发力和协同共建，充分激发城市内生动力，通过外在资源输入与内在功能更新不断弥补城市在基础设施上的短板弱项，提升城市应灾治理的韧性和修复力。

城市韧性应急是一种积极主动适应风险情境的应急治理过程，它对风险情境保持着更为灵敏和迅捷的反应，随时准备采取调适性行为以适应风险情境变迁带来的压力。[①] 自然灾害与公共安全具有隐蔽性、突发性、破坏性、复合性、系统性和不可预测性等特点，需要基于韧性城市理论，设计地方化的综合防灾减灾的城市架构。首先，要提升作为治灾主体的城市管理者的综合素质，通过培养防灾减灾、救灾治灾意识，普及大安全观，着力在综合素质、技能手段、工具运用等方面下功夫，打造关键时刻拉得出、用得上、救得好的干部队伍。其次，要提升数字化水平，创新灾害治理思路。通过人人防治、人人"智治"的方式，以多元主体扩充数字化算法容量、提升数字化算法质量，在灾害治理实践中提高数字韧性。最后，要打造全民防灾减灾防线与整体救灾治灾防线，克服超大城市的风险脆弱性，不断将"智治"理念与"智治"工具下沉，提升城市的快速"回血"和"造血"能力，加快城市的修复与更新。

（四）注重救灾工具更新与维护，以科技信息为支撑迈入救灾"硬门槛"

防灾减灾救灾的技术与工具始终是灾害治理中的核心要素，尤其在面对突发性事件时，技术工具的恰当运用发挥着关键性的作用。基层社区面对突发公共事件时的基础设施和人员资源往往不占优势，应对能力和多级联动应急响应的执行能力相对较弱，但也意味着数字化应急管理系统在基层社区的应用能够释放更加巨大的潜力。[②] 在应急场景下，数字技术为信息沟通、辅

---

① 易承志：《从刚性应对到弹性治理：韧性视角下城市应急管理的转型分析》，《南京社会科学》2023 年第 5 期。

② 朱秀梅、林晓玥、王天东：《基层社区数字化应急管理系统构建研究》，《软科学》2020年第 7 期。

助决策及应急响应能力倍增提供了重要工具，有利于实现"智治、智防、智控"目标，政府需要将数字技术纳入应急管理战略规划，在设计上满足其易更新、易迭代与易维护等的要求。[①]

由于应急信息需要实时感知和传输，数据整合成为应急管理数字化的前提条件。[②] 地方政府应结合地域特性与灾害差异，从历史视角出发整合本地历年以来出现的灾害类型及其发生规律，以规模需求为牵引，精准运用治灾工具。要强化防灾减灾的集约化、融合化发展思路，优化信息资源的要素配置，加强软件开发、数据共享和信息流通，打破"信息孤岛"和数据壁垒现象。结合当地发展情况推动信息技术和人工智能向应急治理领域发展，尝试将多灾种、灾害链的监测、预警和防治纳入数字化管理平台，将智能设备和智慧应用场景高效植入智慧防灾减灾系统及其他治理平台，以有效解决关键技术、体制机制和资源投入等瓶颈性问题，实现以"智"融"治"、以"智"促"制"，集管理、服务和执法于一体，为基层减负赋能、治理提质增效，不断提升防灾减灾救灾能力和城市管理水平。

---

① 周利敏、邓安琪：《数字平台赋能下的应急管理创新》，《贵州社会科学》2023 年第 6 期。

② 胡重明、喻超：《技术与组织双向赋能：应急管理的整体智治——以杭州城市防汛防台体系数字化转型为例》，《浙江社会科学》2022 年第 7 期。

协商共治数智化 / 第三篇

完善超大城市基层治理体系

周振超　蒋琪*

基层治理体系和治理能力现代化是一个系统、一个过程。面对新时代提出的新要求，推动基层治理向集成化、多元化、精细化和智能化转变成为必然。完善现代基层治理体系需要将顶层设计与地方探索有机结合，将各地在社会治理过程中形成的创新实践、成熟经验进行归纳总结、理论深化，从历史、现实、未来三个时间维度把握新时代社会治理现代化的演变规律，从结构、运行、绩效三个空间维度提炼社会治理体系的内在发展逻辑。

作为全国市区面积最大、人口最多的超大城市，重庆市积极推动城市数字化转型，推进韧性安全城市建设，打造宜居、韧性、智慧城市，建设统筹发展和安全的现代化大都市，取得了一系列制度创新、实践创新成果。重庆市创新发展新时代"枫桥经验"，探索完善政治引领、法治保障、自治强基、智治支撑、德治教化的"五治融合"机制，着力加强改革举措的系统集成，用一套"组合拳"构建起全方位、立体化的基层治理体系，形成推进基层治理体系和治理能力现代化的一张"硬品牌"。围绕已有探索、主导机制、落

* 周振超，重庆警察学院党委委员、副院长，主要研究方向为现代政府理论和政府间关系、基层治理、城市治理；蒋琪，西南政法大学政治与公共管理学院讲师，主要研究方向为数据治理、政府与市场关系。

实主体和实践启示，本文将重庆市基层治理实践贯穿于整体逻辑，为理论观点辅以实践解释，力图梳理现代基层治理体系的构建性要素。

一 已有探索："五治融合"打造重庆基层治理实践"硬品牌"①

近年来，重庆市统筹推进乡镇（街道）和城乡社区治理，不断提高基层治理的社会化、法治化、智能化、专业化水平，打造出推进基层治理体系和治理能力现代化的"硬品牌"。

（一）坚持政治引领，构建以党建统领为基础的统筹型治理

基层治理场域相对松散、开放。传统的科层制结构难以协调复杂的矛盾与冲突，因此，整合零散治理要素，形成聚力协同的治理秩序至关重要。②随着近年来党建引领基层治理的实践拓展，重庆市逐渐重构基层治理的权力秩序，形成"一核多元"的整合型治理机制。第一，发挥党建在基层治理中的统筹协调优势。把党的领导贯穿到基层治理全过程，树立"问题发现靠党建、问题发生查党建、问题解决看党建"的理念。以党建"一条线"串起基层治理"千条线"，将党组织的政治优势与组织优势转化为治理效能，确保党始终总揽全局、协调各方。例如，大渡口区健全在职党员"一到二岗三单"报到制度，组织在职党员每半年到社区、小区报到1次以上，由社区党组织统一设岗、党员认岗，建立服务纪实、工作评价、积分管理"三联单"，226名积分较高的党员获评"五星级党员"，激励引导在职党员报到服务1.2万余次；璧山区碧泉街道华龙社区延长党建链条，构建"街道党工委—社区党委—网格党支部（小区功能型党支部）"三级构架，推动在职党员回居住网格报到，引导社会单位和党员群众参与社区治理，形成党建统领共建共治

---

① 如无特殊说明，本节所使用重庆各地的探索来自媒体报道、相关官方网站和实地调研。

② 陈秀红：《整合、服务与赋能：党建引领基层治理的三种实践取向》，《学习与实践》2023年第8期。

生动局面。

第二，强化党建在基层治理中的政治功能。基层无小事，人民是根本。服务功能是基层党组织政治功能的重要延伸。积极落实"党建＋民心"工程建设，通过柔性渗透与主动融合，缩短基层政权和人民之间的距离，找准自身功能定位，把党建引领基层治理工作放到服务发展、服务民生、服务群众上来。例如，巴南区以服务为切入点，推动构建快递（外卖）小哥"1+6+N"党群服务三级网络体系，精准掌握外卖配送员、快递员等新就业群体实际需求，梳理7类20项暖"新"服务事项，提供歇脚休息、纳凉取暖、免费停车、手机充电、图书阅读、政策宣讲等服务，不断提升新就业群众归属感和幸福感。

（二）坚持法治保障，构建以法治思维为主导的源头型治理

维护政权稳定和社会和谐是基层治理的关键。传统治理模式以管为主，"头痛医头、脚痛医脚"的修补模式及"拆东墙补西墙"的应急策略容易导致部分治理问题循环往复，串联并扩大复合性风险。法治思维和法治方式具备制度化、程序化和常态化优势，在基层风险治理体系中具有前瞻性价值和预防性价值。其一，将法治理念全面融入基层治理实践要聚焦群众关切的重要问题。基层治理法治化要有靶向性，要聚焦群众的切实需求，倾听群众声音、了解群众意愿，找准群众身边的难点、痛点、堵点问题。要坚持系统治理、依法治理、综合治理、源头治理相结合，始终坚持以人民为中心，把实现好、维护好、发展好最广大人民的根本利益作为基层治理法治化的重要目标，把体现人民利益、反映人民愿望、增进人民福祉落实到基层治理法治化的全过程、各方面。例如，渝中区加强基层治理示范街区建设，聚焦群众急难愁盼问题，制定社区群众需求"餐单"，根据群众"点餐"，推出群众想要的理论"大餐"，打造百姓坐得住、听得懂、用得上、能参与的"大讲坛"。大足区高升镇积极打造多层次多领域依法治理和全要素依法治理的基层单元，典型做法是推进"三小五亮"工程，通过干部亮职、清单亮权、公开亮项、监督亮责、清廉亮效等方式，加强基层小微权力、小型工程项目、

小额资金拨付的管理监督。运用抖音、微信、院坝会等平台，文艺演出、以案说法等方式，向村民普及宣传反电信诈骗、反邪教、禁毒宣传等与生活密切相关的法律知识，进一步提升了村民的尊法、学法、守法、用法意识，为推进民主法治建设营造良好的法治氛围。

其二，将法治理念全面融入基层治理实践要求基层政府实现确权定责。伴随治理重心向基层下移，基层政府承接的任务事项愈加繁重。需要通过法治思维和手段，审视和规制基层治理全过程，提升基层治理效能。要厘清职责边界，科学制定政府权责清单，全面履行法定职责，规范行政办事流程。执法活动不仅要严格遵守相关法律规定，还应当积极主动接受群众监督，强化基层条块之间的沟通联系，依法推动政府部门简政放权，健全任务事项交办督办机制，更好构建规范有序、权责清晰的基层治理法治体系，推进基层治理活动全面落实行政执法公示制度、执法全过程记录制度、重大执法决定法制审核制度，确保文明执法，避免出现执法不作为、乱作为等现象。

其三，将法治理念全面融入基层治理实践要求增强基层干部履职尽责的法治本领。发挥法治在基层治理现代化中的规范、引领、推动和保障作用，提高基层治理法治化水平需要通过教育引导、实践养成、制度保障、营造氛围等方式，将法治理念和法治思维方式全方位贯穿、深层次融入基层治理各方面，成为各方面日用而不自觉的行为准则。打造一支专业队伍，为基层治理注入法治力量，提升基层治理法治化水平。在法治轨道上推动实现基层治理体系和治理能力现代化目标，需要通过法治宣传、专业培训等方式教育引导基层干部，培养和增强基层干部的法治观念，保证其在基层治理全过程中能始终运用法治理念、法治思维和法治方式推动发展、化解矛盾、维护稳定、应对风险，在法治轨道上统筹社会力量、平衡社会利益、调节社会关系、规范社会行为。提升基层党员、干部法治素养，引导群众积极参与、依法支持和配合基层治理。在治理实践中切实增强基层干部履职尽责的法治理念，主动运用法治手段应对、破解治理难题，既能"接得住"，又能"管得好"，确保基层治理在法治轨道上健康运行，实现基层社会的安定有序。例如，渝中区落实防止干预司法"三个规定"、新时代政法干警"十个严禁"，健全完善加强年轻干部培训选拔十条措施任务清单、关键岗位人员交流、常态化整治执法司法顽瘴痼疾等制度机制，锻造忠诚干净担当的政法铁军。

其四，将法治理念全面融入基层治理实践要健全相关领域的立法工作。通过"科学立法、民主立法、依法立法"实现高质量立法。着眼于基层实际情况，及时梳理与基层治理相关的法律规章，推动基层治理领域的专项立法，增强立法系统性，发挥好基层立法联系点社情民意"直通车"的功能作用，提升地方性法律规章的适用性。同时，要依法制定乡（村）规民约、居民公约。加大普法工作力度，增强全民法治观念，树立法治信仰，动员社会力量，激发社会活力，推动更多法治力量向引导端和疏导端用力，把法律和道德的力量、法治和德治的功能紧密结合起来，充分发挥法律政策和乡规民约在基层治理法治化进程中的积极作用。例如，渝中区桂花园新村为精准对接群众所需所盼，引导群众不断发挥正向作用，在社区党委的指导下制定了居民公约，涵盖文明、安全、环境、和谐四大篇章，不断增强自治力量、创新自治方法，促进居民依法依规参与社会治理，想办法把群众的"痛点"变成"乐点"甚至"惊喜点"。

其五，完善基层公共法律服务体系是把法治理念全面融入基层治理实践的重要一环。"欲筑室者，先治其基。"以法治思维提升基层治理水平，必须准确把握基层法治的发展方向，搭建契合基层治理实际的关键阵地，推动建设覆盖城乡的现代化公共法律服务体系，不断优化升级基层公共法律服务体系的资源与能力。例如，铜梁区整合公检法司等资源下沉社区、网格，落实"三官一律"法律工作者进网格机制，让居民足不出小区就能享受到法律咨询、法律援助、心理咨询等便捷法律服务。南川区大观镇将法律服务力量引入村（社区），建立村级"法律小诊所"，以综治专干、社区民警、法律明白人为"诊所医生"，采取接诊、出诊、会诊、辅诊、义诊、网诊的"六诊"方式，为村民免费提供法律咨询、法律援助、民事纠纷调解、普法宣传教育等服务。渝中区借鉴"枫桥经验"，通过制度设计和做优服务，创造性提出了"法治楼栋"的设想，破除了法治需求和法治供给两端的壁垒，居民不出家门，通过一部手机就可以免费咨询法律问题。

（三）坚持自治强基，构建以全民参与为支撑的开放型治理

基层既是社会治理的"最后一公里"，也是基层民主自治的重要场域。作为国家权力和百姓生活的中转站，基层需要准确把握政府治理同社会调节、居民自治有效衔接、良性互动的尺度，注重统筹整合、破解分散治理难题。其一，打造人人有责、人人尽责的社会治理共同体。以包容基层群众、社会组织等主体的合作参与为基础，扩展基层治理的社会性功能，畅通和规范市场主体、新社会阶层、社会工作者和志愿者等参与社会治理的途径，以利益结合点为焦点，平衡各方利益与诉求，通过满足多层次、个性化和差异化需求提升公共服务质量。例如，渝中区白象居居民区搭建自治平台，成立自治物业服务中心、居民自治管理服务站、志愿服务队，协调居民自治组织，动员小区居民参与实施管理。其中，居民自发组成的志愿者队伍，有效规范了游客行为。白象居以共享为目标，公共收益用于自治服务和反哺居民，推动居民自治长效运转，且不断探索增加公共收益的方法，使公共收益多元化，更好用于自治服务，使居民受益。

其二，有效激发基层群众参与治理的主动性和创造性。以群众自治为基础，高度重视人民群众的知情权、参与权、表达权、监督权，真正让人民群众成为基层社会治理的最广参与者、最大受益者、最终评判者。厘清政府管理权和群众自治权的边界，完善群众参与基层社会治理的制度化渠道，把不必要的行政事务剥离出去，把不能缺的自治内容纳入进来，不断激发基层群众自治活力。实实在在解决群众关心的问题。通过线上线下相结合的方式搭建民主协商议事平台。建好"微组织"，定好"微规则"，抓好"微协商"，推动实现"有事情大家商量着办"。发挥在职党员、志愿者、新乡贤能人、退休干部、热心群众的示范带动作用。例如，北碚区着力打造"北碚楼院哨兵"志愿者队伍，吸纳整合各类志愿服务力量，广泛参与社会治理。一是搭建民意收集平台。依托区、镇街、村社三级综治网格化服务管理"双中心"，线下开展领导干部接访下访、网格员进千万家等活动，线上汇聚综治信息系统、新时代文明实践"云平台"、"12345"政务服务热线、智慧社

区 App"即拍即报"等民情数据，累计收集社会治理领域意见建议 3 万余条。二是搭建项目实施平台。坚持项目带动，探索公众参与众包模式，根据问题清单和需求清单，分类细化为关爱特殊群体、维护妇女儿童权益等项目，"双中心"精准派单与"北碚楼院哨兵"主动接单相结合，实现需求与供给完美匹配。大足区高升镇走"自治"之路，通过用活积分兑换、开展星级庭院评比、用好闲置宅基地打造讲习所和农耕文化小院等举措，提升基层治理内生动力。

（四）坚持智治支撑，构建以数字赋能为动能的智慧型治理

数智治理是当前政府数字化转型发展的方向，是释放数据动能、发挥数据创新引擎作用的必要前提。推动跨部门数据共享、流程再造和业务协同，纵向打通、横向整合各部门职能。例如，石柱土家族自治县自主研发了集社会治安综合治理、服务乡村振兴、助推脱贫攻坚等功能于一体的"平安乡村·智惠农家"防控系统，聚焦重大风险、安全隐患、矛盾纠纷、重点人员四个方面，逐步打造县、乡、村一体的三级基层治理指挥中心。深度融合现代科技与基层治理，用好大数据这个"显微镜""透视镜""望远镜"，构建从"城市大脑"到"微观细胞"的智能化基层治理体系，完善线上网络、线下网格有机衔接、协同高效的网络治理体系。充分利用大数据平台，提高对风险因素的感知、预测、防范能力，优化协同高效的网络治理体系。例如，潼南区双江镇以平安法治为抓手，建成实体化、智能化、一体化综治中心，整合辖区治安、道路交通、水域、居民家庭等各类固定监控探头，结合无人机巡控，实现辖区监测全域覆盖、情况信息提早掌握；建成镇、村两级可视化智慧平台，通过社会治安综合系统，实现信息收集、报告、处置、反馈闭环管理。

完善线上线下一体化促成协同共治，实现全要素汇集。依托线上线下数据汇聚，汇集大数据编制智慧网络，实现跨层级、跨地域、跨系统、跨部门、跨业务的协同管理和服务，实现全方位联动。依托线上线下智慧大脑，促进科技赋能线上、线下治理共同体，实现全过程监管。例如，重庆市公证

协会与重庆小犀智能科技联合打造全国公证行业第一个区块链存证平台——行本·公证链。该平台实现了"证据在线上跑、数据指纹在链上存、公证书可线上出"的"一站式"服务，涵盖线上、线下执法场景。通过执法云链证据管理服务，结合区块链技术，平台能实现实时固证存证，确保执法数据不可篡改。在发生争议时，执法单位可在线发起公证，公证机构在线受理并对存证数据进行区块链可信核验。这一创举有效实现了公证环节的信息化管理，保障了执法全过程的透明化，为行政执法机构的"阳光执法"提供了证明和法治保障。

（五）坚持德治教化，构建以德育德治为底蕴的濡化型治理

社会治理创新不仅表现为新技术、新工具和新手段的拓展性延伸，还表现为对中华民族传统价值观的包容性吸纳。面对转型过程中的社会风险及多元化趋势，基层治理既要发挥法律法规的硬核管控作用，又要调动居民公约、团体章程和道德标准等社会规范的软法功能。重视人文关怀和心理疏导，传播自尊自信、理性平和、积极向上的良风善行。把社会主义核心价值观融入主流意识引导，加强社会公德、职业道德、家庭美德、个人品德建设，形成聚合理念性、文化性软实力的治理模式。例如，巴南区龙洲湾街道龙海社区创设龙海社区道德积分银行，引导居民广泛参与自治，将市民在"修身""润家""睦邻""怡城"等系列活动中的表现转化为积分、兑换为礼品，70余家单位每月提供3万多元的礼品和服务，营造基层治理良好氛围。荣昌区三崇堂小院通过深入挖掘院史，确立"崇文、崇礼、崇信"的小院精神，建立全市第一家院史馆，常态化推进"最美志愿者""好婆婆""好媳妇""孝心少年"等评比，坚持"三崇"文化浸润，孕育文明新风。合川区整体推进社会公德、职业道德、家庭美德、个人品德建设，打造道德讲堂、廉政教育基地、善书堂，制定"十提倡十摒弃""十遵守十不准"等村规民约、小区公约、楼院守则，用最朴素的道德准则弘扬真善美。

二 主导机制：协同技术与组织要素，出好智治善治"组合拳"

伴随数字化浪潮的深入推进，数据成为数字时代的关键治理资源。以技术嵌入为载体，数据赋能突破了基层治理的时间与空间限制，拓展了基层治理边界。然而，受观念上限干扰，技术赋能的目标单一、僵硬容易诱发新形态的"形式主义"；受技术瓶颈局限，技术应用的整体性要求与组织结构分割形成的内在壁垒仍未化解；受制度缺位影响，数据安全与数据开放存在的秩序失衡尚待平衡。因此，促进技术与组织要素协同联动契合了现代基层治理变革的应然逻辑。①

（一）以数字化变革为主战场，提升现代基层治理的技术支撑力

第一，技术赋能契合提升基层治理效能的客观现实。聚焦当前基层治理的实践现状，需求响应性慢、服务协同性差、业务一致性弱等现象长期存在，提升治理效能成为基层政府理应直面的现状。以"一盘棋"式的系统思路为决策着力点，技术应用有利于全面统筹治理要素，优化治理流程，推动基层治理由碎片、分散转为整体、协同，推进基层治理朝互联共享、合作共赢迈进。一方面，技术赋能有助于突破基层党建和党务、行政和综合治理存在的"信息烟囱"与行政壁垒，简化基层组织构架并整合治理资源，通过任务化、清单化、可视化打造治理平台，形成跨层级、跨空间、跨部门的"一站式"服务和一体化治理形态。例如，石柱土家族自治县不断推进整合综治中心、法律服务中心、矛盾纠纷调处中心、公安指挥中心、应急指挥中心、信访接待中心、人民法院调解平台等重要治理平台联勤联动，加快推动互联互通互享，使智治底座覆盖"最后一公里"，实现从"碎片化"向"一体化"转变。另一方面，技术赋能有利于直观量化治理流程，提高治理主体对

---

① 陈潭：《国家治理的数据赋能及其秩序生产》，《社会科学研究》2023 年第 6 期。

异质性社会形态的研判精度，引导治理思路从"以守为攻"转变为"主动出击"，增强基层治理的前瞻性、精准性和科学性，提高基层政权的风险应对能力和精准施策能力。例如，涪陵区检察院通过共享"渔政 AI 预警处置系统"，运用数据碰撞、比对等方式提取关键字，汇总分析"刑事＋公益诉讼"线索，畅通两法衔接关于长江"十年禁渔"方面的相关工作，实现对水生态保护"个案办理—类案监督—社会治理"的全流程监督，有针对性地提出预防犯罪各项措施。

第二，技术赋能满足应对基层治理难题的异质需要。推进基层治理向数字化转型不仅是信息社会演进的必然趋势，也是发挥制度优势、推进基层治理现代化的必然要求和现实选择。[①] 首先，伴随同质性社会向异质性社会的转轨，治理主体在情感表达、价值偏好与潜在利益等维度的诉求差异扩大。但传统基层治理倾向于提供标准、平均的公共产品与服务，难以匹配多样化、精细化、精准化的公众需求变化。其次，心理健康、环境保护、突发事件等未预期风险加剧了基层治理的脆弱性，缩短了基层风险的酝酿周期。加之基层治理主体高度连接，互动密切，随时可能产生快速反馈。传统自上而下的治理模式阻碍了自下而上的信息反馈，容易诱发政府与社会之间的信息不对称，导致深层次的社会矛盾。技术赋能有利于改善基层治理架构，缩短政府与治理对象的信息传递距离，构建双向治理链条，推进公共产品及服务向实际需求靠近。例如，重庆市公安局坚持"群众所需、公安能为"，坚持问题导向、需求导向，推出了大量与行政权力清单相衔接、与群众生产生活迫切需要相关联的特色服务事项。针对城区停车难、容易出现车辆挡道的问题，研发应用"堵路移车"服务功能，群众只需要拍张照片和打个电话，就可以通知车主及时挪开车辆，轻松解决挡道烦恼。针对企业群众办理无犯罪记录证明需求大、多头跑动和基层民警不敢开、不愿开等问题，争取公安部试点和政策支持，研发应用"开具无犯罪记录证明"服务功能，打通全国犯

---

① 黄新华、陈宝玲：《治理困境、数字赋能与制度供给——基层治理数字化转型的现实逻辑》，《理论学刊》2022 年第 1 期。

罪数据库，将工作流程标准化、规范化，群众动动手指就能办好无犯罪记录证明。针对群众生活出行对公安证照使用量大、实体证照容易丢失和经常出现忘记携带的问题，研发应用"电子证照"服务功能，将居民身份证、居住证、户口簿、驾驶证、行驶证等五类证照电子化，群众可通过手机实时申领。同时，争取公安部试点，研发应用"电子临时乘机证明"服务功能，将电子身份信息与旅客票务信息关联，机场安检可直接"扫码通关"，目前已覆盖全国 240 余家主要机场，群众乘机出行更加便捷。

第三，技术赋能匹配创新基层治理范式的发展目标。面对复杂多变的治理环境及日益攀升的不确定性，基层治理亟待吸纳新技术、新手段和新工具，创新基层治理体制并改进基层治理范式成为长远之计和固本之策。通过建立健全大数据辅助科学决策和社会治理的机制，有利于推进政府管理和社会治理模式创新，实现政府决策科学化、社会治理精准化、公共服务高效化。利用数字思维与数字技术赋能基层治理，能够发挥技术创新的信息扩散效应、知识溢出效应和成果普惠效应，构建以问题治理为导向、数据共享为基础、高效能运转为目标的新型治理范式，拓展治理场域并提升治理质量。① 例如，渝中区检察院联合区公安分局、区法院、区大数据局等部门，推进区块链非羁押数字管控云平台"渝 e 管"建设，初步搭建了集非羁押人员数字监管、数字办案、数字监督和数字治理于一体的综合智能管控平台，全面推进大数据智能化等现代化手段与检察工作的深度融合，积极探索数字赋能检察工作，着力解决制约政法工作难点堵点问题，切实提升执法司法质效。

（二）以制度化构建为突破口，提升现代基层治理的组织保障力

首先，建体制、强机制，有利于系统提升基层政权治理能力。制度是形塑组织场域内行动者认知及行为的正式与非正式规范，是组织行为的结构性

---

① 孟天广：《政府数字化转型的要素、机制与路径——兼论"技术赋能"与"技术赋权"的双向驱动》，《治理研究》2021 年第 1 期。

规则。通过健全高效的基层管理体制，完善政府职责体系，能够推进工作布局现代化、社会治理现代化、体制机制现代化、治理方式现代化。例如，渝中区通过建立自治清单、协助清单、负面清单、证明清单"四张清单"制度，助推基层减负增效。推动共建共治共享，统筹基层治理各类力量，完善横向联动、纵向贯通的统筹协调体系和"多位一体"联动处置机制，有助于全要素全社会产生联通效应，形成问题联治、风险联控、工作联动、平安联创的良好局面。例如，铜梁区推动力量整合、资源聚合、工作融合，变治理体系为体系治理，履行视频监控联网应用、网格化服务管理、矛盾纠纷联动联调、群众诉求"一键唤醒"等四大职能，完成区、镇（街）、村（社区）三级社会治理智慧中心建设。综合运用法律、政策、经济、行政等手段和教育、调解、疏导等办法，更加注重联动融合、开放共治，把专项治理和系统治理、综合治理、依法治理、源头治理结合起来，健全"专班专责"重点领域专项治理机制。例如，合川区构建起"一心五化"的基层治理体系，即"实责化"凝聚治理合力，"一体化"打造治理中心，"网格化"夯实治理根基，"精细化"提升治理效能，"社会化"实现共治共享。

其次，缓解治理效能与基层实际接纳度之间存在的张力。一方面，为基层治理提供要素支持与条件保障。基层位于国家治理垂直链的尾端，人、财、物配置相对不足。治理改革需投入大量资源，特别是实施数字赋能对专用性资产投入要求高，急需大量技术与人才支持研发。构建科学合理、权责一致的职责清单，以制度形式保障治理资源下沉到位至关重要。例如，荣昌区建立便民纠纷解决中心，为保障中心有序运转，独立建制管理，在法院B区设荣昌区综合调处室，固定事业编制8名，专门从事日常运转工作。同时加强中心办公经费"市级＋区级"财政双重保障，完善中心功能设施，将平台建设、信息化建设、调解员补贴、心理咨询师等工作经费纳入区财政年度预算统筹安排。另一方面，传统科层制结构下的条块分割格局容易加深政府与社会的信息不对称，在"条条"中，基层政府受制于上级政府压力，经常不将社会监督信息主动反馈至上级；在"块块"中，基层政府部门受职能界限影响，在向其他部门提供社会监督信息时存在阻碍。沟通壁垒容易导致政民联通、服务供给和事务管理等方面发生碎片化问题，阻碍基层技术改革落实与治理效能提升。构建合作型条块关系，实现职责衔接与高效运行仍需顶层设计推动。例如，合川区为打通基层治理数据壁垒，首创系统标准、功能标准、数据标准等 7 大标准，制定大数据共享正负清单，落实"云长制"和信息共享监管责任，高标准保障数据共享共用。

最后，践行"善治为本"的现代化治理理念。主观认知与行动逻辑深刻影响基层治理效果。随着基层治理数字化转型的深入推进，传统形式主义、官僚主义不断衍生出新的表现形式。如，一些地方推行的电子政务服务实施"一刀切"，忽略了较少接触智能设备的弱势人群，反而增加办事难度；一些智能化应用主要承担"政绩宣传窗口"职能，花哨酷炫，但实际治理效果并不理想。治理技术的发展本质是对治理理念的践行，要坚持需求优先导向，将发现、引导和满足人民需求作为出发点。始终将人文关怀嵌入改革求变的整体逻辑当中，摒弃政府主导、全程包办的建设方式，在主动对接供、需求的基础上，通过制度化构建提供配套保障，提升社会层面对治理技术创新的接纳程度。例如，渝中区自主研发"云端小马"智慧诉讼服务平台，实现"一站通办、一网通办、一号通办"，持续优化"一站式"建设，不断增强解决纠纷和服务群众的能力水平。但为尊重传统技术手段和大众使用习惯，坚持"微信＋电话"并轨运行，尽可能健全丰富不同类型当事人"指尖上的选择权"。在平台方面，创设开通"云端小马"微信小程序，在渝中法院微信公众号设置专门标识，点击即可跳转，契合更多年轻群体的使用习惯。在电话方面，将人民法院 12368 诉讼服务热线、渝中法院 63905888 小马服务专线"双线并联"，设立专门座席员负责接听、转办、回销，更多考虑年长群体的用户体验。

三　落实主体：共治共享，激发社会治理共同体"内驱力"

主体建设与机制探索具有互动性，深刻影响着社会治理的深度与边界。随着政府改革与社会转型持续推进，国家与社会关系面临重构。公共服务的供需矛盾推动政府加速与社会展开合作，一元式的传统治理思维已不再适应基层治理需要，多元共治格局亟待通过治理实践予以创新。社会治理共同体是一种政府、市场、社会等各类主体合作互动的治理形态，通过搭建协作平台、拓宽协作渠道、创新协作方式，形成优势互补、资源共享、协同互益的治理格局。① 要激发社会治理共同体参与基层治理的主动性和创造力，应着眼基层治理的主体枢纽，科学厘清主体与机制的耦合关系。

（一）引导与动员，夯实社会治理共同体的存续基础

一方面，技术与组织要素协同有利于把握治理导向，维持社会治理共同体的行动正确性。社会治理共同体是以人民为中心的治理实践，围绕治理主体成长、治理理念发展等维度，构建起基层治理的基本价值框架。技术与组织要素协同的主导机制通过线上与线下、传统与新兴等多维治理手段助推治理议题实现再生产，加速了公共议题的传播广度与讨论深度，有助于降低基层治理的协调与合作成本，形成以需求为中心，以治理议题为导向的治理目标，为社会治理共同体落实治理任务把握方向。例如，潼南区双江镇开展双网共治，服务群众，线下通过实地主动摸排，线上通过建立"潼心共治"微信服务群，加入小区业主群互动交流，针对性地为群众答疑解惑、排忧解难。

另一方面，技术与组织要素协同有利于平衡主体利益，协调社会治理共同体的行动一致性。社会治理共同体的参与主体在利益诉求、行动策略和价值目标上存在差异，协调多元主体利益成为组织基层治理价值构建的关键。② 数据汇总、业务整合和组织融合等"数治"手段有利于丰富沟通渠道，

① 韩志明、刘子扬：《从"多元分化"到"一体整合"：基层治理秩序演进的组织化逻辑》，《探索》2022 年第 5 期。

② 王湘军、康芳：《和合共生：基层治理现代化的中国之道》，《中国行政管理》2022 年第 7 期。

补充互动窗口，提高政府、市场和社会等各方主体在诉求提出与意见表达方面的公开、透明与自由度，推动共识形成并加深相互理解。在此基础上，将多元渠道收集的信息输出为正式与非正式制度，形成维护社会治理共同体的法治与德治规则，保障个体话语权和行动权，同时凝聚、引导并约束社会治理共同体。例如，合川区研发矛盾纠纷调处信息系统，全面联通44个区级部门、200余家企事业单位和社会组织、30个镇街，有效整合419支基层调解队、13个行业性专业性调解组织、11家律师事务所、120名"调解能手"等资源力量，提供法律咨询、诉讼评估、处理建议等服务，各级各部门对疑难复杂的矛盾纠纷，可随时通过系统申请调用调解资源，实现"组团式"调解。

（二）吸纳与链接，明晰社会治理共同体的功能边界

其一，技术与组织要素协同有利于开放治理空间，拓展社会治理共同体的行动场域。随着数字经济时代的深入演进，中心化社会结构逐渐转为开放协商、多元协调的多中心社会结构。政府角色定位从信息垄断者转为提供者、从治理决策者转为领导者，加强社会成员的良性互动，扩大多元主体的参与权、知情权和监督权至关重要。技术与组织要素协同的主导机制有利于调整基层治理的权力关系，倒逼基层从行政推动向多元互动转变，依靠治理任务、需求及目标等具体情景重构治理主体的多元关系，以功能互补为原则不断发现并吸纳潜在参与者，拓展社会化治理场景，进而形成基层治理、居民自治和社会调解的良性互动生态。例如，万州区法院聚焦化解主体培育，构建家事矛盾共同治理格局，组建专业审判团队，搭建"1+1+1+5"家事审判团队，构建1个家事审判团队、1个巡回审判团队、1个未成年人审判团队、5个人民法庭组成的专业化家事审判队伍，为当事人提供高质量的家事诉讼服务；搭建学习交流平台，依托专业法官会议，开展家事案件化解季度性交流研讨，及时梳理上季度家事案件化解情况，结合实践难点，反思汲取教训，归纳总结经验，为后续家事案件化解提供有益启示；聘请专业心理人才，将心理学等知识引入审判实践，聘请4名国家二级心理咨询师，对当事

人及其亲属进行心理疏导，准确掌握诉讼动机与需求，提高家事纠纷化解成功率。

其二，技术与组织要素协同有利于延展治理结构，拓展社会治理共同体的合作深度。数字政府的功能论认为，技术赋能可以摆脱专业分工、职责体系带来的割裂化、碎片化和交叉化困境，为部门协同、政社联动提供保障性功能。同时，组织保障的补偿与协同作用，有利于减少组织冗余并收缩政府边界，形成扁平化、网格化的治理格局，极大程度地减少信息流通的中间环节，通过跨部门、跨时空的沟通与协调，激发社会力量参与动力，强化多元主体之间的耦合关系，形成包容与链接行政逻辑、技术逻辑、市场逻辑和价值逻辑的系统性治理方案。例如，潼南区桂林街道建设基层治理指挥中心，整合平安、执法、应急和司法力量，强化数字赋能，搭建智慧平台，将防汛、防火等监控系统和社会治安综合指挥平台、"互联网＋督查"、"渝快办"、应急指挥平台等资源整合，实现一屏掌控，一览无余；与此同时，将就业创业、退伍军人、社会事务等公共服务力量整合，线上线下为群众服务，做到"让数据多跑路，让群众少跑路"。

（三）创新与赋能，重塑社会治理共同体的动力机制

第一，技术与组织要素协同有利于挖掘制度缺陷，修正社会治理共同体的行动轨迹。随着经济社会持续发展，社会治理更加强调需求和服务的个体性和精细化、供给端与需求端的精准匹配，这对收集、分析、回应和反馈信息提出新要求。技术与组织要素协同的主导机制以技术嵌入、职责重构和制度再造为形式，依托治理技术的先进性发现并修正现有治理制度缺陷，改变政府内部治理主体与外部社会主体的价值认知，结合不断变化的治理问题，引入社群机制、市场机制等多元治理机制，实现社会治理共同体内部的关系重组和定位调整。例如，北碚区建立"区中心—镇街站—村社室""北碚楼院哨兵"服务平台，细化公众参与信息发布、项目落实、效果反馈、经验交流等环节规范，密切跟踪组织实施情况，协调解决存在的困难和问题。通过多部门参加的镇街工作联席会议机制，每月定期汇总、研判、督办公众参与

项目推动情况。

第二，技术与组织要素协同有利于再造治理秩序，激活社会治理共同体的闲置要素。传统基层治理缺乏对社会治理共同体的制度化表达方式与渠道，因而多元主体参与治理的形式单一、碎片化严重。技术与组织要素协同的主导机制以技术性治理要素撬动治理制度变革，体现出技术革新、规则变迁与集体行动之间的良性互动与有效回应，在本质上是传统治理体系为适应复杂治理环境而进行的结构调试与功能变革。通过调整基层治理体系的内生互动关系，衔接体制外"自治力"与体制内"行政力"，激活非政府治理主体的自治性、志愿性和组织性，整合治理功能、资源和工具，补足基层治理的能力缺陷。例如，巴南区成立"先锋骑士"党支部，组建由50余名外卖、快递小哥组成的"先锋骑士"志愿服务队，并引入"道德积分银行"管理制度，引导外卖、快递小哥积极参与反诈宣传、创文巩卫等基层治理工作。

（四）继承与迭代，继续提高基层治理"四化"水平

重庆市统筹推进乡镇（街道）和城乡社区治理，加强基层治理各项举措的系统集成，取得了不错的成效。接下来，还需要继续提高基层治理社会化、法治化、智能化、专业化水平，以此来完善现代基层治理体系。

一是激发基层治理的社会化活力。打造全民参与的开放治理体系，完善群众参与基层治理的制度化渠道，把党的优良传统和新技术新手段结合起来，创新组织群众、发动群众的机制。培育扶持基层公益性、服务性、互助性社会组织，推动社会组织积极参与社会治理全过程。

二是推进多层次多领域依法治理和全要素依法治理。提升基层党员、干部法治素养，引导群众积极参与、依法支持和配合基层治理。完善基层公共法律服务体系，加强和规范村（居）法律顾问工作。乡镇（街道）指导村（社区）依法制定村规民约、居民公约，健全备案和履行机制，确保其符合法律法规和公序良俗。审议涉及群众切身利益、群众反映强烈的重大议题要依法、依程序进行。加大普法工作力度，增强全民法治观念，树立法治信仰。推动更多法治力量向引导端和疏导端用力。把法律和道德的力量、法治

和德治的功能紧密结合起来。

三是构建党建统领的基层智治系统。持续整顿软弱涣散基层党组织，把基层党组织建设成为有效实现党的领导的坚强战斗堡垒。树立全周期系统融合、开放共治、精细精致的理念。编织全方位、多维度、智能化的安全网，进一步健全网络治理体系。推进线上线下一体化，促成协同共治，实现全要素汇集。依托线上线下数据融合，构建大数据编织智慧网络，实现跨层级、跨地域、跨系统、跨部门、跨业务的协同管理和服务，实现全方位联动。依托线上线下智慧大脑，促进科技赋能线上线下治理共同体，实现全过程监管。

四是把培养一批专家型的干部和各类基层治理人才队伍作为重要任务，用科学态度、先进理念、专业知识增强基层治理预见性、精准性、高效性，提高治理专业化水平。

四　实践启示：多措并举，激活现代基层治理体系"新引擎"

社会结构变迁与经济发展转型对基层治理提出新要求。构建契合中国式现代化科学内涵的治理格局需具备系统、整体、协同的综合视界，摒弃渐进性、单维式的静态思维、被动思维，集历史逻辑、制度逻辑、理论逻辑与时代逻辑于一体，形成秩序与活力并举的主导逻辑。重庆市以建体系、强机制、夯基础、提质效、重落实为抓手，健全完善系统治理、综合治理、依法治理、源头治理、专项治理风险闭环管控机制，推进思想理念现代化、工作体系现代化、工作能力现代化。重庆市以改革求变打造现代基层治理的"重庆经验"，对完善现代基层治理体系具有启示意义。

（一）更新治理理念，坚持党建扎桩，厘清现代基层治理的主导逻辑

以中国式现代化的核心要义与实践要求为指导，明确现代基层治理的主

导逻辑意义重大。第一，要充分发挥基层党组织在利益协调、行动指导和矛盾化解中的战斗堡垒作用，通过落实干部、服务与阵地"三下沉"，把政治站位贯穿到社会治理的各个环节，实现广纳群言、广集民智并增进共识，形成"党委统领、党员带头、群众参与、社会组织融入"的生动局面，激活基层治理末梢神经。第二，坚持以人民为中心的治理价值取向，以党建为牵引，聚焦基层群众急难愁盼问题，统筹政府、市场和社会整体治理需求，丰富工作载体，发展柔性调度模式，推动基层治理理念革新、职能转变与管理体制重塑，夯实社会治理共同体的民心基础。第三，强化党建价值引领，推动德治教化全面融入基层社会治理，通过教育引导、实践养成、制度保障，将社会主义核心价值观全方位贯穿、深层次融入社会治理各方面。第四，创新党建在基层治理中的要素整合机制。基层治理要素繁多，需要有机整合，才能凝聚合力。要推动社会治理资源向基层倾斜，增强基层党组织对人力、物力、财力、项目等治理资源的管理权、调配权、监督权。通过党建工作联抓、人才培养联动、先进文化共育、便民服务联办、特色项目联建，努力形成资源共享、优势互补、相互促进的良好氛围。

（二）提升治理技术，整合"四新"要素，完善现代基层治理的智慧体系

数字化时代要灵活利用互联网、大数据、人工智能等各类技术手段，整合条线功能，打破信息壁垒，将数字智慧融入网格管理、小区治理和事项办理，充分发挥智能化科学技术在社会治理中的作用，需要树立新理念、掌握新技术、建设新队伍、创新新机制，建立健全运用现代技术手段构建智慧社会治理的制度规则。在以科技赋能社会治理的过程中，做好社会治理的"巩固"与"提升"，构建智慧社会治理的新模式。深化运用大数据、云计算、区块链等信息技术，建好管理云、延伸服务链，拓展大数据在政府管理、公共服务、社会治理等领域的应用示范，着力提升区域治理水平。推进"智慧＋基层"项目建设，加快构建"用数据来说话、用数据来管理、用数据来决策、用数据来创新"的智慧社会治理新机制。

（三）健全组织体系，理顺条块关系，推动现代基层治理的权力整合

提升城乡基层社会治理法治化、科学化、精细化水平，不是各治理主体的简单叠加，而是要构建一个体系和系统。这既需要治理体系每个层面"有为"和"有效"，更需要将各个方面有机统合。建立力量下沉、保障下倾、运行管理高效的机制，使基层社会治理有人、有权、有物。全面落实有关加强基层政权能力建设的政策举措，实行扁平化和网格化管理，把条的管理和块的治理协同起来。健全乡镇街道和部门之间的职责体系，坚持权责利一致原则，将上级部门和乡镇街道"联合"起来，形成上下联动、权责分明的社会治理格局。科学设置区县和乡镇街道的事权，明确各自的职责清单，理顺职责关系。构建科学合理、权责一致、有统有分、有主有次的职责清单，完善主体责任清单和配合责任清单。

（四）扩大治理场域，实现合力缔造，提升现代基层治理的共治能力

随着多元治理主体深度参与社会治理，要实现基层治理参与主体共商共议、共治共赢，还需要建立与社会治理共同体相匹配的体制机制。要改善社会治理共同体的权利生态，畅通群众、自治组织、社会组织、市场组织和事业单位等主体参与基层治理的制度渠道，通过三方评估、购买服务、组织志愿队伍等方式丰富互动形式，主动将治理任务转移给其他治理主体，鼓励将文化、教育、生态等资源在基层政府、社会组织等不同治理主体之间分散流动，形成公共权力的社会化监督与科学化配置。要为社会治理共同体的有序运营提供制度保障，强化社会治理目标与绩效管理，完善与建设社会治理共同体相匹配的引导、规范、激励和惩戒措施，健全社会组织的扶持机制与服务机制，加强共治主体的规范性管理，形成有助于提升社会治理共同体服务质效与社会公信力的制度生态。与此同时，进一步健全党组织领导的社区协商机制，形成建设标准，搭建沟通议事平台，吸纳社区治理资源，引导居

民全程参与社区建设，有效对接群众需求，提高城市管理和服务水平，开展"美好环境与幸福生活共同缔造活动"，培育社区文化，凝聚社区共识，增强居民对社区的认同感、归属感。

（五）提升治理能力，提高精细化水平，打通现代基层治理的"毛细血管"

进一步推进治理的精准化、精细化、精致化和精品化。一是提升基层治理能力。尤其是要提高年轻领导干部的政治能力、调查研究能力、科学决策能力、改革攻坚能力、应急处突能力、群众工作能力和抓落实能力。对不同类型对象实行分类治理和差异化治理。通过深入调研、逐户走访、召开座谈会等方式，围绕民意调查中群众反映的意见建议靶向施策，制定问题清单，精准对接居民服务需求，突出做好"点对点"服务，下足"绣花"功夫，打通服务群众"最后一米"难题，为群众提供精准化、精细化服务。二是健全基层政府职责体系和理顺权责关系。通过建章立制，明确基层政府职责归属和权责关系，赋予基层政府更多自主权，支持基层政府创造性开展工作，建立有利于各级政府积极主动履行职责和激励相容的治理体系。在基层条块之间以及隶属不同上级的部门间建立紧密的协作关系，系统梳理权责清单，实现跨组织、跨体系协同。建立沟通机制，通过党建联席会、临时党支部等形式，充分整合属地内的人力、物力和各种资源。三是聚焦群众关切的重要问题。基层治理要有靶向性，基层政府要聚焦群众的切实需求，倾听群众声音、了解群众意愿，找准群众身边的难点、痛点、堵点问题，做到"问题吹哨、部门即到"，为社会公众提供全流程服务，避免让社会公众跑来跑去、基层干部推来推去，打通"最后一米"。健全基本公共服务体系，提高公共服务水平，推动基层治理体系和治理能力现代化。

（六）着眼于"整体智治"，全面提高基层智治体系实战效能

完善与"141"基层智治体系相适应的镇街管理体制，突出实战实效，打造横向联动与纵向贯通的协调体系，变治理体系为体系治理。一是优化机

构设置。以数字化建设为牵引统筹基层行政资源，促进工作体系重构、条块协同联动、业务流程再造，推动乡镇（街道）扁平化指挥体系、矩阵型管理模式更加顺畅，全面提高运行效能。二是理顺权责关系。建立明确和符合实际的职责清单，建立规范有效的准入、退出制度，保障基层治理有效运转。进一步健全镇街"七站八所"机制，通过数字化打通跨部门和多单位协调难等问题，建立智慧治理共享机制，打造一批多跨协同的综合运用场景。明确各类编制人员界限，系统构建党的建设、经济发展、民生服务和平安法治四大板块，实现一屏统揽、一键调度、一键智达，高效重塑科层组织内部的结构。三是加大下沉力度。尽可能把权力、资源、服务、管理下沉到基层。推动市、县（市、区）、乡镇（街道）、村（社区）、网格五级互联互通共享，按权限向乡镇（街道）开放数据，以便基层能及时处理问题。依法赋予乡镇（街道）职能管辖权、业务审批权、综合管理权、统筹协调权和应急处置权。做到行政执法权和执法力量相匹配，避免有权无人、有人无权的现象。

提升网格精细化治理水平。小网格事关"大治理"，必须不断夯实基层网格这一治理底座。一是"一网覆盖"。按照事项全覆盖、问题全闭环原则优化网格、微网格设置，完善网格化管理、精细化服务、信息化支撑的基层治理平台，促进"双网格"治理体系更加契合超大城市治理需求。二是"一网聚合"。选优配强网格力量，细化网格员职责颗粒度，完善考核激励和待遇保障机制，增强专职网格员的职业荣誉感和工作获得感，更好发挥网格员"人熟地熟"优势。三是"一网调度"。健全清单外事项下派过滤机制，原则上清单外事项不得下放网格员，如确需下放，相关部门在提供相应经费、事项办理指导手册基础上，经审核后，由"141"基层智治体系分派。健全"网格吹哨、部门报到"问题闭环解决机制，建立部门"报到"考核机制和服务效能评价机制，杜绝"吹哨不到、人到无效"现象，做到力量在网格聚合、民情在网格掌握、矛盾在网格化解、问题在网格解决、服务在网格开展，将党建统领基层治理的合力覆盖到"最后一公里"。

迭代升级基层智治平台。加快建设数字政府、数字社会和数字经济，以数字化转型整体驱动治理方式变革。通过打造"城市大脑"实现对数据流量的汇聚集中和优化运用，依靠数据辅助决策，实现政务服务"一网通办"、城市运行"一网统管"，推进"智辅科学决策""智防风险挑战""智助管理服务"，推动政府治理流程再造和模式优化。一是完善数字基础设施建设。进一步加强城市治理和服务体系智能化建设，加强公共数据开放共享，推动政务信息共建共用。有序推动 5G、云计算、物联网等为核心的数字基建向农村延伸，运用人工智能、云计算、区块链、大数据等现代科技手段推动数字城市建设，统筹数字平台的设计与整合，推进"互联网＋政务"向农村延伸，打通数字信息技术大动脉。二是提升基层智慧治理能力。继续推动跨部门数据共享、流程再造和业务协同，纵向打通、横向整合各职能部门，聚焦功能、场景与区域等维度，打造结构均衡的开放型治理系统。探索价值要素与技术要素的协同赋能机制，强化基层治理韧性和治理效率。以技术要素为突破口打造任务化、清单化、可视化的治理平台。完善线上、线下有机衔接的基层治理数智体系，提升基层政府对风险因素的感知、预测与防范能力。提高政府决策、社会治理和公共服务的"靶向性"，将风险应对思路从"以守为攻"变为"主动出击"。三是建立"双循环"的数据库。整合各类业务App，逐步建立统一的"城市数据库"。"对内循环"做到乡镇（街道）和部门之间、部门和部门之间、各级政府之间数据互通、数据共享、数据保密，切实减少各类填表造册，减轻"指尖上的形式主义"。"对外循环"做到职能部门和群众之间、各级政府和群众之间数据公开、数据真实、数据有效，方便群众办事。

推动"一站式"化解矛盾纠纷。以大数据织牢立体化治安防控体系，把数字化、一体化、现代化贯穿到平安建设全过程，形成除险固安"一键调度"。一是联动各方力量。完善社会矛盾纠纷多元预防调处化解综合机制，防范化解重大矛盾纠纷。加强乡镇（街道）综治中心规范化建设。升级"一站式"矛盾纠纷联调系统，以"一站式受理、一揽子调处、全链条解决"为目标，构建全链条、全周期、全方位、全社会治理有机体。二是回应群众关切。提升行政回应能力，满足社会意愿的"最大公约数"以达成供需均衡。畅通和规范群众诉求表达、利益协调、权益保障通道。形成主动问需、精准研判、及时响应和分类解决的行动路径，完善积分制、清单制、数字化、接诉即办等务实管用的治理方式。三是防范社会风险。完善社会治安防控体系，增强社会治安防控的整体性、协同性、精准性，形成平安联创的工作机制。健全社会治安联席指挥中心，通过采取综治进驻、部门派驻、专业聘驻、社会邀驻的方式开展工作，并按照"预防为主、防治结合、重点干预、广泛覆盖"的原则，构建起"中心吹哨、部门报道、社会补位"的立体化社会治安防控体系。

推动"实战化"稳步运行。推进基层党建与基层治理深度融合，形成"一核多元"的统筹型治理机制。一是坚持党建引领。按照打造新时代"红岩先锋"变革型组织要求，在基层构建"社区党委—小区（街坊）党支部—网格党小组"的治理体系，将党组织建设到基层治理的最小单元。实施"党建＋网格治理""党建＋小区治理""党建＋院落治理""党建＋应急服务""党建＋养老""党建＋志愿服务"等举措。二是提升业务能力。强化履职能力培训，提高干部职工社区治理和服务能力。强化数字业务培训，提升乡镇（街道）干部数字化时代服务能力，做到"一站受理、一屏操作、一键办理"，形成"最多跑一地、只进一扇门、只来一次"的便民服务格局。注重利用网络平台开展线上培训，全面提高履职本领。三是落实保障条件。完善乡镇（街道）经费保障机制，按照《中共中央办公厅　国务院办公厅关于加强社区工作者队伍建设的意见》，优化社区工作者、专职网格员等工作力量配置，强化人力、物力、财力等必要保障。

五　结语

随着经济社会持续发展，社会结构变迁、社会发展转型与社会风险扩大交织共振，对传统治理思路与治理格局形成外生冲击。国家治理体系和治理能力现代化为应对挑战提出指导方向，驱动政府在治理理念、治理主体和治理方式等维度实现优化调整。重庆市着力加强改革举措的系统集成，坚持政治引领，构建以党建统领为基础的统筹型治理；坚持法治保障，构建以法治思维为主导的源头型治理；坚持自治强基，构建以全民参与为支撑的开放型治理；坚持智治支撑，构建以数字赋能为动能的智慧型治理；坚持德治教化，构建以德育德治为底蕴的濡化型治理。贯彻"五治融合"构建起全方位、立体化的现代基层治理体系，为释放基层治理新效能发挥了典型示范作用。

本文将重庆市基层治理实践贯穿于整体逻辑，系统梳理了激活现代基层治理活力的发展逻辑。从主导机制来看，实现技术与组织要素的耦合，要以数字化变革为主战场，提升现代基层治理的技术支撑力；以制度化构建为突破口，提升现代基层治理的组织保障力。从落实主体看，要以社会治理共同体为载体落实基层治理格局的发展路径，构建制衡共赢、开放共治的合作型权利秩序。通过引导与动员，夯实社会治理共同体的存续基础；通过吸纳与链接，明晰社会治理共同体的功能边界；通过创新与赋能，重塑社会治理共同体的动力机制；通过继承与迭代，继续提高基层治理"四化"水平。从实践启示来看，构建众智协同的治理生态，要从实践经验中积极提炼促进现代基层治理能力提升和治理效能优化的有益启示。即更新治理理念，坚持党建扎桩，厘清现代基层治理的主导逻辑；提升治理技术，整合"四新"要素，完善现代基层治理的智慧体系；健全组织体系，理顺条块关系，推动现代基层治理的权力整合；扩大治理场域，实现合力缔造，提升现代基层治理的共治能力；提升治理能力，提高精细化水平，打通现代基层治理的"毛细血管"；着眼于"整体智治"，全面提高基层智治体系实战效能。

参与式联动：基层矛盾纠纷预防化解机制创新*

周振超　黄洪凯**

一　问题提出与分析框架

基层安则天下安。推进基层治理体系和治理能力现代化的一个基础性工作是预防化解社会矛盾，形成共建共治共享的基层治理新格局。"当前和今后一个时期是我国各类矛盾和风险易发期，各种可以预见和难以预见的风险因素明显增多。"① 积极预防、妥善化解各类社会矛盾，完善基层矛盾纠纷预防化解机制对维护社会和谐稳定具有重要意义。

（一）基层矛盾纠纷预防化解困境与参与式联动机制的提出

安全和稳定是经济社会发展的前提。中央政府聚焦基层矛盾纠纷预防化解机制建设，在制度层面推进工作开展。2021 年 2 月，中央全面深化改革

---

*　本文发表于《中共天津市委党校学报》2024 年第 2 期。

**　周振超，重庆警察学院党委委员、副院长，主要研究方向为政府理论和政府间关系、基层治理、城市治理；黄洪凯，华中师范大学中国农村研究院、政治科学高等研究院博士研究生，主要研究方向为基础治理。

① 习近平：《关于〈中共中央关于制定国民经济和社会发展第十四个五年规划和二〇三五年远景目标的建议〉的说明》，《人民日报》2020 年 11 月 4 日。

委员会第十八次会议审议通过《关于加强诉源治理推动矛盾纠纷源头化解的意见》，强调要加快构建基层矛盾纠纷预防化解机制。2022 年 10 月，党的二十大将坚持和发展新时代"枫桥经验"写入报告，要"完善正确处理新形势下人民内部矛盾机制，加强和改进人民信访工作，畅通和规范群众诉求表达、利益协调、权益保障通道，完善网格化管理、精细化服务、信息化支撑的基层治理平台，健全城乡社区治理体系，及时把矛盾纠纷化解在基层、化解在萌芽状态"①。伴随经济社会发展和基层民主政治的不断完善，民众自我管理和维护自身权益意识不断增强，具有基层治理客体和参与治理实践主体的双重身份。民众基于"理性人"思维和"主人翁"意识，与政府部门及社会组织之间的利益纠纷、矛盾纠纷、权责纠纷等问题时有发生。如何有效预防化解基层矛盾纠纷已成为基层治理中的关键问题。

基层政府采取何种行为开展矛盾纠纷预防调处化解工作并取得治理实效为学术界所关注。一是探究基层矛盾纠纷的内容表现和产生原因，② 以期通过准确归因预防和化解矛盾纠纷。③ 二是关注基层矛盾纠纷的解决机制和优化路径，提出通过以效统构、以用分责、因时异责等方式化解矛盾纠纷。④ 有学者关注协同治理形成制度性合力对预防化解基层矛盾纠纷的作用，⑤ 提出要加大力度推进跨部门协同以高效化解基层矛盾纠纷。⑥ 在实践中，跨部

① 习近平：《高举中国特色社会主义伟大旗帜 为全面建设社会主义现代化国家而团结奋斗——在中国共产党第二十次全国代表大会上的报告》，人民出版社，2022，第 54 页。

② 韩志明：《从"粗糙的摆平"到"精致的治理"——群体性事件的衰变及其治理转型》，《政治学研究》2020 年第 5 期。

③ 胡燕佼：《当前基层社会矛盾的主要表现及原因探析》，《中共福建省委党校学报》2015 年第 4 期；曹海军、王梦：《制度、资源与技术：社会矛盾调处化解综合治理之路——以衢州"主"字型矛调模式为例》，《中共天津市委党校学报》2021 年第 3 期。

④ 郭志远：《我国基层社会矛盾预防与化解机制创新研究》，《安徽大学学报》（哲学社会科学版）2014 年第 2 期；吴晓林、邢羿飞：《同构分责：数字政府建设中的纵向间政府职责配置——对广东"省—市—区"三级的调查研究》，《中国行政管理》2023 年第 4 期。

⑤ 丁文、陈源媛：《协同治理型基层人民调解联动机制及其运行困境与纾解——基于渝西南 Q 综合调解站的个案研究》，《广西大学学报》（哲学社会科学版）2023 年第 2 期；徐勇：《基层治理的基本问题与结构转换》，《探索与争鸣》2023 年第 1 期。

⑥ 胡仙芝：《综合行政执法体制改革的实践探索与对策建议——基于成都、嘉兴的调研分析》，《中国行政管理》2016 年第 7 期。

门协同虽然有助于整合治理力量及优化资源配置，但仍存在执法内容交叉重叠，[1] 矛盾纠纷治理机构名称不统一，[2] 解纷方式机械，[3] 跨部门综合执法难以长效运转等问题，[4] 由此提出对传统矛盾纠纷化解机制的创新要求。[5] 已有研究对基层矛盾纠纷预防化解机制的运行现状、存在问题及优化路径进行了较为全面的描述性分析，但对基层矛盾纠纷预防化解机制在组织学层面的阐释略显单薄，尤其是跨部门之间如何通过协作有效整合资源以形成治理合力，跨部门协作化解基层矛盾纠纷背后蕴含的组织逻辑、行动逻辑是什么，尚需进行充分的学理分析。

本文从跨部门协同视角出发，提出参与联动机制，并通过分析参与联动机制的组织过程和行动逻辑，以期回答以下问题：基层矛盾纠纷预防化解工作是如何在实践中实现跨部门协同的，跨部门协同是否能有效解决基层矛盾纠纷难题？本文引入具体案例，通过讨论重庆 H 区（以下简称"H 区"）矛盾纠纷预防化解实践，旨在揭示参与式联动机制对推进基层矛盾纠纷预防化解的作用。

（二）主体—过程—行动：参与式联动机制的分析框架

基层治理是推进国家治理体系和治理能力现代化的根基。及时预防化解基层矛盾纠纷既是对基层政府的责任要求，又是基层治理的重要内容。近年来，各地不断推动力量整合、资源聚合、工作融合，变治理体系为体系治

---

① 丁煌、李雪松：《整体性治理视角下综合行政执法改革的深化之道》，《南京社会科学》2020 年第 12 期。

② 陈辉、陈晓军：《内容形式化与形式内容化：精准扶贫工作形式主义的生成机制与深层根源》，《中国农村观察》2019 年第 3 期。

③ 王清：《行政执法中的部门博弈：一项类型学分析》，《政治学研究》2015 年第 2 期。

④ 叶敏：《从运动式治理方式到合力式治理方式：城市基层行政执法体制变革与机制创新》，《行政论坛》2017 年第 5 期；吕普生、张梦慧：《执法召集制："吹哨报到"机制如何使综合执法运转起来》，《河南社会科学》2021 年第 2 期；周志忍、蒋敏娟：《中国政府跨部门协同机制探析——一个叙事与诊断框架》，《公共行政评论》2013 年第 1 期。

⑤ 雷晓康、刘顺：《新时代十年我国社会矛盾化解：政策历程、机制解构与基本经验》，《中共天津市委党校学报》2023 年第 3 期。

理，引导各方力量共同参与基层矛盾纠纷预防化解工作。本文通过搭建"主体—过程—行动"参与式联动机制的分析框架，丰富基层矛盾纠纷预防化解（见图1）。

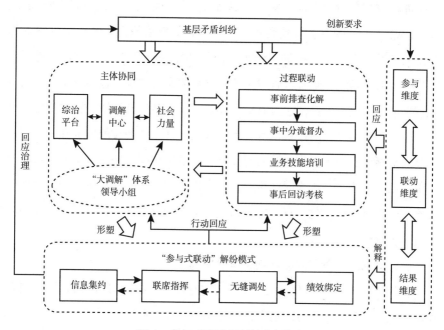

图1 参与式联动机制的分析框架

1. 主体协同，多元力量提供权威性支持

基层矛盾纠纷预防化解是一个复杂的系统。解纷工作涉及政府、社会和民众等多个主体。面对复杂多变的矛盾纠纷，单纯依靠任何一方力量都难以有效化解，需要多元主体间的有机协同。参与式联动机制中的跨部门协同，不仅包括政府系统内部纵向多层级与横向多部门之间的协作，还包括政府与社会、市场等多元力量的配合。政府以高位推动成立基层矛盾纠纷"大调解"的议事协调机构，通过平台化手段聚合各解纷主体的权力和资源，实现跨部门间的协同合作。同时，通过政府购买等方式吸纳社会专业力量，提高解纷能力，并利用统筹协调、集中动员、及时部署等手段拓展资源效用，为基层矛盾纠纷预防化解提供权威性支持。

2.过程联动，部门间合作打破时空壁垒

基层矛盾纠纷预防化解是一个动态的系统。基层事务千变万化，民众受内外部环境的影响，其利益诉求和矛盾事项随之变化。对基层矛盾纠纷预防化解进行过程分析，有助于科学把握解纷工作中各个要素之间的内在关系。例如，整合人民调解、行政调解、司法调解等解纷资源，与行业性专业性人民调解委员会对接，推进"诉非衔接""检调对接""公调对接""访调对接"有效衔接联动。基层矛盾纠纷预防化解的实践过程，包括意见表达与综合、决策与执行、信息传递与监督等内容。① 在高位推动解纷资源整合基础上，地方政府形成事前排查化解、事中分流督办、业务技能培训和事后回访考核的基层矛盾纠纷预防化解的现实路径。各主体间是一种资源依赖与联动合作关系，正式与非正式联结承担着协商沟通的通道，通过统一的联动调解系统，可以整合碎片化信息，打破物理意义上的时空壁垒，及时应对复杂多变的矛盾纠纷。

3.行动回应，参与式联动创新解纷模式

基层矛盾纠纷预防化解是一个开放的系统。在跨部门协同、资源整合和过程联动基础上，地方政府逐渐构建形成"中心吹哨、部门报到、社会补位"的基层矛盾纠纷预防化解的立体化调解模式，并通过信息集约、联席指挥、无缝调处和绩效绑定勾勒参与式联动机制。参与式联动机制是对既有基层矛盾纠纷预防化解机制的创新，本质是解纷主体间主动协同、联动借力，主要内容是以整体性回应为基础，通过主体进场与资源输入、条块互嵌与网格联动、多劳多得与责任共担的路径，最大限度激活被整合的资源，以实现基层矛盾纠纷预防化解。

二 资源力量整合：多主体参与基层矛盾纠纷预防化解

在中央顶层设计引导下，基层矛盾纠纷预防化解机制不断完善调整，治

---

① 朱光磊：《当代中国政府过程》，天津人民出版社，2008，第11~14页。

理成果斐然。沿着简约高效治理路径，H区通过高位推动整合治理资源，构建以跨部门协同为核心的矛盾纠纷预防化解机制，努力实现"小纠纷不出村（社区）、大纠纷不出镇（街道）、重大纠纷不出区、矛盾纠纷不上交"的治理目标，先后荣获全国"创新社会治理最佳案例"、全国"社会治安综合治理工作先进集体"等称号。

（一）高位推动整合基层矛盾纠纷预防化解的资源

面对复杂多变的基层矛盾纠纷现实情境，简单依靠行政力量或某种单一力量往往难以有效化解矛盾纠纷，急需不同治理主体通过交换和共享各自拥有的资源，实现治理目标。

在组织建设上，成立基层矛盾纠纷预防化解机制建设工作领导小组，由区委常委、政法委书记任组长，区政府分管副区长任副组长，区级相关单位负责人为成员，负责领导、指导、监督全区调解工作。领导小组下设办公室在区司法局，由区司法局局长任主任，区法院、区平安办、区信访办分管领导任副主任，负责组织落实区委、区政府关于大调解工作的决策部署，加强与相关部门的协调沟通。

在手段建设上，调解中心与区综治中心合署办公，实现对全区调解工作的统筹协调、指挥调度和督导考核。通过智能化网格化共治平台，收集、统计、梳理调解工作相关数据信息，实现对全区矛盾纠纷态势的动态分析，及时发现并有效处置"苗头性"的矛盾风险。同时，利用线上线下联动的方式，为民众提供远程立案、结果预估等网上"一站式"服务。为丰富解纷手段，H区形成"五老"调解、"超哥"调解、"申明亭"调解等特色调解组织，实现对区内矛盾纠纷工作的排查、调处、指导、交办、督导、考核、反馈等各项工作的闭环管理。

在队伍建设上，调动社会多元力量参与基层矛盾纠纷预防化解工作，聘请有一定声望、熟悉法律、为人正派且热心矛盾纠纷调解工作的人加入调解团队，建立专职专责、以专带兼、专兼结合的调解员队伍。同时，组建专家库，将具备专业知识、工作经验丰富，在法律、物业等领域具有一定威望的人纳入专家库。通过综治大平台、网格化平台的资源共享，联通全区综治中心、调解组织、调解员，及时实现对属地重大疑难矛盾纠纷的研判调解。

（二）以跨部门协同为核心的基层矛盾纠纷预防化解过程

基层治理实践中，跨部门协同不畅是提升矛盾纠纷预防化解机制效能的痛与殇，影响基层治理提质增效。政府各部门每天要处理大量繁杂的日常性事务，应对各种考核评估。当面对一些责任归属模糊不清的矛盾纠纷时，一些职能部门经常会以不属于职责范围为由将问题甩给其他部门或基层政府。小矛盾被不断推诿扯皮，被无限期地搁置而不受理，可能使小事拖成大事，民事变成刑事，导致矛盾纠纷激化升级。针对以上问题，H区着力构建以人民调解为基础，以整合资源、整体联动为核心的参与式联动机制，确保矛盾纠纷有效化解。该机制在实践中主要包括事前排查化解、事中分流督办、业务技能培训、事后回访考核等四个过程（见图2）。

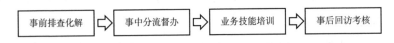

| 事前排查化解 | ⇨ | 事中分流督办 | ⇨ | 业务技能培训 | ⇨ | 事后回访考核 |

图2 基层矛盾纠纷预防化解过程

1. 事前排查化解

H区坚持"预防在调解前、调解在激化前"原则，建立区级、镇街（部门）、村（社区）矛盾纠纷立体化排查网络和信息多向反馈机制。区级每月开展一次排查工作，乡镇（街道）、部门和企事业单位每半月开展一次排查工作，村（社区）每周开展一次排查工作，网格每日开展排查工作，重要节假日、重点敏感时期随时开展排查工作。通过设立三级排查台账，排查情况定期逐级上报，实行"零报告"制，将传统的走访下访和召开会议排查方式与风险防控排查、网格排查、"群工系统"排查等结合起来，确保排查工作"横向到边、纵向到底"，实现信息准、情况明、底数清的目标。

2. 事中分流督办

一些职能部门虽在线上或线下接受了民众反映的诉求，但往往不与相关部门及时沟通，仅在本部门职责范围内予以处理。H 区对下级平台上报的矛盾纠纷，或本级平台收集的跨行业、跨部门或涉及较多单位的矛盾纠纷，由本级综合调处平台按照"属事"和"属地"原则进行调度分流、交办督办。各部门对上级平台交办或本级平台明确的矛盾纠纷，要按照规定调处时限，开展矛盾纠纷化解工作。推行人民调解委员会派员进驻区人民法院（法庭）、公安派出所、检察院，设立调解室，强化诉调、警调、访调、检调和律调的对接工作，实现人民调解和司法调解有效衔接。

3. 业务技能培训

为确保矛盾纠纷预防化解顺利推进，H 区每年培训调解骨干 2 次，对村（社区）人民调解委员会的人民调解员每五年轮训一次，镇（街道）对辖区内的人民调解员每年开展集中培训 2 次以上。另外，组织经验丰富的法官、律师、调解能手等人员，采取集中培训、交流学习、现场观摩等多种方式，重点培训人民调解员调解职业道德、常用法律法规应用能力、调解文书写作和档案卷宗制作，不断提升其业务素质和调解技能。

4. 事后回访考核

对已调处化解的矛盾纠纷，区综治中心采取随机抽取的方式回访纠纷双方当事人，询问对调处结果的建议，依托信息系统及时将化解结果和群众评价逐级反馈至区、涉事部门和镇街，做到对矛盾纠纷情况实时掌握、动态优化。若发现矛盾存在重新激化的可能性，立即采取预防措施。区、镇（街道）每年组织评选优秀调解组织和优秀调解员，通过考核评估增强工作成就感和职业荣誉感。对调解工作不重视、不落实的镇（街道）、区级部门和单位，通过定期通报、约谈、挂牌督办等方式，督促其分析原因并及时整改。对因矛盾纠纷排查不深入、化解不力导致案事件多发或发生重特大案事件的镇（街道）、区级部门和单位，实行平安建设考核"一票否决"，同时追究有关领导干部和相关责任人员的责任，通过制度化考核的压力传导，推进矛盾纠纷预防化解工作顺利开展。

三 运行机制重塑：全方位联动推动解纷流程立体化

跨部门协同本质是将相互独立的多个部门，通过协调、整合等手段汇集起来，为共同的目标而采取行动，实现多个部门在追求各自目标价值中的同频共振。[①] 为推进基层矛盾纠纷预防化解工作顺利开展，树立系统集成观念，打破条块分割、"各自为政"局面，基层政府贯通纵向四级链条，联通横向五条线，整合多方力量参与解纷工作，实现基层矛盾纠纷从"单一管"向"多方治"转变，推动基层治理工作从"反应式合作"向"参与式联动"转变，有效维护了社会稳定（见图3）。

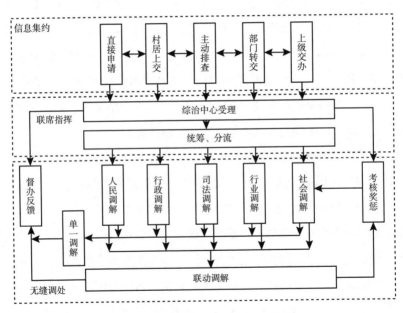

图3 参与式联动机制的解纷流程

（一）信息集约：参与式联动机制的前置流程

信息收集是参与式联动机制的前置条件。跨部门间信息的交互频率和

---

① 〔美〕尤金·巴达赫：《跨部门合作》，北京大学出版社，2011，第6页。

质量直接影响矛盾纠纷预防化解的效率。政府各部门间的专业性、独立性会形成组织壁垒，妨碍信息互通流动。各部门有自己独立的信息收集和分析系统。各类信息分散于政府职能部门中，相关部门的信息获取滞后于前置部门的信息收集。信息通过程序化方式传递，"条条"之间和条块之间难以及时共享互通。在信息不对称情况下，制度化权力难以及时进场，政府难以精准施策，即使采取治理行为，也存在逆向选择的风险，导致治理低效。政府要想提升治理效能，实现精准治理、源头治理，有效化解矛盾纠纷，就必须及时摸排属地信息，掌握有效和准确的信息，规避基层矛盾纠纷预防化解工作中信息共享的迟滞。

技术手段具有突破人类行为可能值的效用，对矛盾纠纷相关事件有较高敏感度，能及时对可能发生的事件进行预测并提出解决方案，实现由矛盾纠纷事后处理向事前治理的转变。为打破信息壁垒，消除基层矛盾纠纷预防化解工作可能存在的信息"空白点"，基层政府通过组织设计和技术创新实现信息集约化管理，力求将风险隐患找出来、研究透、控到位。一是通过技术手段和人工巡查相结合的方式及时捕捉社会现实情况，凭借专业手段，利用人工智能、大数据、智能化监控等先进技术构建应用模型。在对历史案例进行深度学习的基础上，对重点人员、重点群体、重大风险进行全方位画像，根据时空变化，结合智能摄像头等感知终端实时数据，生成分析研判报告，有针对性地提出防范应对措施。二是将网格与大数据技术结合，建立网格化服务管理信息系统，对各网格内的基本要素进行技术编码、动态采集和数据录入，利用信息化手段打破行政壁垒、整合部门资源，增强跨部门之间的协作配合，破解信息碎片化困境。

（二）联席指挥：参与式联动机制的决策流程

管理即决策，决策和领导行为贯穿基层矛盾纠纷预防化解工作始终。在科层体制中，权责配置的过程是线性单向运作的。缺少统一指挥、决策和调度的平台，就会存在条线之间相互割裂的弊端。联席指挥是实现对条块部门分割和多头管理、多头指挥的制度性补充。

在基层治理中，形式主义、部门主义等行为是一些政府或部门基于矛盾纠纷复杂性的策略性行为。当矛盾纠纷预防化解工作涉及多个部门时，明确由哪个部门牵头，哪些部门配合，是要解决的首要问题。简单通过事务性归属确定牵头和责任部门，牵头部门经常难以实质性统筹和动员责任部门参与解纷工作。责任部门职责范围内的"规定动作"已经很多，一般不会全力以赴应对"附加动作"。尤其是当上级领导的注意力不在这些问题上，日常也不开会讨论推进时，解纷工作便难以形成对责任部门的压力传导，常常就是牵头部门催促一下，责任部门才动一下，对矛盾纠纷的预防化解工作并不完全配合，经常出现推诿扯皮的现象。

基层政府通过联席指挥，弥补在矛盾纠纷预防化解中存在的条块分割和多头管理等问题。联席指挥的核心任务是统筹资源和派单指挥。通过联席指挥，根据实际需要，可以定期或不定期组织有关单位召开联席会议，通报工作开展情况，交流沟通信息，及时对影响社会稳定的矛盾纠纷及重大隐患分析研判，协调化解本地区跨镇（街道）、部门的疑难复杂矛盾纠纷或其他重大矛盾纠纷。综治中心作为实体化的工作指挥部，一般采取综治进驻、部门派驻、专业聘驻、社会邀驻的方式开展工作，督促、指导各行业性、专业性调解组织在中心设立派驻调解室，化解各领域纠纷。

（三）无缝调处：参与式联动机制的执行流程

基层矛盾纠纷预防化解工作的关键在于执行。高效执行的基础和支撑是资源，资源是权力和能力的根源，直接影响解纷主体的执行能力。资源可以分为配置性资源和权威性资源两大类。[1] 配置性资源指包括对人力、物力和财力等物质性事务的占有情况。如果缺乏配置性资源，解纷工作没有物质基础，就难以开展。权威性资源更多指制度化权力、非制度化权威等力量对人和组织的控制力、影响力。缺乏权威性资源，在解纷工作实践中，对越轨行

---

[1] Anthony Giddens, *Central Problems in Social Theory: Action, Structure, and Contradiction in Social Analysis*, University of California Press, 1979: 100-101.

为和离心倾向行为难以有效控制。[①] 资源多少直接影响基层矛盾纠纷预防化解工作实效。如何盘活存量资源和扩大增量资源是矛盾纠纷调处工作有效推进的关键。

将联席指挥和无缝调处有机融合，构建常态化协作平台。针对基层矛盾纠纷调解中组织不健全、治理不到位、参与度不高等问题，基层政府构建起"中心吹哨、部门报到、社会补位"立体化的矛盾纠纷调处机制。一是纵向贯通"四级链"自上而下搭建区、镇街（部门）、村（社区）、网格四级调解链，实现纵向贯通。同时，建立人民调解、行政调解、司法调解、行业调解、社会调解的"五调"联动的矛盾纠纷防治调解机制，形成"纵向到底、横向到边"基层矛盾纠纷预防化解网络。二是按照"行业主管部门主导、司法行政机关指导、相关部门密切配合"的原则，主动介入社会热点、难点领域开展调解工作，采取委托调解、派驻调解、特邀调解等方式，对属地内调解工作进行规划考核，统一受理、分流指派各项事务，打通各镇街、相关部门关键环节，最大限度地整合各方力量，实现矛盾纠纷全流程、闭环式化解。

（四）绩效绑定：参与式联动机制的反馈流程

基层政府和部门在实际行政过程中，通常偏向更可实现、更有利于个人和组织的任务，相对忽视复杂程度高、绩效考核占比低的治理事项。绩效绑定为基层矛盾纠纷预防化解工作的跨部门协同提供了监管基础，可以避免部门之间的"踢皮球、打太极"现象。绩效绑定既能实现对政府各部门任务完成的检验，又能实现对各部门的奖励激励，是一种压力传导也是动力推进，核心是确保奖惩结果与各部门工作情况的契合度。

基层政府实行矛盾纠纷首问责任、主动告知、引导服务"三统一"制度。镇街、部门等面对不属于自身化解范围内的矛盾纠纷时，以责任分工为基础，按照属地属事属人原则，将矛盾纠纷先交由纠纷发生地或当事人所在

---

① 陈柏峰：《社会诚信建设与基层治理能力的再造》，《中国社会科学》2022 年第 5 期。

地的村（社区）"纠纷易解"工作室调解，村（社区）难以调解的，报请镇（街道）"纠纷易解"工作站调解，镇（街道）难以调解的，特别是矛盾纠纷涉及多个部门，需要跨部门联合调解的重大疑难纠纷，报请区"纠纷易解"工作中心协调相关部门调解。为避免部门"各扫门前雪"产生的集体行动困境，把矛盾纠纷预防化解机制建设及工作开展情况纳入属地平安建设暨防范化解重大风险考核内容，严格考核执行情况，各镇（街）根据属地情况进行专项考核，将矛盾纠纷预防化解工作的结果纳入对各镇（街）、各部门的年度目标考核，实行"周分析""月研判""季通报""年考核"的工作动态评价考核，实现跨部门间的绩效绑定，促进调解工作落到实处、取得实效。

四　共建共治共享：各要素汇聚构建参与式联动机制

创新跨部门协同的基层矛盾纠纷预防化解机制，形成参与式联动机制是实现基层治理体系和治理能力现代化的题中应有之义。参与式联动不仅意味着传统综治模式下跨部门之间的协同配合，更要求矛盾纠纷的当事主体参与进来，彼此联结、共同参与，获得意见表达和利益博弈的平等机会。

（一）参与维度：主体进场与资源输入

传统基层矛盾纠纷化解机制侧重于依靠政府力量，通过公权力介入的方式解决矛盾纠纷，具有明显的行政属性。政府嵌入基层矛盾纠纷化解过程包括两个层面。一是方向指引，即中央通过政策方针、法律指引基层治理活动，确保在化解基层矛盾纠纷难题中始终将中央大政方针作为引领航标，政府嵌入基层矛盾纠纷化解过程表明其具有对复杂纠纷难题进行整合及规制的能力，显示出政府有能力通过政策方针的制定及法律规章的普及实现基层社会秩序稳定的目标。[1] 二是基层政府和相关人员在行为层面干预基层矛盾纠纷预防化解过程，通过政府进场，使基层政府和各职能部门形成紧密联系从

---

① 　汪锦军：《嵌入与自治：社会治理中的政社关系再平衡》，《中国行政管理》2016 年第 2 期。

而构建彼此联系的共同体性质的协作网络。

虽基层政府凭借国家强制力能够处理矛盾纠纷，然而强制性和标准化所彰显的理性主义特征在缺乏社会多元力量有效嵌入时容易成为基层政府治理失效的原因，过于依赖行政强制手段进行工具化治理，会造成政府与社会的浮空悬殊。行政嵌入是化解基层矛盾纠纷、提升治理效能的重要保障和必要选择，但行政权力的过度介入会遭到"社会的亚文化、地方习俗和乡村精英的抵制"[①]，不利于基层社会的长期稳定和发展。必须重视多元力量参与对预防化解基层矛盾纠纷的重要意义，关注多元力量嵌入的非制度化作用。

多元主体参与基层矛盾纠纷预防化解的过程并非以政府的对立面出现的，并不会对政府的行为产生竞争压力。相反，政府可以通过科学统筹各方力量，产生互补效应。政府与社会力量的互动协同是基于彼此的独立性为前提，政府在嵌入社会以更好地同社会一起化解基层矛盾冲突时必须保持自身的独立自主性，政府具有作为公权力主体所特有的偏好和目标利益，拥有实现其意志和目标的自主性空间和行动能力，能在与社会的互动协作中汲取行动资源、整合制度、执行政策，提升解纷工作的聚合效力与制度化的合作能力。

（二）联动维度：条块互嵌与网格联动

基层矛盾纠纷具有复杂性、多变性和突发性等特征。解纷工作涉及部门较多，单纯依靠某个牵头部门或简单的多部门联合行动难以取得满意的效果。政府部门的职能侧重点不同，政绩评价标准和归口不同，如果缺乏综合性统一调度的平台，容易出现行政重叠、力量分散等治理壁垒，陷入"看得见的管不了，管得了的看不见"的困境。基层矛盾纠纷具有不确定性，政府部门一般不会包揽或主动承接超出部门职责要求和考核指标的其他任务安排，"多做多错、少做少错"、不被问责逐渐成为一些基层政府和部门的追

---

① 〔美〕乔尔·S.米格代尔：《社会中的国家：国家与社会如何相互改变与相互构成》，江苏人民出版社，2013，第94页。

求，加剧了基层条块关系的分割失衡，部门协同难以实现。基层矛盾纠纷的精细化治理需要政府各职能部门及社会等多元力量的共同参与，共建参与式联动机制，实现主动参与、有机联动、明确分工，做到既有分工、又有协同，通过条块互嵌和网格联动形成基层矛盾纠纷预防化解的治理共同体，实现条块预警联动、处置联动、化解联动、稳控联动。

清晰明确的部门职责是政府履职尽责的基础，不明晰职责归属就难以实现精准治理。我国政府治理模式的特色是纵向呈现职责同构和机构"上下对口"的样态，^① 自上而下的条线部门职责相似，只是涉及的范围不同。在现实基层治理场景中，当复杂的基层矛盾纠纷同具有职责同构、职能交叉特征的部门设置相碰撞时，推诿卸责成为策略性行为，"条条"属事责任与"块块"属地责任难以通过及时沟通实现资源互通共享下的跨部门协同，需要利用制度赋权、技术赋能构建纵向合作和横向协同的关系，通过条块互嵌，整合治理资源形成治理合力，将"条线"部门的身份优势、资源优势充分运用于"块块"上，充分发挥"条""块"各自的比较优势，实现跨部门协同和联动执法。

"小网格"事关"大治理"，网格是最小治理单元，网格联动以空间为单位，联结国家、社会和民众。基层矛盾纠纷预防化解工作涉及基层政府多数部门，实现多元主体之间的协作互嵌和共同联动，规避可能存在的"各自为政"、效率低下等问题，需要加快构建数智赋能、集成协同的现代化网格治理体系。充分发挥网格优势，建立矛盾纠纷发现响应机制，推动矛盾纠纷防控关口向村社前移、情报信息收集触角向网格延伸。一是按照事项全覆盖、问题全闭环原则优化网格、微网格设置，以村居民小组、网格、小区、楼宇、院落等为基本网格单元，划小治理单元。二是将党建引领基层治理的政策、管理和服务延伸到"最后一公里"，将党支部建到网格上，细化村、社区网格员任务清单，推动机关、企事业单位在职人员和乡镇（街道）综合

---

① 朱光磊、张志红：《"职责同构"批判》，《北京大学学报》（哲学社会科学版）2005 年第 1 期。

执法人员下沉到网格，积极引导各类社会组织、物业服务企业等参与基层治理和服务，有针对性地开展基层矛盾纠纷调解工作，确保矛盾纠纷得到合理公正处理，提升基层解纷工作精准化、专业化，推进全方位、立体化的协同联动。三是利用电子网格技术、多元网格队伍和综合网格平台，以综治信息系统为基础，推动各层级政府智慧治理平台互联互通，与民政等部门信息系统汇聚共享，联结网格中的信息系统和业务系统，畅通多元主体之间的沟通、交流、协商渠道，形成"上面千条线、下面一张网"的格局，通过网格化管理、参与式联动、多元化服务，从组织设计层面化解基层矛盾纠纷预防化解中的主体缺位和管理滞后等问题。

（三）结果维度：成果共享与责任共担

基层社会稳定的结果具有非排他性和非竞争性的特征，且具有较强的正外部性，任一治理主体的解纷行为不仅会让本部门获益，还会增加相关部门的福利回报。然而，在基层矛盾纠纷预防化解工作中，"责任甩包"和"搭便车"也容易成为治理主体常见的策略选择，以期寻求最小成本下的最大化收益，不愿为实现多元主体共享的解纷利益而承担额外的付出。基层矛盾纠纷预防化解工作的参与主体队伍庞大，矛盾纠纷化解工作复杂度高、难度大，矛盾成功化解后的成果可以为多个主体共同分享，导致部分责任主体存在不积极履行法定职责，一味想要搭其他部门便车的现象。

基层矛盾纠纷的预防化解和治理主体之间本就存在"一对多"的复杂关系，在责任分担机制下，一些部门根据属事责任安排，仅完成自己分内的事务，消极等待其他主体承担更多责任，在集体行动困境下，参与解纷工作的责任主体越多，每个主体主动承担责任的动力就越低，跨部门协同就越难以实现，需要利用同一治理场域中不同解纷主体之间的共生关系，通过化零为整，建立多主体对一项矛盾纠纷的责任共担机制，平衡各部门之间的关系。责任共担是在基层矛盾纠纷预防化解过程中对参与解纷的多元主体分配义务的过程，当责任主体不止一个部门时，基于考核奖惩的理性逻辑，无论将主要责任分配给哪个部门都会引起被分配部门的不满，使责任共担成为解决责任分配的优选方案，不仅决策和执行需要多主体参与，考核评估也需要形成多元主体共同参与的网络。在责任共担原则下，基层矛盾纠纷的预防化解工作需要相关部门共同负责。

基层政府通常会优先完成职责范围内、考核指标明确规定的事务，特别关注奖惩所占权重大、问责严的任务，基于"避责"逻辑，各部门间根据职责设定相互独立，缺乏稳定的协同机制。为解决问题，可通过矛盾纠纷预防化解机制平台，整合各项考核内容，改变以往上级政府和各级职能部门逐级、分别对乡镇（街道）解纷工作多头考核和反复评估的情况。同时，将考核权赋予综治中心，由综治中心制定统一的考核内容和方式，将办理时限、办理情况、办理效果等纳入考核内容，通过成果共享、责任共担，形成以矛盾纠纷化解情况为导向的激励奖惩链条。这不仅减轻了各部门频繁考核的压力负担，避免了部门间的相互推诿卸责，还将各职能部门通过绩效绑定的方式联系在一起，消除责任差序格局状态下相关部门可能存在的机会主义行为。

五　结论

参与式联动机制是中央顶层设计、高位推动下地方政府结合属地情况进行适应性探索的结果。基层矛盾纠纷预防化解，需要推动全主体参与、全要素汇集、全方位联动、全周期服务、全方位强基。当面对涉及多主体、多领域、多部门的矛盾纠纷时，地方政府应坚持和发展新时代"枫桥经验"，树立系统集成观念，打破条块分割、"各自为政"局面，通过信息集约、联席指挥、无缝调处和绩效绑定，打造参与式联动机制，回应民众、化解矛盾。实现基层矛盾纠纷从"单一管"到"多方治"转变，推动基层矛盾纠纷预防化解工作从"反应式合作"向"参与式联动"转变。一是树立系统集成理念，优化资源配置，将党组织的政治优势、组织优势转化为治理效能，整合政府、市场、社会力量，促进治理体系全覆盖、治理要素全参与。二是依托线上线下数据汇聚，情理法并重，强化制度保障、技术赋能和情感治理的有机融合，实现"硬治理"与"软治理"同频共振，通过源头预防、及时调处、有效化解，实现案结、事了、人和。三是推进跨部门、多层次、多领域依法治理和全要素依法治理，推动更多法治力量向引导和疏导端用力，让法治理念全面融入基层治理实践。参与式联动机制一定程度上丰富了基层矛盾纠纷治理的知识库，为基层矛盾纠纷预防化解机制创新提供了一个新的视角和图景。

基层矛盾纠纷化解的内在逻辑与实现路径

周振超　郭炜萍*

一　问题的提出

矛盾处理是一个国家、社会长治久安的基础性工作。实现基层矛盾纠纷的实质性化解对于夯实国家安全和社会稳定基层基础具有重要意义。《关于加强诉源治理推动矛盾纠纷源头化解的意见》指出，要构建源头防控、排查梳理、纠纷化解、应急处置的社会矛盾综合治理机制。党的二十大报告强调，要"夯实国家安全和社会稳定基层基础""及时把矛盾纠纷化解在基层、化解在萌芽状态"。党的二十届三中全会指出，国家安全是中国式现代化行稳致远的重要基础，要完善公共安全治理机制，健全社会治理体系。

学界聚焦理论构建、具体解纷要素和具体解纷渠道开展基层矛盾纠纷化解方式研究。一是立足某一理论框架或研究视角完成理论产出。以"枫桥经验"为基础，提炼纠纷解决机制结构理论；[①] 以政社互动为视角，构建社

---

*　周振超，重庆警察学院党委委员、副院长，主要研究方向为现代政府理论和政府间关系、基层治理、城市治理；郭炜萍，华中师范大学政治学与国家治理研究院、中国农村研究院博士研究生，主要研究方向为基层治理。

① 彭小龙：《"枫桥经验"与当代中国纠纷解决机制结构变迁》，《中国法学》2023 年第 6 期。

会矛盾纠纷解决机制。① 二是研究实现基层矛盾纠纷化解的基本要素。凝练多元化纠纷解决机制②、诉讼与调解相结合③、访调衔接④、集成治理⑤、分层模式⑥、诉源治理现代化⑦、共治机制⑧等基本要素，推动了对基层矛盾纠纷化解方式的认识。三是针对具体解纷渠道进行专题研究。分析基层政府在复杂性治理情境下塑造治理资源的行动；⑨ 针对共享法庭制度化发展，认为下沉技术力量与司法力量、规范化发展、创新模式、加强队伍建设有益于进一步惠及群众；⑩ 关注信访矛盾纠纷化解，构建多元协同的信访矛盾纠纷预防化解机制；⑪ 优化派出所矛盾纠纷化解机制，加强系统结构内部的建设并提升系统外部的联结，实现其良性运行；⑫ 建立司法 ODR "互联网法院"，建成以"线上纠纷线上解决"为核心要义的网上"枫桥经验"。⑬

---

① 颜慧娟、陈荣卓：《国家治理现代化进程中的社会矛盾解决机制建构》，《江汉论坛》2017年第 1 期。

② 龙飞：《论国家治理视角下我国多元化纠纷解决机制建设》，《法律适用》2015 年第 7 期。

③ 郭星华、任建通：《基层纠纷社会治理的探索——从"枫桥经验"引发的思考》，《山东社会科学》2015 年第 1 期。

④ 温丙存：《信访救济与人民调解的衔接逻辑》，《中国行政管理》2020 年第 11 期。

⑤ 史云桐：《"集成治理"的实现形式及其内在逻辑——以社会矛盾纠纷调处化解中心为例》，《南京社会科学》2021 年第 12 期。

⑥ 蒲一苇：《纠纷分层过滤模式的探索与检视——以 N 市法院入驻矛调中心的实践为基础》，《法治研究》2022 年第 4 期。

⑦ 牛正浩：《新时代"枫桥经验"视域下诉源治理现代化路径构建》，《学术界》2023 年第 9 期。

⑧ 徐垚、吴春梅：《农村基层矛盾纠纷化解共治机制的优化及其治理效能》，《中南民族大学学报》（人文社会科学版）2022 年第 2 期。

⑨ 刘篪、刘倪：《复杂性治理情境下基层政府塑造治理资源的行动策略——以湖南省基层政府纠纷治理样态为例》，《湘潭大学学报》（哲学社会科学版）2023 年第 6 期。

⑩ 韩振文、张思雨：《共享法庭制度化发展的现实困境与优化路径——基于浙江省的实证考察》，《理论月刊》2023 年第 6 期。

⑪ 卜令全、王凯：《"一网四通六保障"信访矛盾纠纷预防化解机制创新实践研究——对北京市石景山区"石时解纷"信访工作平台的研究思考》，《中国行政管理》2023 年第 3 期。

⑫ 管晓静：《公安派出所矛盾纠纷化解：现状调查、困境思考与机制优化》，《中国人民公安大学学报》（社会科学版）2023 年第 2 期。

⑬ 韩烜尧：《论中国的线上纠纷解决机制（ODR）——"网上枫桥经验"的探索与发展》，《首都师范大学学报》（社会科学版）2021 年第 2 期。

新形势下，基层矛盾纠纷化解工作面临着转型社会下纠纷类型多样、所涉主体多元、内容复杂、后果危害连贯性大的复杂情境。上述变化深刻改变了传统的基层矛盾纠纷化解模式，导致已有理论也受到了挑战。应对新挑战，在实践中需要系统提炼地方创新经验，形成适合中国基层矛盾纠纷化解情境的做法，在理论上需要回答如下学术命题：影响基层矛盾纠纷化解的深层次结构是什么。为了回答这一问题，本文以重庆市铜梁区为考察对象，采用扎根理论研究方法，构建基层矛盾纠纷化解的内在逻辑模型，并据此提出完整的实现路径。

二　研究设计与案例呈现

（一）研究方法

扎根理论是实现理论自然涌现的方法，适用于因素识别、过程解读、复杂情况分析和新生事物探索这四类问题。[①]"基层矛盾纠纷化解的内在逻辑与实现路径"属于过程解读与复杂情况分析类问题。因此，扎根理论研究方法与本文研究问题具有较强适应性。扎根理论研究开始前并无理论假设，而是直接进入研究情境，通过与研究对象间的充分互动、对研究资料的完整收集，以及对资料库的准确分析、提取，实现对过程的把握和对理论的构建。其基本逻辑是持续获取新数据以发现新范畴、新属性或范畴间新关系。[②] 以实地调研实现对基层矛盾纠纷化解完整资料的收集，以一对一半结构式访谈实现与研究对象间的交互，以三级编码实现概念抽象与模型建构。

（二）研究对象选择

典型性是质性研究中案例选择的依据，以具有典型性的研究对象为切口，可以形成具有一定可靠性、普适性、可推广性的研究结论。本文选择重

---

① 贾哲敏：《扎根理论在公共管理研究中的应用：方法与实践》，《中国行政管理》2015 年第 3 期。

② 李贺楼：《扎根理论方法与国内公共管理研究》，《中国行政管理》2015 年第 11 期。

庆市铜梁区作为研究对象，具有以下三点原因。第一，重庆市作为全国辖区面积和人口规模最大的超大城市，存在较大治理压力和多种类型治理难题。重庆市处于社会结构转型过程中，社会人员构成多样复杂，整体办案压力较大，既面临基层治理复杂和案多人少压力，又承担着超大城市社会风险治理、公共安全治理机制完善与城乡基层治理体系建设任务。同时，探索超大城市现代化治理新路子要求重庆市坚持和发展新时代"枫桥经验"，推进韧性城市建设，有效提升防灾减灾救灾能力，产出众多解纷创新活动与实质性解纷成果。第二，重庆市铜梁区具有较丰富的解纷实践，为扎根理论研究提供了充足资料。2019 年以来，铜梁区建立起三级矛盾纠纷化解工作平台，完善"全域＋全链"大排查机制；以"一网整合"汇集解纷力量，法院、检察院靠前调解；深化"党建扎桩·治理结网"工程，大力推动数字政府建设，利用数字技术构建基层智治体系，将网格化管理与基层矛盾纠纷化解相结合，以数字技术实现二者的嵌合并行与效能提升。第三，重庆市铜梁区基层矛盾纠纷化解的丰富成果具有典型性。铜梁区坚持和发展新时代"枫桥经验"，牢牢把握平安维稳、和谐友善的解纷工作指向，学习浙江等地创新经验，对基层矛盾纠纷化解方式进行重塑整合与创新探索。其创新经验获得重庆市委政法委的赞同与推广，受到中央级、省级媒体关注与报道。因此，选取重庆市铜梁区作为考察对象，符合质性研究的典型性要求。

（三）资料收集

研究资料主要包括实地访谈文本、展示解纷过程与解纷手段的图片。访谈文本资料的收集需要选择合适的访谈对象，并在访谈过程中不断调整访谈问题，捕捉信息以确保研究资料的充分获取。"基层矛盾纠纷化解的内在逻辑与实现路径"兼具过程性与结果性，因而本文以解纷工作中承担直接解纷责任的政府工作人员、社区专干、网格员、企事业单位工作人员以及纠纷当事者作为访谈对象。需要明确的是，本文参照治理过程中对治理行为主体与治理结果主体的划分，将解纷过程中最重要的两类主体区分为解纷行为主体（以下称"行为主体"）与解纷结果主体（以下称"结果主体"）。2023 年 7

月至 2024 年 7 月，研究团队分三次进入研究地，共收集 23 份访谈资料。访谈时间为 30~120 分钟，且大部分不低于 1 小时。此外，还收集了相关政策法规文本材料、典型案例编汇文本资料、图片材料。

（四）铜梁区基层矛盾纠纷化解的创新实践

铜梁区依托重庆市"141"基层智治体系建设，将现有镇街办、站、所纳入系统进行统筹管理，健全平台化、模块化运行机制，推动形成权责清晰、系统协同的工作格局；推进"党建扎桩·治理结网"工程，在全区初步建立"纵向深入、横向铺开"的有序体系，已在全区建立起区、镇（街道）、村（社区）共计 362 个三级"一站式"矛盾纠纷调处中心，创新"三个＋"工作模式；推进网格、职能、资源"三整合"，整合网格，实现"多网合一"，整合职能，实现"一网兜住"，整合资源，实现"共建共享"；全方位归集，组建"1＋N"排查队伍，发动网格员、人民调解员、志愿者等力量，做到矛盾纠纷排查常态化、全覆盖，整合网信、公安、司法、信访、综治等线上信息渠道，及时归集、共享矛盾纠纷信息，建立区级矛盾纠纷风险库，规范归集口径；组建专业化排查调处队伍，实施财政兜底保障，构建全流程闭环管理和警调、访调、诉调对接机制；实施限时督办，通过亮灯机制、电话访问，进行跟踪反馈；针对物业纠纷，进一步完善物业服务管理工作机制，探索推行多种物业服务监管模式，完善物业服务管理自治体系建设，建立老旧小区物业管理长效机制。

近年来，铜梁区先后被确定为国家城乡融合发展试验区、全国乡村治理体系建设试点区、全国市域社会治理现代化试点区，全区信访总量下降 1/3 以上，群众安全感指数稳定达到 99% 以上。2022 年，排查各类矛盾纠纷 14127 件，成功化解矛盾纠纷 14014 件，化解成功率达 99.2%，镇村两级化解矛盾纠纷 10850 件。2023 年，铜梁区生产安全亡人事故起数、死亡人数均下降 27.3%，刑事发案数下降 25.1%，未发生自然灾害亡人事件，存在安全隐患的 210 栋经营性自建房全部完成整改，完成 24 件积年疑难复杂信访问题化解，矛盾纠纷调解成功率达 99.6%。

重庆市铜梁区基层矛盾纠纷化解的创新实践，在推动当地纠纷治理和基层治理现代化建设的同时，受到中央和地方认可。本文运用扎根理论研究方法，对其解纷实践进行探索，有利于形成更具有针对性、可操作性的先进经验。

三　理论模型建构

（一）开放式编码

开放式编码是对研究资料进行概念化、范畴化的过程，要求研究者着眼研究资料，将其打散，为其"命名"，实现概念化，而后进一步实现范畴化。本文将访谈录音进行文字转录，形成录音文本，利用 Nvivo 12 软件对其进行编码。这一阶段直接阅读材料，边阅读边编码，采取逐句逐段的方式为原始资料"贴标签"，最终获得 400 项初始概念。进一步将初始概念进行分类、比较、聚类，推动范畴化，随后获得 53 个初始范畴。

（二）主轴编码

主轴编码是实现从资料到理论过渡的重要步骤，是进一步推进概念化、抽象化的过程。程序化扎根理论研究范式提供了一种典型模范，这是一种用更抽象的方式将各个不同概念、模块、范畴组合起来，尝试判断因果关系的方法。首先，借用这种稳固的逻辑关系，将 53 个初始范畴根据其内涵、特征、关系分别归入因果条件、环境、干扰条件、行动策略和后果 5 个方面。其次，又按照属性、维度区分初始范畴，彼此交互，以发现初始范畴之间的深层关系。最后，形成情境要求、主体认知、解纷工具箱、敏捷化解和三维目标 5 个主范畴。

（三）选择性编码

选择性编码意在呈现范畴间的关系，实现理论化并建构理论模型。选择性编码主要分为确定一个或多个核心范畴以及形成故事线两大步骤。结合前两步编码情况，认识 5 个主范畴间的逻辑关系，确定"基层矛盾纠纷化解"

为核心范畴，主范畴围绕核心范畴展开。结合典型范式各方关系梳理主范畴之间、核心范畴与主范畴间的内在联系。

明确核心范畴与清晰主范畴间关系使故事线浮现。情境要求、主体认知、解纷工具箱、敏捷化解、三维目标与核心范畴联结成具有因果关系的逻辑线索。确定故事线为：在思想遵循与战略规划的情境下，要求构建完备、高效的解纷工具箱，合理的解纷主体认知与纠纷敏捷化解策略满足了这一要求，进而实现了实质性解纷的三维目标。

（四）理论饱和度检验与模型建构

理论抽样促进理论的充分涌现，也提供了理论饱和度检验思路。按照理论抽样原则设置两个理论饱和度检验步骤：一是在访谈实施与开放式编码过程中关注呈现的初始范畴，不再出现新的初始范畴时停止抽样。二是在三级编码步骤完成之后再次选择访谈对象，并对访谈文本进行编码，观察是否有新的初始范畴出现。严格遵照以上的检验思路和步骤，进行理论饱和度检验后发现，没有产生新的初始范畴，即通过理论饱和度检验。

为清晰呈现基层矛盾纠纷化解的深层次结构，建构理论模型（见图1）。

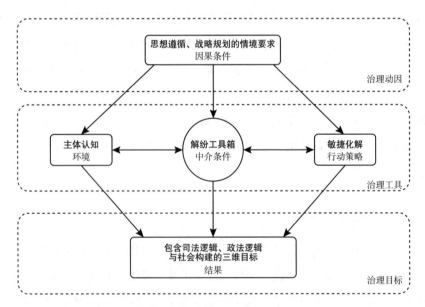

图1 基层矛盾纠纷化解的内在逻辑模型

四　基层矛盾纠纷化解的内在逻辑

纠纷治理动因驱动纠纷治理工具的敏捷运用进而实现纠纷治理目标。情境要求与三维目标构成这一过程的场景因果；解纷工具箱、主体认知、敏捷化解则组成"治理工具"，发挥衔接治理因果的中介作用。

（一）情境要求与三维目标：基层矛盾纠纷化解的场景因果

情境要求与三维目标分别是基层矛盾纠纷化解过程的动因与结果，二者驱动主体、指示方向、规范路径并确定了实质性化解的评价标准。情境要求中坚持群众路线、维护社会和谐稳定、推动治理现代化高质量发展的内涵要求也与三维目标的意涵一致。这一场景因果关系形塑了解纷工作的发生场景。

1. 情境要求：顶层设计的强势驱动与路径设定

政策情境是影响目标群体实施政策的环境性要素，包括政策环境、群体规范和基础条件，[①] 以党委、政府为主的解纷行为主体，受到政策情境的直接约束。基层矛盾纠纷化解的开展有其独特而充分的政策情境，包含先进思想指导、治理创新要求与平安建设战略要求，共同赋予解纷工作与行为主体强势助推力，并固定前进方向和规制发展路径。

第一，坚持和发展新时代"枫桥经验"是当前基层矛盾纠纷化解的指导原则。在传统"小事不出村，大事不出镇，矛盾不上交"解纷理念的基础上，新形势下把握"枫桥经验"科学内涵的同时还为其注入时代元素，强调加强党建引领，实行源头治理、协商调解、依法治理。实地访谈过程中，受访者多次提到"枫桥经验"，"因为现在我们说'枫桥经验'、诉源治理，要把矛盾纠纷解决在基层、要解决在萌芽状态"。新时代"枫桥

---

① 汪曲：《在其位谋其政：担当作为的政策形塑与行为遵从——中国场景下的扎根理论研究》，《中国行政管理》2022 年第 1 期。

经验"对行为主体进行观念指导的同时，也将先进经验外化为主体行为举措和规范，受访者继续提到，"最重要的步骤就是排查，信息排查很重要。我们现在强调'枫桥经验'，叫做'小事不出村，大事不出镇'。要做到这个就一定要及时排查信息，所以我们实施三级排查制度"。由此可见，坚持和发展新时代"枫桥经验"在提供先进纠纷化解经验的同时，亦以工作规约、评判标准的角色制约解纷工作，推动形成与之相适应的解纷行为。

第二，以推动基层治理创新性发展面向激发行为主体创新与改革热情。基层治理创新是为实现基层治理现代化而进行的基础性、综合性活动。2021年，中共中央、国务院强调加强基层治理体系和治理能力现代化建设。随后，推动基层治理创新成为共同期待和接受的发展追求与叙事模式，从众多基层治理创新实践与全国层面的基层创新优秀案例评选中可见一斑。基层矛盾纠纷化解作为一项基层治理实践工作，受到基层治理创新的思想引导与内在激励，相应新建组织、机构创新解纷方法，形成"枫桥式工作法""枫桥式公安派出所""枫桥式人民法庭"等创新叙事。

第三，平安建设下的基层治理组织形态与实践活动提供了基层矛盾纠纷化解的运行基础。公共安全是国家安全的重要组成部分。各级政府持续聚焦平安建设目标，完善公共安全治理机制，健全重大突发公共事件处置保障体系，强化基层应急基础和力量；常态化开展扫黑除恶斗争，营造和谐稳定社会环境，不断提高社会治理法治化水平。平安建设的诸多实践带来基层治理主体组织形态的变化，健全了基层基础设施设备，调整了职权体系。这种公共安全治理体系为基层矛盾纠纷化解的开展提供了组织、物质、人员基础。

2. 三维目标："实质性化解"的意涵与拆解

三维目标指基层矛盾纠纷化解的具体工作目标。实质性化解矛盾纠纷是纠纷治理的科学内涵和必然要求。然而，解读基层矛盾纠纷实质性化解目标的相关研究却相对较少，而这一目标的分解关乎解纷过程的面向、推进和调适，也为清晰呈现场景因果提供切口和视角。

第一，政法逻辑、司法逻辑与社会构建阐释。本文将基层矛盾纠纷的实质性化解目标拆解为实现问题解决与诉求满足的政法逻辑、预防暴力冲突并推进法治建设的司法逻辑以及进行观念引导和意识塑造的社会构建。满足人民群众对美好生活的向往，有效应对法律界定与法律解决低效甚至无效问题是对政法逻辑的彰显；基层矛盾纠纷化解实践中，清晰界定权益界限、制止损害、维护合法权益是司法逻辑的体现；社会构建意为以解纷工作培育人民群众主体性，提升其法治素养、道德素养，使社会主体与国家力量协同推进共建共治共享目标的实现。

第二，实质性化解的三维样态组合。前文将实质性化解定义为政法逻辑、司法逻辑与社会构建的三维目标，但解纷目标并不等同于三维目标的同时满足，而是在特定情形下实现三维叠加、两两组合或一维形态，这三种不同的组合形态均被识别为实质性化解（见图2）。第一种样态即三维目标的交互叠加，意为在具体的基层矛盾纠纷化解中，解决问题、满足诉求，遵照规定程序、满足"程序正义"要求，实现观念塑造、意识培育。第二种样态包含体现政法逻辑与司法逻辑、体现司法逻辑与社会构建以及体现政法逻辑与社会构建三种情况，在完成解纷程序并履行主体工作职责的前提下，无论实现哪种两两组合情况，都认为实现了基层矛盾纠纷的实质性化解。第三种样态是实现三维目标中的其中一维，同样要求在完成解纷程序且行为主体履行工作职责的情形下进行。政法逻辑在三维目标的多种样态组合中占据主导地位。在文章界定的实质性化解的样态组合中，存在未满足政法逻辑的情形，这种特定情形在现实实践中具有一定的合理空间。基层矛盾纠纷化解处于发展上升期，每一时段的纲领性政策将对其提出新的发展要求，风险社会、转型社会下的各类经济、生产生活风险又为其带来新的难题。这种"摸石头过河"时期和风险防治时期的特殊性，在要求行为主体有所作为的同时，也为其提供了"舒缓"空间，即在完整执行解纷程序，行政力量履行工作职责并尝试多种解纷方式的特定情形下，无论是否实现政法逻辑，政府体系内部以及社会整体评价均不会对其产生较强烈的批评和反对情绪，这仍然属于基层矛盾纠纷实质性化解的范畴。

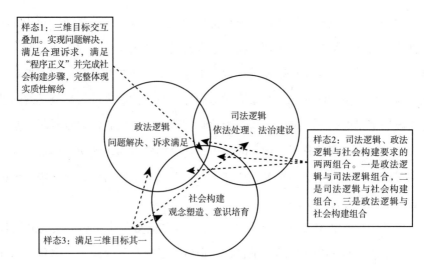

图2　三维目标的样态组合模型

至此，将情境要求与三维目标相结合便构成了基层矛盾纠纷化解内在逻辑的"前因后果"，前者框定了发生背景、场景条件和运行要求，后者指明了具有可及性的工作目标。

（二）解纷工具箱：基层矛盾纠纷化解的条件保障

解纷工具箱在特定的场景因果内塑造而成，其意指实现纠纷治理目标的众多资源、手段、方式，面向完备配置和高效运行，并最终成为基层矛盾纠纷化解过程的行动基础和条件保障。

1. 情境要求与三维目标推动解纷工具箱的构建

一方面，情境要求以强制力推动解纷工具的汇聚。坚持和发展新时代"枫桥经验"的思想理念要求以党委、政府为主的行动主体积极介入基层矛盾纠纷，并以自身权力资源、政策资源等赋能基层，以实现"及时把矛盾纠纷化解在基层、化解在萌芽状态"的就地解纷目标；实现基层治理创新的发展要求则为基层矛盾纠纷化解提供专项资金、政策支持和灵活空间；平安建设的政策规划直接以制度规范的形式强势推动属地政府、职能部门、自治组织、相关企事业单位等行为主体主动介入纠纷化解过程并要求各行为主体携带自身物质资源、权力资源赋能纠纷化解。

另一方面，三维目标规定了解纷工具的组成类别和汇聚方向。三维目标要求汇聚促进政法逻辑、司法逻辑和社会构建目标实现的解纷工具。因而，应汇聚权力工具、政策工具、平台工具、物质工具，建成多元矛盾纠纷化解机制并促进多元主体协同联动；应大力推进法治化建设，完善推进法治社会建设机制，纳入法治人才工具、体系工具；应开展专项活动，进行观念塑造和意识培育，纳入思想影响工具、观念塑造工具、主体培育工具等。三维目标的样态组合指出政法逻辑的主导地位并强调在特定情形下不同样态的转化。因而，在解纷工具汇聚时应考量加强培育权力工具，纳入和整合多元矛盾纠纷化解手段；考量建成规范、系统的解纷工作制度、解纷流程，对行为主体进行规范化管理，建设保障机制和考核监督机制，防止行为主体直接跳过政法逻辑，表面化履职。

2. 容纳所有解纷工具并面向高效的解纷工具箱

情境要求与三维目标的场景特征明确了解纷工具汇聚的动力和要求，推动了解纷工具箱的构建，也明确了解纷工具箱的内涵和特征。治理工具是以政府为主导的治理主体为了实现和满足公共需求、治理公共问题所采取的各种方法、手段、实现机制和制度安排。[①] 基于目标可及性和工具可操作性思路理解解纷工具箱的类别。结合三维目标的实现需要和扎根研究结果，将解纷工具箱区分为物质性工具、主体性工具、价值性工具、权力性工具、法治性工具、体系性工具，并且在情境特征下调整。其一，物质性工具指解纷工作推进过程中的基础设施、设备以及物质、资金支持，包括基层矛盾纠纷化解平台、调解室等平台设施设备，行为主体工资福利待遇，解纷平台建设与技术性工具耗用资金。其二，主体性工具包含村干部、社区专干、网格员、属地政府、职能部门等行为主体，以及实现多元主体合作、协商、协同的联系机制。其三，价值性工具指行为主体与结果主体间的信任感以及基层治理

---

① 周超、毛胜根：《社会治理工具的分类与型构——基于社会治理靶向和行动逻辑的分析》，《社会科学》2020年第10期。

能力。其四，权力性工具包含党政主体掌握的协调力、行业管理的规制力、市场评价的约束力以及社会舆论的影响力。① 其五，法治性工具指规范解纷工作程序、实现权益保护的法律、规则、程序。其六，体系性工具指基层矛盾纠纷化解体系。

3. 提供解纷工作行动基础与敏捷化解策略条件保障

其一，解纷工作以解纷工具箱为行动基础。在边境治理研究中，地区空间承载力影响着社会经济发展水平，空间承载力是边贸转型的行动基础。② 从"第三方"介入基层矛盾纠纷的角度来理解解纷工具箱的行动基础意义。在婚恋关系中，口角、争执一般不会主动进入矛盾纠纷化解渠道。社会主体往往具备一定的冲突消化、解决能力，自身即可完成矛盾纠纷的实质性化解。当矛盾纠纷冲突程度超过自主处置的能力和认知阈值，或者可能带来社会负面影响时，则主动或被动进入基层矛盾纠纷化解渠道。此时，解纷工具将成为替代"自主消化"的力量，以"第三方"力量实现解纷目标。这一过程将表现为行为主体运用多种解纷工具，推进解纷过程。

其二，纠纷敏捷化解以构建完备高效的解纷工具箱为条件保障。社会公共问题的解决要在政府的能力范围之内，基层矛盾纠纷的化解也要在解纷主体的能力范围之内。多元组织的政策工具箱是工具选择的前提保障，③构建完备、高效的解纷工具箱是纠纷敏捷化解过程的条件保障，具体体现为解纷主体运用解纷工具箱回应思想要求和战略要求，满足三维目标。受访者表示："构建解纷系统使基层矛盾纠纷化解更方便，各级组织可更快速地了解情况。"可知运用数字技术、创新基层治理体系提高了解纷工作效率。"我们现在配备了很多专职网格员，还动员了很多骨干力量，有群众带头人、优秀党员代表，补齐人员缺口促进解纷手段落地。"可见，主体性工具对于实

---

① 顾培东：《国家治理视野下多元解纷机制的调整与重塑》，《法学研究》2023 年第 3 期。

② 唐重振、聂春蕊、唐煜金：《多维创新：边贸转型背景下的边境治理——基于东兴市的扎根理论分析》，《公共管理学报》2023 年第 1 期。

③ 唐庆鹏、钱再见：《公共危机治理中的政策工具：型构、选择及应用》，《中国行政管理》2013 年第 5 期。

施敏捷化解策略的重要意义。多位受访者多次表示现阶段众多解纷资源、方式、手段的提供极大地提高了基层矛盾纠纷的化解效率。

（三）纠纷敏捷化解：基层矛盾纠纷化解的策略选择

纠纷敏捷化解是治理工具过程的关键步骤，指解纷主体灵活、敏捷地制定、实施和调整解纷策略，运用解纷工具箱，满足解纷需求。其以敏捷为抓手，以实现条件与需求匹配为本质。

1. 培育敏捷性解纷主体：行为主体与结果主体的认知塑造与能力提升

形成敏捷、灵活的行为主体与结果主体有利于构建完备高效的解纷工具箱、促进敏捷化解策略的灵活运用。由扎根研究结果可知，行为主体认知的改变直接促进解纷工具的供给和高效使用，并推动敏捷化解策略的精准运用，而结果主体形成合理认知并增强主体意识将有益于生成主体间信任感、供给价值性工具并为解纷工具箱的运用提供和谐有序场景。行为主体与结果主体的认知情况可以细分为"认知""能力"两大板块。

于行为主体而言，合理认知包括形成鲜明的解纷风格，比如雷厉风行、亲和、合作、创新风格，并能够依据实际情况自我调适；投放注意力于"为民服务"，受访者谈及其工作目标，"我还是希望能够得到居民的认可，在这个基础上给他们提供他们想要的服务，让他们满意是我的追求"；以富有亲和力和柔韧性的方式反复与结果主体接触、协调、磋商；摒弃唯程序化、避责的工作思路。同时，行为主体通过履行工作职责，"在其位谋其政"，[①]积累解纷经验，提升专业素养，形成敏捷性思维、适应性思维、精准性思维和底线思维，提升主体能力。作为解纷工具汇聚者、使用者，行为主体解纷认知的合理塑造和能力提升有利于完成解纷工具箱的构建并实现纠纷敏捷化解。

于结果主体而言，合理认知包括具有法治意识和主体意识。现阶段，国

---

① 汪曲：《在其位谋其政：担当作为的政策形塑与行为遵从——中国场景下的扎根理论研究》，《中国行政管理》2022 年第 1 期。

家各方面工作趋向法治化，全社会法治意识明显增强，社会各主体具备一定的法律常识、法治精神和法治理念，并具有可接触、可运用的众多法治渠道和法治手段，但仍然存在部分主体对法治精神理解片面或依据线上案例对法律适用"断章取义"的现象。主体意识指群众积极参与村（社区）基层治理事务，主动、有效维护自身利益诉求的意识。当前，社会建设中的主体意识有待增强，村民对乡村事务尤其是乡村生产、乡村建设之外的乡村治理现代化、乡村环境和文明建设等事务的参与积极性较低。社区治理中居民主体建构缓慢、社会组织的集体行动乏力、社区的公共性治理不足。复杂情境下，部分结果主体存在文化水平相对偏低、知识储备薄弱、知识结构相对单一的问题。增强其法治意识、主体意识，提升其个人素养，激发其参与积极性，有利于推动形成共建共治共享的纠纷治理格局，增进主体间信任感，落实纠纷敏捷化解策略。

因而，行为主体和结果主体的认知塑造和能力提升对于解纷工具箱的完备构建和效用发挥、敏捷化解策略的有效实施以及主体间信任感的增强具有重要意义。塑造敏捷、灵活解纷主体是纠纷敏捷化解过程的前置要求。

2. 定制匹配模型：建立联结解纷条件与解纷需求的敏捷化解模型

多元解纷机制存在的根本意义在于国家动员、整合并利用全社会解纷资源，形成不同能力、不同特点的解纷手段，并将其恰当地配置到纠纷解决过程中以有效适应不同纠纷的解纷需求，[①] 这表明基层矛盾纠纷化解的思路为以解纷条件适配解纷需求。敏捷化解为以治理工具箱应对治理对象提供了关键思路。[②] 据此，借鉴敏捷化解理论中的敏捷化解理念和分类思路，形成构建匹配模型的分析路径。首先形成基层矛盾纠纷分类，其次匹配解纷工具箱，最后联结解纷条件与解纷需求匹配的纠纷敏捷化解模型（见图3）。

---

① 顾培东：《国家治理视野下多元解纷机制的调整与重塑》，《法学研究》2023 年第 3 期。
② 薛澜、贾开、赵静：《人工智能敏捷治理实践：分类监管思路与政策工具箱构建》，《中国行政管理》2024 年第 3 期。

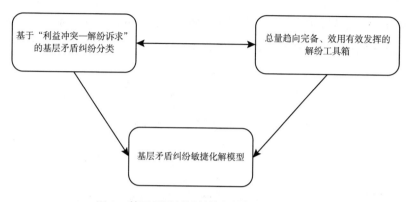

图 3　基层矛盾纠纷敏捷化解模型构建路径

第一，形成基层矛盾纠纷分类。区分基层矛盾纠纷的类别，并非无极限地列举常见纠纷类型，而是从基层矛盾纠纷的本质出发，试图形成涵盖纠纷本质特征的分类标准。不论何种类型、何种表现形式、何种负面影响程度的基层矛盾纠纷，都具有利益冲突或诉求不满的本质特征。从基层矛盾纠纷的本质特征出发，构建纠纷分类框架，借助基层矛盾纠纷的主要类型进行验证，最终形成基于"利益冲突—解纷诉求"的基层矛盾纠纷分类，将矛盾纠纷区分为疑难激化型、诉求蔓延型、利益冲突型、即时满足型四种类型。

结合典型矛盾纠纷对四种基层矛盾纠纷分类进行验证和完善。疑难激化型矛盾纠纷主体间利益冲突较激烈，且纠纷当事人诉求强烈。诉求蔓延型矛盾纠纷一般不具有激烈利益冲突，重点在于纠纷主体间的解纷诉求强烈，带有情绪化、情感化、道德化倾向和易蔓延易激烈化特征。利益冲突型矛盾纠纷主体间具有激烈、显著的利益冲突，一般而言，此类矛盾纠纷的解纷关键即解决利益冲突，常常出现在属地政府以及相关职能部门纠纷化解渠道中。即时满足型矛盾纠纷较少涉及权益冲突和权界问题，发生之初并不具有强烈情绪冲突，其权益冲突与主体诉求均具有即时性、临时性。

第二，匹配解纷工具箱。敏捷纠纷化解要求实现解纷条件与化解对象的适配。基层矛盾纠纷敏捷化解模型要求针对不同类别的基层矛盾纠纷，匹配适当的解纷工具箱，并且强调这一过程的灵活多变、敏捷柔韧。在前文对基层矛盾纠纷化解分类的基础上，借用典型矛盾纠纷案例，梳理解纷面向、解

纷策略，匹配基层矛盾纠纷四种类别与解纷工具箱间的对应关系，最终建立基层矛盾纠纷敏捷化解匹配模型（见表1）

表1 基层矛盾纠纷敏捷化解匹配模型

矛盾纠纷类型	典型举例	解纷面向	解纷策略	解纷工具箱
疑难激化型（Ⅰ型）	涉众型经济纠纷	政法逻辑司法逻辑	多元化解纷	领导力量高位推动体系运转法律规范司法力量制度框架多元主体协同多元化解手段衔接机制
诉求蔓延型（Ⅱ型）	家庭纠纷	政法逻辑社会构建	柔性解纷	多元主体协同体系运转多元纠纷化解方式心理服务体系调解平台创制前置法治宣传优化公共服务
利益冲突型（Ⅲ型）	民间借贷纠纷	司法逻辑	以法定分	法律约束基层法庭建设法治力量下沉前置法治宣传诉讼与非诉讼方式衔接
即时满足型（Ⅳ型）	邻里纠纷	司法逻辑社会构建	前端控制	采集全覆盖网格力量覆盖信息管理迅速归集法治力量下沉调解力量下沉开展预防活动

表1匹配了应对不同基层矛盾纠纷类型可供选择使用的解纷工具，并在物质性工具、主体性工具、价值性工具、权力性工具、法治性工具、体系性工具的分类下具体梳理了几种典型工具。需要注意的是：其一，解纷工具间并非相互独立，而是相互支撑、相互转换、共同作用；其二，具体基层矛盾

纠纷案（事）件并非固化在某一类别下，而是根据具体内容和情况变化而在类别框架下变动和调整；其三，类型繁复的基层矛盾纠纷在发展过程中持续性动态演变，解纷行为主体需在解纷工具既定的情况下优化工具配置，把握三维目标不同样态组合情况的可及性，精准研判，制定、调整、落实解纷策略，实现纠纷敏捷化解。

五 基层矛盾纠纷化解的实现路径

本部分从宏观到微观，由表及里，由战略规划发展策略、治理工具优化建议、障碍因素解决对策三部分形成基层矛盾纠纷化解的完整实现路径。

（一）构建基层解纷体系以夯实就地解纷基层基础

基层矛盾纠纷化解的工作情境强调夯实国家安全和社会稳定基层基础，实现就地解纷。把握系统思维，建设"一站式"基层矛盾纠纷多元预防化解平台，协调职能部门力量，运用网格化管理、精细化服务，建成基层解纷体系，变治理体系为体系治理，实现就地解纷目标。

1. 纵向打造基层矛盾纠纷多元预防化解平台

一方面，在地市、县区、镇（街）层级建立"一站式"基层矛盾纠纷多元预防化解平台，并在村（社区）建立拥有信息收集与传递、政策宣传与解读、法律服务与咨询、矛盾纠纷协调与调解功能的基层矛盾纠纷化解创制平台。"一站式"基层矛盾纠纷多元预防化解平台意指承担矛盾纠纷信息收集与传递、矛盾纠纷事务流转、全程监督职责，掌握整体性解纷资源，协调多元主体参与，运用和协调多元解纷手段的基层创新平台，在实践中主要展现为"一站式"解纷平台、综治中心、矛调中心、平安建设中心等。以制度定型，并且打造纵向贯通和横向联动的协调体系，建成系统化组织架构。

另一方面，加强社会系统的构建，支撑平台有效运行。结构功能的发挥与社会系统的建设是一个相互影响、相互调整的过程。为形成有利于解纷平台的社会系统，应赋予平台法治建设、社会构建职能，在平台搭建时应为社会力量参与预留法定、理性空间，并运用激励、联合、动员等多种手段增强政府与社会力量间的协同联合。依托各级"一站式"基层矛盾纠纷多元预防化解平台，开展法律服务、法治宣传活动，并在矛盾纠纷预防处理过程中以案释法、解读政策，审理一案、治理一片；依托村（社区）解纷创制平台，下沉法官、检察官、警官、律师等法治力量，加强与群众的生活化接触并借此塑造群众法治意识、法治精神。

2. "条条"部门以专业优势赋能基层"块块"

基层解纷体系作为一种治理结构需要配备有利于其效用发挥的支撑条件，以"条条"部门赋能基层"块块"，为基层解纷体系提供条件支撑。"条条"是具有专业属性的从中央政府直至乡镇政府层级职能部门的序列化总称，其拥有的专业性优势可以转化为重要解纷资源，夯实解纷基层基础。政府职能部门掌握政策信息，具有特定领域专业知识并执行行业管理制度，具有人力、物力、财力资源。要将"条条"的专业和技术优势与"块块"的统筹和属地优势有机结合起来。

其一，通过设立基层矛盾纠纷化解专项小组／领导小组，开展解纷专项活动，加强党组织对解纷工作的统一领导，或将纠纷化解纳入地方发展规划，并在会议、文件中加以强调，强化纠纷治理对各个职能部门的影响势能。其二，依托政府职责体系，理顺街乡与政府职能部门之间的关系。[①] 通过理顺和细分基层矛盾纠纷化解的内容、要点、责任，结合政府的职能、资源，明确属地政府以及各主要职能部门的解纷职责。其三，建立健全协商机制，以政策形式强制性推进职能部门的人、财、物在基层解纷网络中的运转。在司法、民政、公安、信访等职能部门现场入驻的基础上，实现条块间在纠纷治理事务上的目标共同、内容共融、衔接顺畅。其四，稳固条块整合、跨域合作、跨部门合作的关系形态和治理模式。跳出部门主义、"各自为政"的固化思维，围绕政法逻辑，坚持党对政法工作的绝对领导，建设政

---

① 朱光磊、黄雅卓：《从"职责同构"到政府职责体系：基层负担过重现象的生成与破解》，《中国行政管理》2024年第4期。

法委统一领导下的政法队伍，推动纠纷信息的合理共享和有效传递，提供科学的监管考核激励制度和方式。

3.发挥网格化管理对社会系统的优化作用

一方面，依托数字政府建设与基层智治体系建设，提升网格化治理的数字化效能。依托数字技术，将技术触角深入社会治理的最小单元，以数字技术信息归集代替人力查找收集，发挥数字技术在网格化治理中的监控、分析、预防作用，实现网格化治理对社会系统的充分感知。浙江、上海等地大力推进数字政府建设与基层智治体系建设，以扁平高效、预先感知、及时调控、综合监管的数字政府体系助力基层矛盾纠纷的线上线下"双网格"联动化解。

另一方面，微网格的发展和推行逐渐将行政权力和行政规范推向每一个最小治理单元，在正确方向的指导下相应提供帮助社会主体生产生活和生活质量提升的精细化服务。从满足群众需求、提高群众自治能力的角度出发，通过加强网格与网格的联结、社区与社区的沟通，以竞赛、评比等方式促进不同主体、角色间的联系；借助党建力量开展治理专项活动，为社会组织提供参与、合作的空间和机会，形成更多生活化参与和创新性思考，在活动类型上结合村（社区）现状考量是否提供"品质民生"服务和活动。

（二）整体化建设解纷工具箱并敏捷化塑造纠纷化解过程

1.分层投入行政资源并塑造主体间信任

一方面，分层投入行政资源，构建解纷工具箱。不同层级主体有着不同的治理功能，不同层级的治理功能有着不同的治理对象、治理范围、治理任务和治理资源。[①] 区分宏观、微观层级，以其承担的行政职能和事务责任、掌握的权力资源与人财物资源，形成治理工具分层投入优化策略。一是加强中央层级政府对治理事务的资源投入。中央层级可以出台更具有操作性、规

---

① 赵娟、孟天广：《数字政府的纵向治理逻辑：分层体系与协同治理》，《学海》2021年第2期。

范性的文件对基层矛盾纠纷化解工作进行指导，以制度形式明确职能部门及各单位职责；基于纲领性文件精神提供具有法律强制性的行政规章、部门规章；根据文件内容和精神内核加强对基层矛盾纠纷化解的关注，提供相应政策解释和政策支持。二是提高基层政府对省、市、县层级行政力量的协调联动能力。以制度定型，建立起有利于主体合作、协调、协同的治理机制。通过培育政府之间的"伙伴关系"[①]，形成相互尊重、相互平等的工作关系，就基层矛盾纠纷化解这一治理事务密切合作；运用中心工作、专项行动等运动式治理模式实现上级职能部门对基层事务的关注；加强省级、市级、县级以及镇街级政府的沟通衔接，召开纵向联席会议，了解解纷工具建设和缺损情况、协同和运作情况，整体性协调政府纵向解纷体系；加强权威统合，夯实基层政权，发挥基层政府主导治理事务与聚合多元主体的作用。

另一方面，以培育主体间信任关系、多元主体协同塑造主体间信任感。敏捷化解强调发挥多元主体协同的重要作用，由相关利益主体共同推动化解模式快速、灵活变化。建立主体间信任关系与实现社会主体有效融入是优化价值性工具与主体性工具的关键。一是培育主体间信任关系。加强领导包干，落实领导接访、干部走村入户工作；加强法官、检察官、警官、律师以及职能部门领导干部与群众的生活化接触；推动行政主体间"伙伴"关系建设，在具体矛盾纠纷化解上适当淡化层级关系，以平等互助的姿态开展合作，形成相互平等与相互尊重的工作关系。从教育、家庭、宣传、礼俗性规约等角度破题，在微信公众号、视频号、小程序等宣传平台投放文明广告，增加宣传密度；对村（社区）基础设施进行一体化包装，宣传中华优秀传统文化及礼仪礼节；加强家庭家教家风建设；将文化嵌入和思想引领深入实践，支持符合条件的企业、个人等社会力量提供乡村医疗、养老、教育等优质服务，在基层场域内形成主体间信任感。二是促进多元主体协同。行为主体拥有的解纷资源、解纷工具总是有限，在矛盾纠纷变动不居的情形下单一资源更是"捉襟见肘"，亟须实现行为主体间的协调、合作、协同，进而实

---

① 朱光磊、黄雅卓：《从"职责同构"到政府职责体系：基层负担过重现象的生成与破解》，《中国行政管理》2024 年第 4 期。

现共同治理目标。依托"一站式"基层矛盾纠纷预防化解平台，建立共治机制，设定共治流程，推进协商议事，实现国家与社会、政府与公民在公共治理中的良性互动。[①]

2.细分解纷全过程并嵌入敏捷化解理念

基层矛盾纠纷化解的全过程可细分为：掌握案（事）件基本信息、精准研判化解策略，依托解纷工具箱实施化解策略，监督、反馈化解情况并调整化解策略。通过将主动调试、全面收集、精准感知的敏捷化解理念纳入各个阶段，提升全过程解纷敏捷性。

一是全覆盖感知基层矛盾纠纷信息。敏捷化解理念要求运用线上线下多种手段，运用网格员、信息员、联户干部、志愿者等多元主体，共同感知矛盾纠纷信息和动态变化情况。二是构建统筹协调的解纷工具箱。敏捷化解理念要求实现解纷工具箱的统筹协调，即在总量既定的情形下，优化配置，发挥更高治理效能，并根据治理需求的快速变化，实现反复提取和动态组合。建立包含物质性工具、主体性工具、价值性工具、权力性工具、法治性工具、体系性工具在内的解纷工具箱；建立健全信息管理系统与基层智治体系；推动多元行为主体协同与多元矛盾纠纷化解机制建设，完善解纷工具协调转换机制；将解纷工具箱管理职责赋予"一站式"基层多元矛盾纠纷预防化解平台或某一政法单位，设置具有包容性的管理规章，协调统筹解纷工具箱的使用；运用容错纠错机制，为应对多变情况调整解纷工具预留适当空间，推动解纷工具的灵活组合。三是联动整合、灵活转换解纷策略。手段与目标相适应，目标变化会带来策略的调整。实现多种解纷策略的联动整合、灵活转换以满足化解策略敏捷性变化的需要。解纷方式的衔接通畅程度直接影响多元化纠纷解决机制的公正、高效、便捷程度。[②] 通过建立纵向解纷体系，建立多元解纷手段衔接机制，使多种解纷方式、解纷渠道、解纷程序、解纷处理依据发挥作用。

---

① 彭莹莹：《协商治理与社会矛盾化解》，《社会主义研究》2021 年第 1 期。
② 龙飞：《论多元化纠纷解决机制的衔接问题》，《中国应用法学》2019 年第 6 期。

（三）联结解纷行动者网络并开展治理专项活动

主体认知偏离是影响解纷工具箱建设和纠纷敏捷化解效果的障碍因素，行为主体与结果主体由于在纠纷治理中的位置、角色、作用不同而具有不同的认知调整方式。实现对行为主体的专门化管理，开展治理专项活动，营造村（社区）平安和谐氛围，以纠正主体认知偏离，推进社会构建。

1. 开展行为主体规范化管理并提供行动保障

一方面，进行行为主体规范性管理。科层制提供了一种以增强行政系统专业性、规范性而提高行政效率的建设思路。适当运用科层制中的正式规则、绩效管理、职权分工、业务培训等理念有利于推进解纷行为主体专门化管理。一是进行强制性规则与内生性规则管理。以常规管理规范政府行为主体行为，从人民调解共识、公共空间礼俗性规范、公共服务要求和民众需求出发形成面向国家力量与社会力量整体的内生性规范。在规则制定时遵循有效发挥行为主体敏捷化解效用的理念，设置具有包容性的管理规范，为行为主体在特定情形下整合解纷工具、调整解纷策略提供灵活空间。二是以法治思维推进多元主体职权分工，形成政府体系内部以及政府与社会力量之间的职责分工，并以相关法律规章定性，提供法律保障。三是提供理论培训与实务训练。聘请高校专家学者和具有丰富调解经验的主体联合进行业务培训；转变培训方式，开展现场实践、实务培训，带领新手调解员参与调解工作；围绕建立主体合理认知、实现纠纷敏捷化解目标，制作工作清单、工作手册，编集典型解纷案例，发挥宣传引导、学习交流作用。

另一方面，开展以目标管理、回访反馈为主的行动保障。针对解纷行为主体进行目标管理，充分考虑基层矛盾纠纷类型与解纷工具箱适配情况以及解纷目标的实现可能性。形成目标管理工作手册，提供典型案例帮助行为主体学习解纷目标转换方法；以制度规范的形式将"解纷目标设定与转换"作为纠纷治理过程的重要环节，并提供解纷目标转换衔接机制；运用会议研讨、文件规范、业务培训等方式增强行为主体目标管理意识，培训目标管理方法。此外，针对解纷行为主体，建立回访反馈机制，了解其对解纷目标设置、解纷工具箱构建、敏捷化解策略选用与实施的意见和建议，对现存制度性缺陷提出可行性建议并向上级反馈，将行为主体提供的意见建议反馈和整改落实情况纳入考评指标体系。

2. 基于氛围治理思路开展治理专项活动

现实情境中，部分村（居）民仍受惯习影响，保持旧有不适应现代化发展的生活习惯和观念意识。氛围治理以一种非正式权力通过增强或削弱个体力量巩固主体化过程，^① 提供了实现情感治理、形成主体间信任关系、增强群众主体性的新路径。按照氛围治理的过程，通过举办治理专项活动，在结果主体间营造和谐氛围，增强其主体意识、公共意识，纠正主体意识偏离化。

第一，确定治理价值。结合基层矛盾纠纷化解的要求，强调环境改善、文明建设、文化传承、平安建设、法治建设。进一步，建立评价标准，开展体现治理目标和建设标准的治理专项活动，确定典型模范并发挥其带头作用。

第二，举办治理专项活动以传递治理价值。情感转译是氛围治理的核心环节。通过开办村（社区）治理专项活动，在活动中以具有符号意义的横幅、牌匾、声音、奖状等营造情感氛围；改造设计村（社区）基础设施建设，对路灯、墙面、公共设施进行常态化、统一性设计；发挥村（社区）微信群、村内广播喇叭等信息传播工具的作用。同时，发挥模范人物在基层治理场域的渗透、扩散、凝聚作用。

第三，连续开展治理专项活动，持续输出治理价值。通过治理专项活动塑造的情感治理空间，能够促进情感共鸣、治理目标、治理理念的不断扩散。村（社区）活动具有不连贯性、短暂性，因而氛围治理的关键是保障活动的不断"复制"，开展连续性、常态化治理专项活动。针对村（社区）治理资源有限的现状，可相应举办群体性文体活动、公益活动，探索提供婚丧

---

① 魏航、彭文洁、石楠：《"氛围"：情感治理的新路径——基于 P 市文明城市"模范氛围"的分析》，《中国行政管理》2022 年第 4 期。

嫁娶、快递物流等普惠性社会服务。

第四，满足符合治理价值的个体意愿与需求，新设治理专项活动。强调人民群众主体性，在基层场域中大力推进共建共治共享的治理理念，并相应建立意见表达与落实机制。通过线下创制空间、协商活动和线上信息收集平台了解群众意愿，将群众需求度高且与治理目标契合的活动作为新设治理专项活动开展。进而，按照氛围治理的路径，以治理专项活动的形式，传递治理价值，增强结果主体法治意识、主体意识、治理意识，提高其个人素质。

六　总结与讨论

新形势下的基层矛盾纠纷复杂且疑难，亟须认识基层矛盾纠纷化解的深层次结构。重庆市的解纷实践为认识这一问题提供了现实智慧和重要素材。本文扎根中国情境下的基层矛盾纠纷化解实践，识别和呈现基层矛盾纠纷化解的关键要素和完整过程，挖掘其深层次机理，并在此基础上提出发展策略、优化建议和解决对策，构建基层矛盾纠纷化解的完整实现路径。

基层矛盾纠纷化解展现为"治理动因—治理工具—治理目标"的衔接过程。治理动因和治理目标构成了场景动因，框定了政策背景、发展方向和路径规范。治理工具是衔接"因""果"的关键步骤，意为灵活、敏捷的解纷主体制定、实施、调整解纷策略，实现解纷条件与解纷需求的适配，基于内在逻辑，形成完整的实现路径，从治理动因层面，提出构建和优化基层解纷体系；从治理工具层面，强调构建解纷工具箱，实现纠纷敏捷化解；从障碍因素层面，强调转换解纷主体认知，应对偏离化。从治理动因到治理工具再到治理目标的因果递进逻辑较为常规，而"基层矛盾纠纷化解的内在逻辑"模型清晰地呈现了这一过程的关键要素和深层次机理。同时，在纠纷敏捷化解中强调主体认知的重要意义，将敏捷化解理念下落为具体的主体认知、主体能力，并将其嵌入解纷全过程。此外，在政策工具的分类基础上，结合扎根研究结果，提出了具有一定可操作性的治理工具分类办法。

  本研究仍存在以下不足，在未来的研究中也将尽量克服这些不足以获得更优质的研究结论。第一，扎根研究的资料收集问题。基层矛盾纠纷化解的实现越来越离不开社会组织、企事业单位等多元主体的参与，本研究难以广泛接触到所有解纷行为主体，在社会力量的访谈上存在欠缺；实地访谈效果受研究者研究能力、受访环境以及受访者影响，访谈资料收集的精准性存在欠缺。在后续的研究中，将寻找更多的途径收集全国具有典型性的基层矛盾纠纷化解资料，多接触不同性质的行为主体，并反复加强自身研究能力、分析能力实训，以不断对理论模型进行校正。第二，本研究运用扎根理论进行研究分析，对研究者的抽象化能力、分析归纳能力、理论敏感性都具有较高的要求。研究者对于扎根理论的运用还不够成熟，在后续研究中研究者还要加大对扎根理论相关文献的阅读，加强对扎根理论研究的实践。

永川数字化联调中心赋能多元社会矛盾纠纷化解[*]

邹东升　付婷婷　周　萍[**]

　　基层治理是国家治理的基石，是社会治理链条上的"最后一公里"，科技支撑、数字赋能已经成为验证中国社会治理智能化的质效特征。数字时代，联调中心便是基层治理过程中推动多元社会矛盾纠纷化解的"一站式"智能化平台。重庆市全面贯彻党的二十大精神和习近平总书记视察重庆重要讲话重要指示精神，坚持统筹发展和安全，把平安重庆建设作为"一把手"工程，深化除险清患，夯实基层基础，实现维稳保平安向法治创平安、面上静态平安向本质动态平安、一时一域平安向全域全程平安的根本性转变。重庆永川区数字化社会矛盾纠纷联合调处中心（以下简称"永川数字化联调中心"）是重庆首个区级社会矛盾纠纷联合调处中心（以下简称"联调中心"），是永川区践行"我为群众办实事"的鲜活案例，也是推进全国市域社会治理现代化试点的创新实践。永川数字化联调中心通过坚持和发展新时代"枫桥

　　* 本文为2025年重庆市城市管理局政策研究课题"重庆超大城市现代化社区综合治理的成效评估、难题识别与机制重构研究"（课题号：CGYJ2025015）的阶段性成果。

　　** 邹东升，西南政法大学政治与公共管理学院教授、博士生导师，重庆城市治理与发展研究院副院长，主要研究方向为政府管理、城市治理、国家安全；付婷婷，西南政法大学政治与公共管理学院硕士研究生，主要研究方向为社会治理；周萍，西南政法大学政治与公共管理学院2024级公共管理专业硕士研究生，主要研究方向为基层治理。

经验"，探索社会矛盾纠纷全链条集成、"一站式"调处新平台，将矛盾减少在源头、纠纷发现在前头、问题化解在苗头。本文通过分析永川数字化联调中心提供的资料以及笔者实地调研所搜集到的资料，梳理数字化联调中心赋能多元社会矛盾纠纷的典型案例，系统分析永川数字化联调中心的矛盾纠纷化解机制和新路径，并说明永川数字化联调中心的实践逻辑和运行效能。永川数字化联调中心运用数字技术搭建了数智治理的架构体系，通过科学的规划建设、数据资源整合优化和应用场景拓展延伸，矛盾纠纷化解效能显著提升，同时基层治理的社会化、法治化、智能化、专业化水平也得以提升。但当前基层智慧治理在"软性"条件建设、共享数据库利用、监督考核机制建设、部门统合能力提升等方面还存在一定发展困境，可从树立数字化思维，充分利用共享数据库，完善监督考核机制，提高统合能力等方面破解以上困境，以推进基层治理现代化、提高社会整体智治水平。

一 "数智治理"推进"一站式"多元纠纷化解机制建设

处理矛盾、化解纠纷是社会治理的基础性工作，我们党始终把矛盾纠纷化解作为社会治理的重要内容。习近平同志在党的二十大报告中强调，畅通和规范群众诉求表达、利益协调、权益保障通道，完善网格化管理、精细化服务、信息化支撑的基层治理平台，健全城乡社区治理体系，及时把矛盾纠纷化解在基层、化解在萌芽状态。①2023年是贯彻党的二十大精神的开局之年，数字重庆建设的七个系统分别为数字党建、数字政务、数字经济、数字社会、数字文化、数字法治和基层智治。基层智治是数字重庆建设重要内容之一，入驻永川数字化联调中心的各部门通过流程再造、数字赋能，构建高效协同和整体智治模式，在一定程度上能够推动数字重庆建设。2023年重庆市人民政府工作报告提到，要以数字政府建设为牵引，构建多跨协同的工作

---

① 习近平:《高举中国特色社会主义伟大旗帜　为全面建设社会主义现代化国家而团结奋斗——在中国共产党第二十次全国代表大会上的报告（2022年10月16日）》，人民出版社，2022。

机制，同时注重整体智治、高效协同，推进跨部门数据共享、流程再造、业务协同。重庆市委书记也强调，要全面把握平安重庆建设目标要求，抓细抓实除险清患重点任务，要着力防范化解社会矛盾纠纷，集中开展矛盾纠纷"大排查大起底大化解"专项行动，坚持和发展新时代"枫桥经验"，解决信访突出问题，把风险矛盾纠纷发现在早、防范在先、处置在小。多元社会矛盾纠纷化解是深化社会体制改革的应有之义，也是服务民生、促进和谐的有效途径，是新时期建设法治社会、提升社会治理水平、满足人民群众需求的创新之举，同时在一定程度上能够助力平安中国建设。

构建"一站式"多元纠纷化解机制，是坚持和发展新时代"枫桥经验"的具体举措，是坚持党的领导，发挥中国特色社会主义制度优势，坚持将非诉讼纠纷解决机制挺在前面，将调解的优良传统与数字化、智能化、智慧化发展潮流有机融合的创新实践，具有鲜明的中国特色和中国风格，对于完善多元社会矛盾纠纷化解机制，推进治理体系和治理能力现代化建设，以中国式现代化全面推进中华民族伟大复兴具有重要意义。

"数智治理"是随着数字技术在经济、社会、政治生活中日益广泛应用而产生的"数智化"（数字化、智能化与智慧化）的新型治理模式。"数智治理"具体是以数据和算法为中枢，以平台为载体，实现数字化和智慧化一体交融、万物互联、人机协同的新型治理形态，旨在运用数字技术、智能技术推动社会治理更加数字化、智能化与智慧化，具有敏捷性、节点性、穿越性等鲜明特征，为社会治理迭代升级做出了突出贡献。近年来，我国基于大数据、区块链等数字化治理工具，在多元社会矛盾纠纷化解中取得良好成效。通过提升数字素养、加快数据共享和数据开发、激发数据潜能等众多方面的努力，推动了政府治理数智化、高效化发展，更实现了行政效能提升与服务温度传递的有机统一。"数智治理"是通过整体智治来实现的，整体智治作为一种创新融合的理念，能够实现整体协同和智慧治理的有机统一。[①]"数智

---

① 钱天国：《数字赋能全链集成创新：整体智治政府的建设路径》，《浙江学刊》2022 年第 3 期。

治理"突破传统模式组织功能单一、制度流程繁杂、解纷效率低下的限制，以功能融合打通传统科层制壁垒，以数据互联整合解纷资源，以科技创新简化多元社会矛盾纠纷化解流程，是推动"一站式"多元纠纷化解机制建设的关键所在。对实践情况进行理论分析，可以看出"数智治理"从数字化、智能化、智慧化三个维度推进"一站式"多元纠纷化解机制建设。数字化是准确把握"一站式"多元纠纷化解机制建设的基础，智能化则推动"一站式"多元纠纷化解机制建设取得明显成效，智慧化则能充分发挥"一站式"多元纠纷化解机制的显著优势。

（一）数字化，准确把握"一站式"多元纠纷化解机制建设的基础

数字化时代，数据要素对经济发展、人民生活和社会治理产生了整体性、根本性和革命性的影响。习近平总书记在杭州考察时指出，"从数字化到智能化再到智慧化，让城市更聪明一些、更智慧一些，是推动城市治理体系和治理能力现代化的必由之路"①。大数据、人工智能、区块链等新兴数字技术驱动着社会经济制度和社会治理体系的数字化转型，成为全面推进国家治理体系和治理能力现代化的重要支撑。数字经济时代，面对外部环境变化及内部组织变革等诸多挑战，政府亟须通过数字化转型提升多元社会矛盾纠纷化解能力，在此过程中，数字基础设施建设成为影响数字化转型的关键要素。"一站式"多元纠纷化解机制建设从传统走向智慧，首先要经历数字化阶段，只有对"一站式"矛盾纠纷化解平台所收集到的实时数据进行有效治理、消除差异，并基于同一个数据模型观测，建立彼此之间的相关性，才能真正开展智能化分析。实际上，"一站式"矛盾纠纷化解平台既是实现数据有效治理的前提和基础，也是推进数智化转型的第一步。数据量大小已经今非昔比，当海量数据产生，需要海量技术存储、处理、分析，于是就催生了

---

① 习近平：《关于〈中共中央关于制定国民经济和社会发展第十四个五年规划和二〇三五年远景目标的建议〉的说明》，《人民日报》2020 年 11 月 4 日。

大数据；当数据在云、管、端协同的时候，云计算的优势就显现了。数字重庆建设推动了各级各部门流程再造、数字赋能、高效协同、整体智治，为建设现代化新重庆注入强大动力。永川数字化联调中心与永川区综治中心一体化运行，通过对收集到的实时数据进行统一存储和管理，为后期矛盾纠纷预警、异常监测等场景奠定坚实的基础。

（二）智能化，推动"一站式"多元纠纷化解机制建设取得明显成效

当前，我国已经迈入大数据时代，数字化工具正逐渐成为多元社会矛盾纠纷化解的关键性力量。随着互联网与人工智能技术的不断发展，社会矛盾纠纷治理主体能够精准解决复杂多样的社会矛盾与纠纷，并逐渐厘清其产生和发展的规律。数字化与智能化的本质区别是最终决策谁来做，当数字化生成的海量数据，通过算法自动做出决策并执行时，就实现了智能化。智能化是指在计算机网络、大数据、物联网和人工智能等技术的支持下，系统具有状态感知、实时分析、科学决策、精准执行的能力。与传统"一站式"矛盾纠纷化解平台相比，智能化平台最突出的优势是数据"大集中"，它通过统一的监控中心来集中管理和分析平台所有数据，并建立数据之间的相关性，最终建立智能化场景来化解多元社会矛盾纠纷。随着科技的不断发展，永川数字化联调中心矛盾纠纷化解平台提供了智能调解、线上法律援助、虚拟现实调解和人工智能纠纷预警等众多方面的服务，大大提高了矛盾纠纷调解工作的准确性和效率，同时节约了社会资源。在未来的社会治理中，智能化将为"一站式"多元纠纷化解机制建设发挥越来越重要的推动作用。

（三）智慧化，充分发挥"一站式"多元纠纷化解机制显著优势

智慧化与智能化的本质区别在于系统能否自我提升、进化和迭代升级，智慧化的本质是系统具有自我学习与提升能力。针对"一站式"多元纠纷化解平台生成的海量数据，人工分析往往需要耗费大量的时间，而智慧化分析不仅可以完成数据筛查，还可运用数字化和智能化手段化解各种矛盾纠纷，

从而切实提升群众满意度。新时代矛盾纠纷具有主体多元化、类型多样化、跨界扩散快、关联穿透性强等特征，光靠"土办法"调解，既费时又低效。数字技术的运用使以往许多不可治理的问题变得有章可循，并使城市更聪明、更智慧。智慧化"一站式"多元纠纷化解平台通过提供专业的法律咨询服务、引入更加高效便捷的调解与仲裁机制、搭建功能强大的线上纠纷解决平台、提供更全方位的证据收集与保全服务等，为人民群众提供全方位、高效便捷的"一站式"纠纷化解方案。重庆市通过建立统一的基层数据采集标准，融合共享上级政府数据，搭建基层智慧治理基础数据库，为智慧治理奠定了坚实的基础。与此同时，永川以智慧交通、智慧医疗试点为重点，积极拓展数字化应用场景，大力发展数字经济，在打造成渝地区双城经济圈智慧城市新高地上取得显著成效。在未来的社会发展中，智慧化在矛盾纠纷化解中发挥越来越重要的作用，为社会和谐稳定贡献力量。

数据技术深刻影响着城市治理主体的能力、认知和行动策略，也改变着基层政府治理的组织形式和运行逻辑。① 随着能够处理大量且多样数据的数字技术的出现，永川数字化联调中心拥有了满足调解对象多样化需求的新工具，能够为调解对象提供及时性、个性化的矛盾纠纷调解服务，以数字化、智能化、智慧化引领开创现代化矛盾纠纷化解新局面。永川数字化联调中心"一站式"多元纠纷化解平台的建立，一方面可以推动多元社会矛盾纠纷调解工作的精细化、高效化，通过建立"一站式"集成、全链条共治的社会矛盾纠纷调处枢纽平台，真正实现了"一窗反映、一门受理、一地综办"，能够更为精细和高效地调解社会矛盾纠纷，同时促使永川数字化联调中心能够为调解对象提供既有"速度"保障，又有"温度"关怀的矛盾纠纷调解服务；另一方面有助于平安社会的建设与社会活力的激发，永川数字化联调中心作为一个"一站式"综合服务平台，将关键业务整合在一处，提高矛盾纠纷化解效率和水平的同时有助于推动平安社会的建设与社会活力的有效激发。

---

① 孔祥利：《数据技术赋能城市基层治理的趋向、困境及其消解》，《中国行政管理》2022年第10期。

二 重庆永川数字化联调中心多元矛盾纠纷化解现状

（一）永川数字化联调中心多元矛盾纠纷化解背景

1. 永川区及永川数字化联调中心简介

重庆市永川区位于重庆西部，是成渝双城经济圈枢纽节点、重庆主城都市区战略支点，其区位优势明显。城区因三河汇碧形如篆文"永"字、山形如"川"字而得名，于 2006 年设区。永川作为渝西的重要板块，辖区面积为 1576 平方千米，截至 2021 年 11 月 1 日，永川区下辖 7 个街道、16 个镇、55 个社区居委会、206 个行政村，全区常住人口 114 万人，中心城区面积 80 平方千米、人口 80 万人。

永川数字化联调中心于 2021 年 9 月 8 日正式投用，位于永川国家高新区凤凰湖产业园兴龙大道 2400 号，建筑面积约 6000 平方米。永川数字化联调中心是永川区创建全国市域社会治理现代化试点的创新实践，是深化全国法治政府建设示范区的重点工程，在永川区委平安永川建设领导小组直接领导下开展工作，与永川区综治中心一体化运行。成建制入驻专业队伍，永川数字化联调中心整合公共法律服务中心、行政争议调解中心、诉调对接中心等功能平台成建制组建由 60 余名专职人员构成的专业队伍。首批入驻民营企业、建筑行业、物业管理、劳动争议等 10 个行业调委会，分别聘用 3 名以上专职人民调解员，配套打造了一批具有行业特色的金牌调解室，为群众提供更加精准高效的调解服务。同时，永川数字化联调中心鼓励社会组织、行业协会、志愿队伍、自治团队入驻。

永川数字化联调中心的建成投用，是永川区探索"一站式"解决群众诉求的重要举措，也是永川区推进社会治理便民服务平台建设、探索完善社会矛盾纠纷多元预防化解综合机制的有效举措、有益尝试。永川数字化联调中心赋能多元社会矛盾纠纷化解的实践中，通过充分整合运用各类人民调解手段和各行业性专业调委会优势，充分发挥社会矛盾纠纷联合调处中心、社会治理云网工程智能应用平台、乡贤评理堂等作用，成为信访事项和矛盾纠纷解决的"终点站"。据统计，永川数字化联调中心成立一年后，当地新收诉讼案件数同比下降 10.12%，群众信访量同比下降 21.83%，治安类警情同比下降 30.5%。

2. 永川数字化联调中心的政策背景

党的二十大提出要在社会基层坚持和发展新时代"枫桥经验"，为"及时把矛盾纠纷化解在基层、化解在萌芽状态"的矛盾纠纷化解方式提供了新的正确方向。基层矛盾纠纷的有效化解既是国家治理体系和治理能力现代化的主要实践基础，同时也是社会治理效能提升的关键环节，这夯实了基层治理根基，彰显了党的二十大的重要精神。

按照中央部署和市委要求，重庆市正在深入开展政法队伍教育整顿活动，通过倾听群众呼声，从群众身边事做起，从小案小事抓起，下大力气解决群众急难愁盼问题。为此，重庆市高级人民法院联合市公安局、市司法局于 2021 年 3 月 31 日联合印发《关于全面建立"一庭两所"矛盾纠纷联调机制的意见》，通过人民法庭、司法所、派出所资源共享、优势互补、无缝衔接来建立矛盾多元化解的联动机制，为群众提供更加多元便捷的矛盾纠纷化解方式，切实把矛盾化解在基层。

综上所述，永川数字化联调中心多元矛盾纠纷化解的政策背景是积极探索和推进社会矛盾纠纷多元调处化解机制的完善和发展，以适应新时代基层社会治理的需要，有利于维护社会稳定。

3. 永川数字化联调中心的发展背景

永川社会矛盾纠纷化解工作由以前出了事情"看急诊"向"治未病"转变。为做实基层社会治理和群防群治工作，永川数字化联调中心建立"区—街镇—居村"三级综治中心，区级综治中心与永川数字化联调中心一体化运行，运用智能技术提高社会治理效能，推动基层治理从"单一矛盾纠纷化解"逐步向"研判预警未来风险"转变，努力把矛盾纠纷化解在基层、化解在萌芽状态。永川数字化联调中心为此专门开发搭建了"一平台·双网格·多应用"智治体系，横向贯通部门、纵向直达村社，构建业务上下协同、数据互通共享，基层社会治理线上线下联动的工作运行体系，大幅提升了社会矛盾纠纷的预测预警预防能力，同时解决了治理碎片化的问题。永川数字化联调中心是目前中西部地区规模最大、功能最全的社会矛盾纠纷"一站式"便民服务平台，通过整合资源、创新机制、再造流程、优化功能，建设了集信访接待受理、矛盾纠纷联调、诉讼源头治理、公共法律服务、社会风险研判、综合指挥调度等多功能于一体的社会治理综合体，整合了永川区委政法委综合治理业务部门及法院、司法局、公安局、信访等条线部门人员力量，同时与23个镇（街）的综合信息指挥室互联互通，协同块上资源。通过抓块统工作，永川区已基本建立健全群众诉求的"受理—研判—分流—调处—督办—问效"全周期闭环运行流程。预警出现后，按照属地管理事项清单，厘清区、镇街、村（居）三级权责，分别交付给职能部门或镇、村处置，推动各领域矛盾纠纷调处化解力量全面整合、全面提升，这一流程抑制了条块分割所带来的"各自为战"、"治理空白"和"治理过度"的问题，同时避免给基层增加额外负担。

永川数字化联调中心建设之前，永川的解纷方式无法精准匹配互联网、人工智能的发展。一是随着人口流动加快，面对面的纠纷化解模式难以满足"异步参审""异域参审"等解纷方式时空分离场景下的解纷需求；二是跨行业、跨领域等复杂纠纷专业性强、波及面广，传统的单部门解纷模式无法统筹不同区域、不同层级、不同领域的多元社会矛盾纠纷化解资源，急需数字化解纷模式推动多元社会矛盾纠纷化解的一体化协同治理。经济体制改革和社会结构变动而引发的利益调整、观念冲突、社会震动，使矛盾主体增加，社会矛盾类型更加复杂多样。这些社会矛盾涉及领域广、突然性强、群体性特征明显且极易激化，成为社会稳定的潜在风险。为针对性解决上述问题，永川数字化联调中心秉持"数智治理"理念，推动纠纷化解与大数据、智能平台等治理要素的深度耦合，以更加专业化的治理模式为化解多元社会矛盾纠纷赋能。

总之，数字化赋能永川多元社会矛盾纠纷化解是新时代社会治理创新的必然要求，同时也是地方实践探索的体现。永川区作为重庆市的重要组成部分，其在矛盾纠纷化解方面的实践和探索具有重要意义，永川数字化联调中心的建设不仅提高了永川多元社会矛盾纠纷化解的效率和水平，也为其他地区提供了可借鉴的经验。在未来的发展中，永川数字化联调中心将继续发挥其在多元社会矛盾纠纷化解中的重要作用，为建设平安重庆贡献力量。

（二）永川数字化联调中心多元矛盾纠纷化解机制

永川数字化联调中心作为重庆首个区级社会矛盾纠纷联调中心，其矛盾纠纷化解机制是重庆市探索和完善社会矛盾纠纷调处化解机制的重要组成部分。重庆市永川区通过创新推进多元矛盾纠纷预防化解综合机制改革，聚力打造集信访接待受理、矛盾纠纷联调、诉讼源头治理、社会风险研判、综合指挥调度等功能于一体的社会矛盾纠纷联合调处中心，构建了"网格站岗、信访吹哨、调解为先、法治兜底"的社会矛盾纠纷全链条预防化解机制，将矛盾纠纷减少在源头、社会风险化解在苗头。

1. 网格站岗

网格治理是基层治理的基础性工程，也是基层治理的"前哨"和"连心桥"。永川区按照"地域相邻、构成相似、规模适度、方便管理"的原则，在原有网格化管理服务的基础上打造"升级版"管理服务，推进网上网下"双网格化治理"，线下整合300个城市网格、2980个农村网格和120个专属网格建设"全科网格"，同时将党建、社会治安、城市管理、应急管理、特殊人群服务管理等社会治理相关事项纳入网格，每个网格配置1名网格长、4名专（兼）职网格员、N名网格志愿者，汇集"1+4+N"人员力量。线上通过信息系统、网络圈群使风险要素实现虚拟入网，加快实现各类社会稳定风险的一网排查、多方协同、闭环处理。与此同时，永川区组建网格指导员监督、网格长牵头、专（兼）职网格员负责和平安志愿者等专群力量参与的网格工作团队，充分发挥网格员"宣传员""排查员""调解员"作用和"人熟、地熟、事熟"的优势，并依托搭建起的横向联通各部门，纵向贯通区、镇（街道）、村（社区）、网格的"综治中心＋网格化＋信息化"工作体系，及时将网格内基础信息、矛盾纠纷隐患、公共安全隐患等信息收集上传至综治中心云平台，有效实现社会治理要素一端采集、全网共享、动态更新，以打通基层治理的痛点、堵点。"小事不出村、大事不出镇，矛盾不上交，就地化解。"永川区不断深化实践新时代"枫桥经验"，纵深推进网格化治理方式，针对不同类型的事件设计不同的信息排查流程和事件处置流程，同时从巡查走访、信息排查、事件处理、记录四个方面对专职网格员的工作进行规范，同时对网格员工作事项进行清单式管理，并对专职网格员从基础信息录入率、动态信息采集率、应知应会知晓率、网格评价满意率四个方面进行考评，考评结果与绩效、评奖评优挂钩能够充分激发网格员工作动

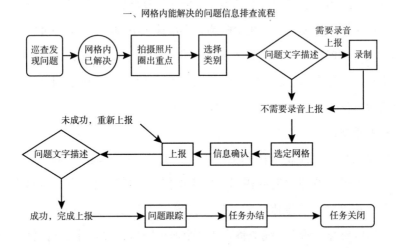

图 1　网格信息排查流程

力，助推基层"小网格"激发治理"大能量"。简言之，永川区按照"主动发现、信息反馈、及时报告、协助解决、跟踪反馈"工作流程，将事关群众的社会治理、安全稳定、民生服务等事项纳入网格化服务管理。依托"两微两端一平台"，永川区进行线上信息采集、及时发现问题并上报，线下同步调处矛盾问题、回应群众诉求，破解社会治理和民生服务"最后一公里"难题，让"小事一格解决、大事全网联动"。

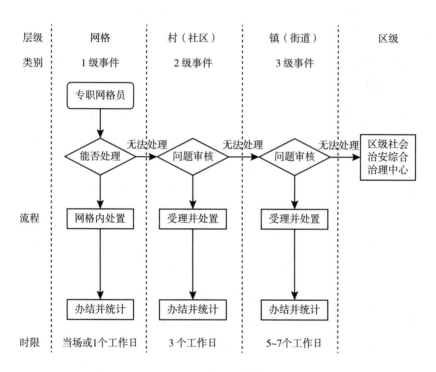

图2　网格事件处置流程

2. 信访吹哨

为了践行新时代"枫桥经验"、打通服务群众"最后一公里"，永川数字化联调中心创新实施了"信访吹哨"的新机制，整合各方力量参与社会治理，推动职能部门和辖区单位力量在永川数字化联调中心聚合，自实施以来，大批矛盾突出、涉及面广的复杂问题"应哨"而解。永川区连续四次获得"全国信访系统先进集体"奖牌，这标志着 20 年来永川区信访工作在全国先进表彰中一次不落。永川区依托 3000 多个城乡网格、263 个乡贤评理堂常态化滚动排查、主动代办、及时处置矛盾纠纷问题，把服务送到群众家门口。永川区信访办同时实行"受理—研判—分流—调处—督办—问效"闭环管理，探索"四步接访法"，建立"每日线上巡查、每周筛案督办、每月通报质效"机制，确保信访事项首接首办、快办快结，实现永川区信访事项平均受理时长缩短至 5 天内，平均办理时长缩短至 30 天内，群众满意率逐年提升。永川区建立"百炼成钢"干部队伍培养机制，建成 79 个接待窗口、263 个村（社区）服务点，构建"中心＋窗口＋站点"三级服务网，信访事项及时受理率、按期办结率均达 100%。永川数字化联调中心实施运行"信访吹哨"的社会矛盾纠纷全链条预防化解机制，"倒逼式"推动信访工作创新，变被动应对为主动治理，变群众走访为单位下访，变属地稳控为部门共同化解，打造了属地和部门联动的信访工作新局面，更好地协同条块资源，在提升群众获得感、幸福感、安全感的同时，助力全区经济稳定发展。

3. 调解为先

对于已经发生的矛盾纠纷，永川数字化联调中心强调优先调解的重要性，突出行业调解和行政复议主渠道作用，优化诉调、检调、警调、访调、专调一体化联动机制，促成人民调解、行政调解、仲裁调解、司法调解融合发力，配套运用行政裁决、仲裁、公证、司法确认等方式增强调解协议的法律效力，一方面可以防止矛盾纠纷进一步激化，节约矛盾纠纷化解时间，另一方面由于人民调解更具原则性和灵活性，更能通过鼓励的方式使人民群众积极参与矛盾纠纷的预防和化解。永川区人民法院派出机构高新区人民法庭（诉调对接中心）整体入驻永川数字化联调中心，达成的调解协议可当即申请完成司法确认，从而增强了调解协议的法律效力，大幅提升调解的公信力、执行力。对现场无法达成调解的案件，也可通过联调中心内的诉调对接中心、行政争议解决中心、劳动维权服务中心进行行政调解、仲裁调解、司法调解。最终无法调解解决的案件，则被引导进入疑难信访交办、遗留问题处置和诉讼兜底程序。永川数字化联调中心将 17 项矛盾纠纷调处关键业务有效整合，充分发挥不同领域部门、社会服务组织、跨行业调解员各自专业优势，协调联动"一站式"联调群众所遇到各式纠纷，努力解决人民群众急难愁盼的"烦心事"。同时，永川数字化联调中心引入10个行业调委会，为群众提供专业优质的矛盾纠纷化解平台，确保行业调委会建设规范化、管理科学化、运行制度化、服务专业化。另外，永川数字化联调中心还设有多个综合调解室，遇到涉及多个部门的矛盾纠纷，可现场组织相关行业调委会进行"综合会诊"调解。除此以外，永川数字化联调中心还与川渝政法合作，创新探索川渝治安联调机制，建成川渝边界治安联调功能室，与合江、泸县毗邻地区合作共建8个边界治安联调室，同步建设远程视频调解系统，构建中心功能室指挥调度、8个边界治安联调室合作调处的异地联调机制。永川数字化联调中心受理事项后会先进行分类分流调解，如果首次调解不成功，将立即无缝引入行政复议、劳动仲裁、诉讼方式，并在裁决前再次运用调解手段，让更多信访事项和矛盾纠纷化解在小、解决在早，努力实现小事网格解决、大事不出镇街、难事综合调处，让永川数字化联调中心成为信访事项和矛盾纠纷解决的"终点站"。永川数字化联调中心成立两个月后，累计接待群众3544人、受理案件2313件，高效解决了群众诉求问题2087件，推动民事一审新收案件环比下降6.8%，群众信访量环比下降9.1%，诉前调解成功率环比上升25%，达到了微事网格解决、小事不出村居、大事镇街调处、难事中心统筹调处的目标，实现了快速分流处置各类矛盾纠纷，这项工作已走在全国前列。

4. 法治兜底

党的二十大报告强调，"必须更好发挥法治固根本、稳预期、利长远的保障作用，在法治轨道上全面建设社会主义现代化国家"。永川数字化联调中心要实现矛盾纠纷化解机制中法治兜底的路径，必须大力提高社会治理的法治化水平，用"规则治理"。工作中，永川数字化联调中心始终坚持法治兜底原则，畅通法治渠道，对穷尽非诉调解措施仍然化解不了的矛盾纠纷，直接引导当事人通过行政复议、行政裁决、劳动仲裁和民商事的诉讼等法治化途径解决。永川区人民法院也在永川数字化联调中心设置派出法庭，难以

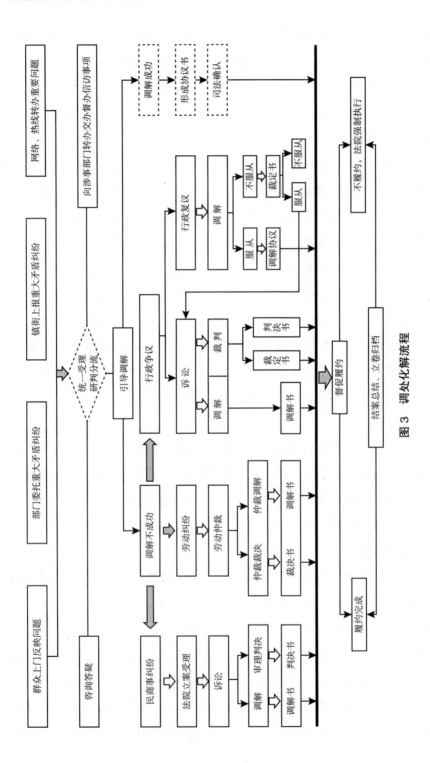

图 3　调处化解流程

调解的纠纷可以在这里立案，进入法律程序，若纠纷不属于派出法庭管辖范围，群众也可以在此立案，再根据管辖范围通知，去不同地方参与诉讼。为满足群众诉求和矛盾纠纷"一站式"综合服务需求，实现集中、高效、快捷的便民、利民、惠民工作机制，永川区公共法律服务中心分现场办理区、自助服务区、后台支持区三个区域为民服务。与此同时，永川数字化联调中心全面加强法律服务工作，入驻的公共法律服务中心提供"一站式"服务，为群众提供及时精准普惠的窗口化、综合性、"一站式"公共法律服务，实现群众就近"找律师、找公证、找法援、找复议、找鉴定、找咨询、找调解"，形成"办事依法、遇事找法、解决问题用法、化解矛盾靠法"的鲜明导向，减少群众采取"打官司"、缠访、闹访、越级上访或其他过激方式表达诉求的情况。

综上所述，重庆市永川区在坚持党建引领下积极探索完善的社会矛盾纠纷多元调处化解机制是一种创新且有效的基层治理模式，该机制的特点主要有三个：一是"一站式"，即各类矛盾纠纷都可以在这个平台得到受理、分流、调解、跟踪和反馈，群众无需再为解决矛盾纠纷在不同的部门之间来回跑、多头跑；二是"多元"，即平台集合了多元的调解资源和调解力量，包括政府部门的调解员、专家学者、社会贤达等共同为群众提供调解服务；三是"联动"，即平台上的各个部门、各类调解力量之间可以形成协调联动，针对复杂的矛盾纠纷进行集体会诊、协同解决。该机制的另一重要特点是规范化和标准化，所有的调解服务都有章可循、有法可依，既保证了调解服务的质量，也提高了调解服务的效率。同时，永川数字化联调中心通过建立统一的信息管理系统，可以实现调解工作的数字化管理，提高管理效率。

（三）永川数字化联调中心多元矛盾纠纷化解新路径

永川数字化联调中心与永川区综治中心一体化运行，整合了人民信访接待中心、诉讼服务中心、公共法律服务中心、社会治理综合指挥中心、行政争议调解中心、劳动争议调解中心、重点遗留问题处置中心、网格化服务管理中心等功能平台，设置了民商事审判庭、行政复议审理庭、劳动争议仲裁庭、警务综合服务站、心理疏导服务站以及 10 个行业调委会，配套完善了领导接访室、12309 检察工作室、行政复议听证室、律师工作室、网格之家、未成年人维权保护工作室等调解业务辅助功能室（见图 4）。

8个功能平台	人民信访接待中心（区信访办）	行政争议调解中心（区司法局、区法院）
	诉讼服务中心（区法院）	劳动争议调解中心（区人力社保局）
	公共法律服务中心（区司法局）	重点遗留问题处置中心（区委政法委）
	社会治理综合指挥中心（区委政法委）	网格化服务管理中心（区委政法委）
1窗口受理	按需设置无差别受理窗口，集中接待受理群众反映的信访事项和矛盾纠纷问题，统一受理包括一般信访事项、行政争议纠纷、民营企业纠纷、工伤认定、劳动仲裁、民工工资、法律咨询、法律援助、公证、司法鉴定、物业纠纷、消费者权益纠纷、环保纠纷投诉、民事立案、司法确认等群众服务事项	
3庭2站	民商事审判庭（区法院）	警务综合服务站（区公安局）
	行政复议审理庭（区司法局）	心理疏导服务站（区卫生健康委）
	劳动争议仲裁庭（区人力和社会保障局）	
10个行业调委会	区民营企业纠纷调委会	区建筑行业调委会
	区物业纠纷调委会	区劳动争议调委会
	区婚姻家庭纠纷调委会	区教育行业调委会
	区医疗纠纷调委会	区道路交通事故调委会
	区消费纠纷调委会	区金融纠纷调委会
13个辅助功能室	领导接访室、视频接访室、两代表一委员接访室、12309检察工作室、律师工作室、法官工作室、老兵工作室、老干部调解室、司法公证室、行政复议听证室、风险评估指导室、网格之家、未成年人维权保护工作室等业务功能室	
23个镇街分中心	中山路街道、胜利路街道、南大街街道、大安街道、卫星湖街道、陈食街道、茶山竹海街道、朱沱镇、三教镇、青峰镇、仙龙镇、临江镇、何埂镇、来苏镇、双石镇、松溉镇、吉安镇、五间镇、宝峰镇、红炉镇、永荣镇、金龙镇、板桥镇分别设社会矛盾纠纷联合调处中心	

图 4　永川数字化联调中心组织运行结构

1. 1 个"一站式"社会矛盾纠纷联调中心，着力破解"疑难杂症"

永川数字化联调中心的建成投用是永川区探索"一站式"解决群众诉求的重要举措，也是永川区推进社会治理便民服务平台建设、探索完善社会矛盾纠纷多元预防化解综合机制的有效举措和有益尝试。永川数字化联调中心通过建立综合信息平台，推动多平台资源向一中心汇集，为各类用户提供全面、高效的信息服务和支持，具体包括数据中心、信息共享中心和决策支持中心，其中数据中心负责数据的集中存储和处理，为其他各个系统提供数据支持；信息共享中心则负责各类信息的共享和管理，确保信息的及时性、准确性和完整性；决策支持中心依托人工智能等技术，为指挥决策提供辅助和支持。永川数字化联调中心整合公共法律服务中心、诉讼服务中心等功能平台的 60 余名专职人员构成专业队伍常驻办公，并分业务引入专项资源，吸纳社会组织、行业协会、志愿队伍、自治团队入驻，不断提升永川数字化联调中心矛盾纠纷化解的综合水平。永川区通过积极探索党建引领下的社会治理新路径、新模式，不断完善矛盾纠纷多元预防调处化解综合体系，畅通和规范群众诉求表达、利益协调、权益保障通道，"一站式"调处各类矛盾纠纷，集中力量解决社会治理的难点痛点和人民群众的急难愁盼问题。

2. 17 项矛盾纠纷调处关键业务整合，凝聚强大合力

针对复杂纠纷，一个调委会是解决不了的，永川数字化联调中心整合法律服务、人民调解、劳动争议等 17 项矛盾纠纷调处关键业务，凝聚强大合力，使得不同领域部门、社会服务组织、跨行业调解员发挥各自专业优势，"一站式"联调群众遇到的各式纠纷，为群众提供优质高效的矛盾纠纷化解平台，努力解决人民群众的急难愁盼问题，提高了矛盾纠纷化解的效率和水平。永川数字化联调中心开通群众诉求无差别受理窗口，真正实现了"一窗反映、一门受理、一地综办"，当事人通过永川数字化联调中心即可快速获得专业的调解服务，避免了在不同部门之间来回奔波和处理程序冗长的问题。与此同时，永川数字化联调中心还针对复杂的矛盾纠纷进行集体会诊和协同解决，提高了调解工作的效率，目前，永川数字化联调中心受理事项一次办结率达 94%。

3. 10 个行业调委会，助力化解纠纷提质增效

永川数字化联调中心做强 10 个行业调委会，配套入驻 3 庭 2 站，10 个行业调委会具体包括区民营企业纠纷调委会、区建筑行业调委会等；3 庭 2

站具体包括民商事审判庭（区法院）、行政复议审理庭（区司法局）、劳动争议仲裁庭（区人力和社会保障局），警务综合服务站（区公安局）和心理疏导服务站（区卫生健康委）。10 个行业调委会和 3 庭 2 站充分发挥了行业专家、律师的专业优势、职业优势和实践优势，实现了调解与诉讼、仲裁等法律程序的衔接和配合，为当事人提供了更全面的法律服务和更高效的纠纷化解途径，同时让群众免于多头跑，解决了群众的烦心事。面对复杂纠纷时，单一调委会往往无法有效解决问题。为此，需建立综合协调机构，统筹整合各部门及社会服务组织的资源，为群众提供一个专业优质的矛盾纠纷化解平台，提高矛盾纠纷的调解效率和公信力，避免群众因多头跑、受理无门而降低获得感、幸福感、安全感。

4. 按需设置 13 个辅助功能室和无差别受理窗口，柔性司法调解显温度

永川数字化联调中心按需设置辅助功能室，具体包括：领导接访室、网格之家、未成年人维权保护工作室等业务功能室，将柔性化调解贯穿于纠纷化解过程始终，进而促进辖区内多元社会矛盾纠纷化解工作提质增效。同时，永川数字化联调中心按需设置无差别受理窗口，集中受理群众反映的矛盾纠纷问题。群众可在任意一个窗口反映问题，工作人员受理后通过统一信息系统将问题分派流转至相关职能部门，避免让群众盲目跑、多地跑、重复跑。具体来说，永川数字化联调中心依托社会治理云网工程智能应用系统建设多元化矛盾纠纷调处在线平台。该平台通过无差别受理窗口将诉求分级分类流转，由首接部门进行调处并将相关信息和初步处置情况填报系统，对需多部门联动处置的事件，永川数字化联调中心通过二次研判，组织相关调委会或职能部门调处，对超期未化解的事项发放督办单，并对办结案事件跟踪回访。

综上所述，永川数字化联调中心的组织运行结构涵盖众多方面，由此形成了一个高效、稳定、可靠的综合性协调联动平台，通过这一组织结构体系的有效运行，永川数字化联调中心能够及时响应并处理辖区内各类矛盾纠纷和突发事件，提高基层治理水平和服务质量。

三 重庆永川数字化联调中心的实践逻辑与实际效能分析

数字赋能是政府职能转变、制度规则创新的原因和动力，数字技术可以赋能政府提高需求回应能力、创新政府组织方式、提升政府决策能力，使得政府基层治理能力得到提升，[①] 最终将有利于多元社会矛盾纠纷的化解。

（一）永川数字化联调中心的实践逻辑

数字化时代，永川数字化联调中心化解多元矛盾纠纷时秉承为民服务、智能高效的理念，通过理念驱动与职能重塑、组织变革与流程再造、业务协同与绩效提升，在化解多元社会矛盾纠纷过程中实现了矛盾纠纷化解的理念驱动、精准服务、效能提升。[②]

1. 理念驱动与职能重塑

理念是主体对自身性质与价值的定位，是实现目标所持有的综合性观念。永川数字化联调中心始终坚持为人民服务的理念，把矛盾纠纷化解摆在重要位置，为人民群众排忧解难。永川数字化联调中心以"调解"为核心业务，让更多信访事项和矛盾纠纷化解在小、解决在早，努力实现小事网格解决、大事不出街镇、难事综合调处，成为信访事项和矛盾纠纷解决的"终点站"。数字政府、数字经济和数字社会这三驾马车中，数字政府将起到核心的推动和牵引作用，用数字化重塑政府是未来政府治理能力现代化的必然趋势，因此我们要把政府职能重塑放在数字化的大格局中进行审视。在数字化时代，永川数字化联调中心作为切实解决群众急难愁盼问题的一体化平台，借助其平台集成化、智能化特点，完善服务型政府建设，不断优化政府公共服务的职能，显著提升永川数字化联调中心化解多元社会矛盾纠纷的速度、温度和效度，更好地满足了人民群众精细化、多样化的需求。

---

① 郁建兴、樊靓:《数字技术赋能社会治理及其限度——以杭州城市大脑为分析对象》,《经济社会体制比较》2022 年第 1 期。

② 余敏江:《整体智治：块数据驱动的新型社会治理模式》,《行政论坛》2020 年第 4 期。

2. 组织变革与流程再造

在组织结构方面，最重要的是在权责分明的前提下对永川数字化联调中心入驻部门的组织结构和资源要素进行整合和重构，推动组织结构与多元社会矛盾纠纷化解需求的高度适配。矛盾纠纷化解过程中，权责清晰才能真正激发入驻部门的积极性，永川数字化联调中心通过大数据实现责任的切割与划分，推动矛盾纠纷化解主体与责任相匹配。在组织变革取得成效的基础上优化流程，实现矛盾纠纷化解流程再造才能使矛盾纠纷化解流程整体优化。数字赋能更像是一种发源于自身的深度变革，数字化赋能更多的是强调数字化对于组织和个人的赋能作用。数字赋能使得永川数字化联调中心通过重构组织目标、调整组织结构、优化矛盾纠纷化解流程、优化协同运行机制，推动其更好地适应群众的新需求，提高了永川数字化联调中心应对新环境变化的能力，为基层治理提供了示范价值。

数字化赋能联调中心更注重的是将数字化技术融入化解多元社会矛盾纠纷的业务流程过程中，通过优化每个矛盾纠纷的化解方案，形成规范统一的化解流程和标准，以更加科学的方式管理联调中心，从而更好地实现联调中心为人民服务的价值。

3. 业务协同与绩效提升

数字化治理能够促进上下不同层级与横向各个部门之间的联通共享，实现基层治理过程中跨领域、跨层级、跨地域的协同治理，更有助于凝聚基层治理合力。永川区积极探索党建引领下的社会治理新路径、新模式，用解构与重构的方式推进矛盾纠纷化解业务数字化，助推入驻部门化解矛盾纠纷过程中的业务协同，努力解决好人民群众急难愁盼问题。在数字政府建设的背景下，推进联调中心体制机制改革与数字技术深度融合，能够推动联调中心运行更加协同高效。因此，永川数字化联调中心以数字化赋能新制度创新，既保障了其建设和运行的整体协同、智能高效、平稳有序，又实现其矛盾纠纷化解的方式变革和效能提升。

总而言之，在永川数字化联调中心的赋能下，永川化解矛盾纠纷的过程能够实现理念驱动、精准服务、效能提升，流程再造使得业务协同能力提升，最终将有利于多元矛盾纠纷化解能力的提升。

（二）永川数字化联调中心的实际效能

近年来，永川区探索建立"一站式"集成、全链条共治的市域社会矛盾纠纷调处枢纽平台，畅通和规范群众诉求表达、利益协调、权益保障通道，累计接待群众超 2.5 万人次。据统计，永川数字化联调中心成立一年后，当地新收诉讼案件数同比下降 10.12%，群众信访量同比下降 21.83%，治安类警情同比下降 30.5%。目前，永川数字化联调中心受理事项一次办结率达 94%。

1. 将碎片化治理转变为整体性治理

传统联调中心的矛盾化解体系存在明显的碎片化问题，在建设层面普遍存在"数据孤岛"、重复开发等情况，在运行层面则面临多头管理、数据重复填报等问题。同时，过去的基层治理模式独立且零散，各个职能部门各自进行业务办理和纠纷化解，线上线下融合化解矛盾纠纷能力不足，导致出现信息数据碎片化、群众满意度不高、办事效率低等众多问题。为全面提高矛盾纠纷化解效能和整体智治水平，永川数字化联调中心深度融合综治 9+X、川渝警情一键可达、GIS 地图、AR 超融合实景调度等智能应用，借助"雪亮工程"实现城区安全监测全覆盖，借助"平安综治云"计划实现农村地区巡逻防控，同时打造数据标准管理体系，建立联合联动协调机制，集工作流转、会商研判、部门轮驻、督查考核于一体，有效打破进驻部门之间信息壁垒、参与动力不足等治理桎梏，实现了社会矛盾纠纷的多元调解。此外，永川数字化联调中心借助智能平台推动线上线下社会治理"双网格化"，在实地整合职能部门，实现城市、农村网格全覆盖。通过线上数据整合、建模与分析，通过电子监控、人脸识别等数字技术实现线上线下网格同步应用与联动，实现各社会治理要素全方位、全天候、动态化采集、监测与处理，实现各类社会矛盾纠纷"一网排查、多方协同、闭环处理"。永川数字化联调中心还通过数字赋能，整合 17 项关键业务，联合 10 个调委会，加强各个部门的业务协同和数据共享，发挥多部门各类专业人员力量，形成了整体性治理体系，加强了各个部门的业务协同和数据共享，将基层治理方式从碎片化治理转变为整体性治理。

2. 将被动治理转变为主动治理

永川数字化联调中心深化数字赋能，推进"一平台"源头防控，运用数字技术提升社会治理效能，实现了基层治理从传统被动响应向智能主动治理的转变，提升了社会矛盾纠纷预测预警预防能力。永川数字化联调中心建立了预警检测机制，通过对各类数据的检测和分析，及时发现潜在风险和问题，并发出预警信息。永川数字化联调中心利用大数据能够精准掌握矛盾纠纷化解需求，对海量的实时数据进行分析整合，提高其应急响应能力和风险管理水平，快速解决矛盾纠纷化解过程中的痛点、难点、堵点，实现社会风险的精准抓取与预判，进而达到风险的预警预控。"雪亮工程"的智能化数字平台动态监测社会治安情况，将消防、交通、违法犯罪行为等危险情况纳入全天候监控范围，实现了风险因素的预判预防。永川数字化联调中心建立智能化平台、"信息前哨"等主动介入矛盾纠纷化解过程，变以往的被动治理为主动治理，不断促进矛盾纠纷化解的精细化、智能化和高效化，使其真正成为信访事项和矛盾纠纷解决的"终点站"。

3. 将单项治理转变为协同治理

信息的充分交流对矛盾纠纷化解非常重要，数字化治理工具借助通信技术，打破了矛盾纠纷化解各治理主体在时空上的限制，实现跨地域、跨领域的交流，在一定程度上降低了社会治理的成本。多数信访问题和矛盾纠纷的解决需要多部门联动，但由于以往政府职能的限制，各部门之间的数据未能共享，容易出现多头受理或重复办理的现象。永川数字化联调中心将多个部门和17个关键业务整合在一处，实现了矛盾纠纷化解过程中的多部门协同。首先，建好"信息前哨"，树立"两眼向下"工作导向，将300个城市社区调解小组、2980个农村调解小组建设成为纠纷"信息前哨"，推动纠纷信息要素"一端采集、全网共享"。其次，开发智慧调解，建成人民调解管理信息系统电脑PC端和手机App，实现矛盾纠纷调处各环节闭环管理。最后，建立轮驻、随驻机制，根据群众反映情况调度有关涉事单位联合接访、联合办公，共同解决突出问题，让群众一次反映、中心吹哨流转、部门报到联动，让干部多跑腿、群众少跑路。

4. 将传统治理转变为智慧治理

传统治理存在理念单一、技术手段不足等局限，治理效度、温度、精度处于较低水平。新型数字工具通过精准定位复杂多样的社会治理难题，整合数据要素并分析其发展本质及其规律，提升了政府决策能力和执行能力，通过打破部门主体壁垒实现了多元主体的协同共治，有利于打造良好的政民关系，为多元矛盾纠纷化解探索了更加创新的路径。科技进步不断满足人民对美好生活的向往，"数字多跑路，群众少跑腿"的服务理念深入人心，新时期人们对矛盾纠纷化解的要求提高，需要更协同、更开放、更灵活、更精准的矛盾纠纷化解模式与方法，永川数字化联调中心是对永川人民日益增长的美好生活需要的现实回应，坚持以人为本，通过新型数字工具精准定位复杂多样的基层治理难题，并整合数据要素分析其发展本质及规律，打破了部门主体壁垒，最终实现多元主体的协同共治，提高了永川数字化联调中心矛盾纠纷化解的精度、温度和速度，有效契合了永川社会治理发展的新要求。

四 数字化赋能多元社会矛盾纠纷化解的优化路径

永川数字化联调中心通过其所构建的"网格站岗、信访吹哨、调解为先、法治兜底"的社会矛盾纠纷全链条预防化解机制，成功将矛盾纠纷减少在源头、社会风险化解在苗头。但永川在探索数字化赋能多元社会矛盾纠纷化解进程中的"软性"条件建设相对滞后、共享数据库有效利用不足、监督考核机制不完善、进驻部门统合能力不强等问题。因此，需要进一步采取措施以提升永川数字化联调中心矛盾纠纷化解的效能。①

---

① 程晟、沈费伟、王江红:《技术治理与民意互动：数字政府整体智治的实现机制研究——以杭州市"民呼我为"数字治理平台为例》，《中共天津市委党校学报》2023 年第 2 期。

（一）树立数字化理念思维，加强"软性"条件建设

永川数字化联调中心赋能多元社会矛盾纠纷化解的关键在于实现矛盾纠纷化解智能化、精确化、高效化，这需要永川数字化联调中心基于现阶段的信息化基础实现组织结构变革、流程再造的持续优化创新。

1. 树立数字化理念

思想是行动的先导，推动联调中心赋能社会矛盾纠纷化解必须树立数字化的理念。永川数字化联调中心全体工作人员需要清楚地意识到数字化赋能联调中心矛盾纠纷化解的重要性和必要性，认真落实顶层设计与部署，牢固树立人民至上的观念。党的十八大以来，党中央为实现矛盾纠纷化解目标做出了一系列部署与规划，强调不断提高数字赋能矛盾纠纷化解的能力。在推动数字化联调中心赋能矛盾纠纷化解的过程中，要始终以党中央的部署与规划为前提，保证在党和国家的治理轨道上稳步前进，以智能化和数字化赋能矛盾纠纷化解，坚定地将永川数字化联调中心赋能矛盾纠纷化解融入政府的整体规划。同时，只有把握人民最需要的服务需求，提供最精准贴心的社会服务，才能构建起智能化、数字化、专业化、系统化的数字化服务体系。在推进永川数字化联调中心赋能多元社会矛盾纠纷化解的征程上，要始终坚持人本主义的服务思维，凭借数字化治理工具不断创新矛盾纠纷化解方式，实现在人民真实需求下的赋能助力，以服务思维助推数字化赋能，以智慧化实现矛盾纠纷精准化解。

2. 培养数字治理专业人才

在数字化背景下，要切实加强永川数字化联调中心工作人员的数字化培养工作，不定期组织开展数字化应用培训。通过各种活动和培训，让工作人员熟练掌握电子政务操作系统，全面提升永川数字化联调中心工作人员数字化运用能力和矛盾纠纷化解水平。一方面，政府要建立健全大数据人才引进的发展方案，以人性化的方式帮助人才解决户口、居住等问题，并通过创新创业、工作奖励、社会保障等内容增加其发展机会；另一方面，政府可以基于大数据发展情况为大数据人才建设出台发展纲要，为其提供政策性保障，

充分激发大数据人才的工作活力与热情。此外，政府还可以建立大数据人才定期培养与学习中心，深化大数据人才的技术积累与实践经验，激发人才运用大数据赋能多元社会矛盾纠纷化解的能力。联调中心是解决群众矛盾纠纷的关键，要鼓励其工作人员多倾听群众呼声，解决群众矛盾纠纷，同时对表现突出的干部优先考虑选拔任用、评优评先等，以进一步提高职工工作积极性。

（二）以数据共享为支撑，构建数字化赋能矛盾纠纷化解的数据治理体系

永川数字化联调中心作为多元矛盾纠纷化解的关键支撑，需要在建立健全大数据协同治理机制的基础上，解决现存信息壁垒、数据有效利用不足等问题，从根本上激活各个治理主体的参与活力。

1. 提升平台数据汇聚与智能化管理能力

条块分割的行政体制使得数据早期汇聚面临诸多挑战：一方面，数据汇聚受到传统职能部门的抵制；另一方面，数据标准不统一、部分特殊数据的属性也增加协调和共享的难度。[①] 永川数字化联调中心为应对以上问题，以"雪亮工程"为依托汇集大量数据信息，实现全领域覆盖，针对医院、学校、车站等重要场地实现动态与重点监测，加快了社会实情的收集与处理，实现了数据信息的留痕与汇集。与此同时，联调中心需要健全系统化、智能化的数字化平台，精准动态地整理和分析各领域的矛盾纠纷化解信息。同时，基于统一规范的数据管理标准，严格落实各项数据信息任务，明晰各矛盾纠纷化解主体的责任，进而借助一体化的数字平台打破各进驻部门之间的信息壁垒，实现治理数据信息在各进驻部门之间流转与应用，最终让各进驻部门之间的数据信息实现联通共享，以发挥一体化数字化系统的最大效用。

2. 打造共享交换的智能化平台

一方面，通过对所汇集的矛盾纠纷化解数据信息进行智能化分析，创新

---

① 王英、魏姝、吴少微：《"数据飞轮效应"：数字政府建设实现整体智治的内在机理》，《中国行政管理》2023 年第 6 期。

智慧政务、智慧法院、智慧检察院等部门数据与应用，探索出各具特色的指挥、整理、分析、预警、服务等数字板块以打造数字化指挥中心或平台，推动数字下沉以联结各乡镇与社区街道，并借助基层部门的电子台账实施动态监测与管理，为上级的治理决策提供数据信息，最终实现纵向层级之间的数字化赋能。另一方面，永川区政府在运用数字技术解决矛盾纠纷的过程中需要解决基层治理资源和治理职能不匹配的困境，缓解基层政府条块划分割裂、权责关系脱节、资源配置不足的问题。[1]联调中心在深化数字化治理工具的同时要考虑到弱势群体的需求，增强老年人及残疾人对于数字化应用的便捷性与易行性，实现"让人民跑腿"向"让数据跑腿"转变，帮助弱势群体解决真正难以解决的问题。

（三）以健全监督考核机制为核心，促进数字化赋能矛盾纠纷化解的长效运行

1. 设计科学审慎的评价体系

用户评价既是激发联调中心建设的驱动力，也是监督其行为的约束力。首先，民众形成的评价也未必准确、全面，如果仅以"用户个体是否满意"为标准来评价联调中心矛盾纠纷化解成效，会增加入驻部门纠纷化解时的压力和顾虑。因此，要建立一套科学、理性的评价体系，将矛盾纠纷化解的数量、质量、效率、效果等均纳入绩效考核范围，才能充分发挥绩效考核管理、评价、规范、引导、约束、激励功能，进而倒逼联调中心矛盾纠纷化解效能提升。其次，需要专家、民众代表等社会各界人士参与讨论制定评价体系，使其更加公平、公正、公开。再次，要切实强化监督执纪问责，每月监督联调中心对当月重难点工作进行梳理汇总，不定期开展专项督导检查和明察暗访，对联调中心工作制度、调解员工作情况等方面进行全面的检查，对政策制度落实不到位的情况进行严肃处理，对发现的倾向性、普遍性问题督

---

① 赵娟、孟天广：《数字政府的纵向治理逻辑：分层体系与协同治理》，《学海》2021年第2期。

促开展整改，深入推进作风问题专项治理，确保数字化联调中心赋能多元社会矛盾纠纷化解真正落到实处。最后，要发挥专家、民众代表等社会各界人士的监督作用，进一步将部门内部监督与群众监督有机结合，建立群众监督长效机制。数字技术作为多元主体协同治理的工具载体，通过其赋能形成的信息交流平台增加了公众参与基层治理的可及性和便捷性，能够调动广大市民群众行使监督权利的积极性，推动公民从形式参与走向实质参与，①进而将监督转化为群众的自觉行动。

2. 考核矛盾纠纷化解效能

对矛盾纠纷化解效能进行全方位全过程的考核，在各个阶段实现从源头到末端的全流程治理，构建事前预警研判、事中社会组织联动调解、事后专业解纷力量保障等各环节间的闭环管理体系，建立矛盾纠纷化解的长效机制。矛盾纠纷化解尤其强调对可能出现的社会风险进行提前研判和前瞻性预测，这种预测不是对已经发生的矛盾纠纷的回忆，而是对未知矛盾的探索。多元社会矛盾纠纷化解需要培养具备政治学、公共管理学等多学科交叉的复合型人才，这类人才需终身学习提升矛盾纠纷化解能力，同时需要对其矛盾纠纷化解效能进行考核，以考核促发展。因此，联调中心应建立矛盾纠纷化解的全方位全过程考核评价机制，进而倒逼入驻部门迅速响应群众号召，第一时间排查受理群众纠纷、化解矛盾。首先，永川要积极探索矛盾纠纷化解效能的新路径、新模式，将全链条治理更好引入矛盾纠纷化解过程，使制度优势更好地转化为治理效能。其次，永川数字化联调中心还要注重对基层专业调解力量工作效能的监督考核。基层是社会治理的"最后一公里"，做好基层工作，特别是乡镇、街道和部门的工作，是有效防止矛盾纠纷和群体性事件发生的主要途径，这样才能确保矛盾调处全链条覆盖，使得永川数字化联调中心调解员的工作地点不局限于调解室，而是在矛盾调解的全过程。最后，永川数字化联调中心还需要推动建立第三方介入矛盾纠纷化解的机制，

① 郁建兴、樊靓:《数字技术赋能社会治理及其限度——以杭州城市大脑为分析对象》,《经济社会体制比较》2022 年第 1 期。

不断健全完善矛盾纠纷排查化解长效机制，以进一步推动矛盾化解工作向规范化、制度化方向发展。

（四）以优化联调中心建设为基础，提高部门矛盾纠纷化解资源的统合能力

数字时代的矛盾纠纷化解离不开综合性智能数字平台的支撑，联调中心作为融合大数据、物联网、云计算的新型数字基础设施，需要系统对接入驻的各部门，横向将同级入驻部门系统接入平台，纵向打破层级限制，将相关条线业务系统接入平台，开展一体化矛盾纠纷化解服务，以增强入驻部门间的协同能力。同时，联调中心应完善分类分级的数据授权机制，以实现横向、纵向上更大范围整合数据资源，最终促进数据跨部门、跨业务的安全高效共享。

1. 统合纵向矛盾纠纷化解资源

基于大数据的基本特征，永川数字化联调中心首先要打造更加智能化的指挥中心或平台，通过汇集社会治理数据信息，创新智慧政务、智慧法院、智慧检察院等部门数据与应用，探索出各具特色的指挥、整理、分析、预警、服务等数字板块。推动数字下沉，联结各乡镇与社区街道，基于大数据实现纵向层级之间的数字化赋能；借助电子台账，实施动态监测与管理，为上级的治理决策提供数据信息。其次，要推动纵向层级间步调一致、高效协同一体化改革，将自上而下的顶层设计和自下而上的基层信息反馈相结合。参照广东省"一网统管"的模式完善联调中心的三级平台，打通各级平台数据，实现数据实时获取，实现"市区—镇街—村社"一体联动，形成上、中、下同步发力、高效协同良好局面，以构建覆盖面更广的数智治理。

2. 统合横向矛盾纠纷化解资源

永川数字化联调中心要鼓励入驻部门加强横向沟通和协作，以提升它们的合作能力和沟通技巧。加强入驻部门协同能力有利于统合横向矛盾纠纷化解资源，如将交警、公安、城管执法、民政等部门的数据整合进永川数字化联调中心智能化平台可以实现重要数据的部门间共享。与此同时，持续改进

和反馈是确保横向部门协调良好的重要环节，因此永川数字化联调中心需要定期评估和审查跨部门的沟通协调机制，识别入驻各部门间横向沟通的问题和瓶颈并进行相应的调整和改进。

3. 挖掘数字资源的治理潜能

永川数字化联调中心统合纵向、横向矛盾纠纷化解资源的同时要加快将平安治理方面的数据延伸至各个部门，并将民生共享方面的数据开放至民众、企业。通过数据平台，促进收集前期问题、推进结果落地执行、建立反馈机制，形成治理闭环，在最短时间内解决百姓家门口的关键"小事"，推动不同部门的数据协同，实现全域性整体治理。与此同时，永川数字化联调中心要立足于协同治理的基本原则，以服务群众为重点，不断提高基层自治能力，实现多元主体化解矛盾纠纷。

五 结语

永川数字化联调中心赋能多元社会矛盾纠纷化解全过程，将新时代先进的数字技术嵌入矛盾纠纷化解过程，是运用数字化的思维、方法和手段促进治理理念创新、制度创新、模式创新的典范，推动了基层治理体系和治理能力现代化建设。永川数字化联调中心为矛盾纠纷化解带来了先进可行的发展思路与路径，使得矛盾纠纷得以多元化解，也促进了基层治理的思维转型，推动了矛盾纠纷化解方式的创新，助推矛盾纠纷化解朝着数字化、智能化、智慧化方向发展。在享受大数据带来的便捷高效服务的同时，值得我们注意的是永川数字化联调中心存在的数据库共享利用不足、监督考核机制不健全等潜在问题需要进一步解决。

"双网格化"何以赋能基层社会治理[*]

周振超　王美铃[**]

一　问题的提出

"小网格"事关"大治理"。面对传统网格化管理显露出的新碎片状态[①]、数字失灵和协同困难[②]等问题，需要及时弥补网格化管理的不足，修正网格化管理的弊端，推动传统网格化管理推陈出新。作为全国市区面积最大、人口最多的超大城市，重庆市积极推动基层社会治理数字化转型，打造宜居、韧性、智慧城市，建设统筹发展和安全的现代化大都市，取得了一系列制度创新、实践创新成果。其中，很重要的一个方面是探索出"双网格化"的基层社会治理模式，有效提升了基层社会治理水平。

本文尝试构建"组织—技术—行动"的分析框架探讨"双网格化"如何赋能基层社会治理，提升实践效能（见图1）。组织是基层社会治理的行动

[*]　本文发表于《晋阳学刊》2024年第5期。

[**]　周振超，重庆警察学院党委委员、副院长，主要研究方向为现代政府理论和政府间关系、基层治理、城市治理；王美铃，西南政法大学政治与公共管理学院硕士研究生，主要研究方向为基层治理。

[①]　孙柏瑛、于杨铭：《网格化管理模式再审视》，《南京社会科学》2015年第4期。

[②]　陶振：《城市网格化管理：运行架构、功能限度与优化路径——以上海为例》，《青海社会科学》2015年第2期。

主体，技术是优化基层社会治理的重要工具，行动是提高基层社会治理效能的关键一步。具体而言，组织作为"双网格化"体系运作的基本载体，运用技术、统筹各类行动推动基层社会治理发展；技术作为有效工具，嵌入组织的同时为行动赋能，是联系组织与行动的桥梁；行动是实际行为，通过实际行动取得切实成效，进而促进组织的调适和技术的改进。三者相辅相成，共同作用于"双网格化"治理的实际运作。

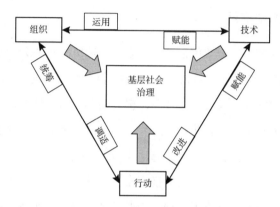

图 1 "组织—技术—行动"三维分析框架

二　传统网格化管理的实践限度

基层社会治理实践中，网格化管理模式显现出信息组织上的前瞻性、综合性、立体性、开放性[1]和共享性[2]的优势，凸显出资源整合、权威统合以及社会控制"三位一体"的功能[3]，实现了基层组织的重构[4]，强化基层组织

---

[1]　祝小宁、袁何俊:《基于网格化管理的突发公共事件预警机制探析》,《中国行政管理》2006 年第 10 期。

[2]　林雪霏:《政府间组织学习与政策再生产:政策扩散的微观机制——以"城市网格化管理"政策为例》,《公共管理学报》2015 年第 1 期。

[3]　孙柏瑛、于杨铭:《网格化管理模式再审视》,《南京社会科学》2015 年第 4 期。

[4]　卢福营:《"协同服务":农村基层社会管理的创新模式——浙江省舟山市岱西镇调查》,《学习与探索》2012 年第 1 期。

权力的生产和运作。[1] 同时，网格化管理模式还能够提供一种以公众需求为导向的、精细化的、个性化的全方位覆盖的公共服务，被看作是一种具有方向性的，能够应对基层社会治理问题的政策工具，[2] 对基层社会中国家与社会关系之变革产生了重大影响。[3] 但面对基层社会复杂的问题情境，网格化管理并非尽善尽美，其在现实运转的过程中也常常出现"紊乱"，亟待改进和完善。

（一）组织"虚弱"

基层社会治理是一个整体性的庞大系统。传统的条块分割和科层制容易使工作陷入"各自为战"、推诿扯皮的困境，网格化管理的目标之一就是通过打破部门之间的壁垒，整合相关资源，提升治理能力。然而，其在应对各类问题的过程中却出现了"非预期后果"。一是条块分割严重，网格化管理加剧"碎片化"。"条条"之间因为工作职责、标准、目标的不同而各自设立不同的部门网格，独自开展工作，导致网格密布。另外，将人们生活的物理空间划分为相互区隔的网格，增添了一种人为的壁垒，治理单元在实践中往往倾向于追求本部门利益，而忽视整体利益。二是忽视社会力量，网格化管理日益"行政化"。政府在网格化管理中扮演主要角色，网格化管理按照行政系统的方式运行，未能有效整合多元主体的力量，大量社会资源处于分散、游离的状态。处于直接服务人民群众第一线的网格承担过重职责与任务，工作中多数时间精力被用在完成上级交办的工作事务上，逐渐成为一个"类行政化"层级。

（二）技术"失灵"

网格化管理要借助数字信息技术建设综合管理平台，促进信息共享，提高工作效率，提升治理能力。在实践中，网格化管理的技术赋能却发生变

---

① 朱政：《国家权力视野下的乡村治理与基层法治——鄂西 L 县网格化管理创新调查》，《中国农业大学学报》（社会科学版）2015 年第 6 期。

② 孙柏瑛、于杨铭：《网格化管理模式再审视》，《南京社会科学》2015 年第 4 期。

③ 田毅鹏：《网格化管理的形态转换与基层治理升级》，《学术月刊》2021 年第 3 期。

异。第一，重复化建设，数字平台林立。各部门设置不同类别、不同职能的网格，其信息化建设也会各自开展，不同层级的行政主体不断增加平台建设的投入，建设区域化的管理平台。林立并行的平台除了前期建设的投入以外，在运行过程中的维护花销更高，很大程度上造成了资源浪费。第二，难以真正起到赋能的效果。一方面，各类功能重复的信息平台，未实现贯通互联，导致基层网格员完成同样一件事需要以不同的方式上报至不同部门或不同平台，存在"两张皮"甚至是"N张皮"的问题，造成"技术负担"。另一方面，线上治理平台、App等由于宣传不到位或是相应功能不适应民众实际生活需求，诸多居民群众不了解此类平台，平台的覆盖率、使用率低，未能达到其为社会主体赋能的目标。

（三）行动"乏力"

网格化管理试图依托网格化平台将各类主体集合在一起，对资源进行整合利用，在基层社会治理中形成"一网协同"的治理体系。但实际上，网格化管理中协同存在诸多难题。首先，科层组织间协同困难。政府内部的职能部门由于工作目标、方法和要求等存在差异，一些部门不愿将信息共享，难以形成工作合力。乡镇（街道）一级承担"大事不出镇"的责任，但是其作为网格化管理的最低一级行政主体，难以有效协调、推进上级职能部门协同配合开展工作。其次，基层网格员选择性执行。一些职能部门将自己的任务下放，使得网格成为"兜底单位"，简单地"一刀切"管理，加重网格员工作压力。在此基础上，网格员选择性执行部分工作任务，网格化管理陷入逆选择性困境，影响协同行动的成效。此外，多元主体缺位。企业、社会组织和居民群众等社会主体有自己特殊的利益需求，与网格化管理的主导者——政府之间的目标并不完全一致，参与基层社会治理的意愿不强。最后，多元主体的参与能力不足。有能力参与网格化管理的青年忙于自身学习、工作或生活，无暇参与集体行动，有时间、有意愿参与的老年人群体又由于信息技术的快速更新而参与能力不足。

三 "双网格化"治理的运作效能

作为一个超大城市，重庆市治理负荷重。其一，随着经济的快速发展，流动人口不断增多，居民需求更加个性化、多元化，社会治理的难度不断增加。另外，重庆市市情较为独特，属于大城市、大农村、大山区、大库区，与平原地区、经济发达地区相比，面临的基层社会治理问题更加错综复杂。其二，传统网格化管理存在因整合不够而造成资源浪费，因共享不足造成数字负担，因过度行政化而消解自治等一系列问题，难以满足基层社会治理的实际需求。其三，互联网的广泛普及使得网络社会与现实社会日益融合。在现实社会中日益"孤独"的个人却通过互联网找到志趣相投的朋友，社会日益"圈群化"。网络社会成为基层社会治理的一把"双刃剑"。网络社会成为基层群众自发组织、动员，自觉参与基层社会治理的重要渠道。然而，又由于自身的匿名性、传播性等特点成为基层社会治理过程中一些矛盾纠纷酝酿、发酵、蔓延，甚至诱发不稳定因素的重要场域。

推动基层社会治理，既需要关注现实社会中的困难挑战，还需要重视网络社会这一快速生长的治理空间。鉴于此，重庆市依托实体网格，同步建设线上网格，实现"双网格化"管理服务。所谓"双网格化"治理，指利用现代信息技术，推动"141"基层智治体系改革，以基层社会中原本的实体网格化管理为基础，在虚拟的网络社会中同步建立线上网格，凝聚多元主体在网络和物理两种社会场域内提供精准、高效、便捷公共服务的社会治理活动。具体体现为充分利用数字技术打造任务化、清单化、可视化的治理平台，构建线上、线下有机衔接的基层治理数智体系，关联虚拟社会和实体社会两个治理空间，推动乡镇（街道）职能体系重构，加速基层社会治理资源力量重组，重塑基层社会治理运行机制，积极回应居民诉求，更好提供公共服务。

（一）有效维护社会秩序

基层社会秩序取决于政府自上而下的管理维度与居民自下而上的自治

维度之间的良性互动情况。①"双网格化"治理在实际的运作过程中，将自上而下的管理与自下而上的自治进行了有机衔接，在维护社会秩序方面展现出独有优势。就自上而下的管理维度而言，"双网格化"治理利用一体化基层治理平台、线上虚拟网格和线下实体网格，增强基层行政主体的信息感知能力、风险预警能力和防范化解能力。同时，通过明确权责划分、优化工作流程、制定考核评价机制等手段，整合科层组织内部、外部的治理资源、力量，形成治理合力，尽可能地实现源头治理、系统治理。

从自下而上的自治角度观察，"双网格化"治理利用互联网技术建构诸如 QQ 群、微信群等数字空间，搭建自治力量参与纠纷化解的数字平台，完善线上调解机制，不断突破地域限制、时间限制等不利条件，构建网络空间的解纷格局，促进社会主体的主动参与。同时，以 300~500 户为标准划分基础网格，并在此基础上农村以村民小组为依据，城市社区以楼栋甚至是楼层为依据划分微网格，在"村（社）—网格—微网格"的基础上，坚持"以自治促善治"，积极推行"微自治"模式，培养人民调解员、"法律明白人"，组建人民调解组织，充分依托网格内自治力量就地化解矛盾纠纷。

"双网格化"治理探索的"进圈入群 双网联动"矛盾即知快响工作法，通过线上与线下的管理与自治，深化"微信＋网格"线上服务、做实"预防＋化解"线下处置，推动诉求圈群发现、风险及时感知、问题高效解决，努力将矛盾纠纷、社会风险发现在初始、稳控在基层、化解在萌芽状态，很大程度上实现了"网下平安、网上平稳"。比如，合川区全面推行"双网格化"治理以来，纠纷化解成功率从 90% 提高到 99%，群众来信来访量下降 35%，"四类案件"零发案、火灾事故零发生，基层社会秩序得到有效维护。

（二）有效供给公共服务

作为网格化管理主体的基层网格员由政府相关部门面向社会展开招聘和

---

① 伊庆山：《新时代我国农村社区网格化服务管理创新研究——基于 S 省网格化政策实践调查》，《兰州学刊》2020 年第 9 期。

选定。网格承接较多行政事务，相关配套资源依赖上级行政主体的供给，又由上级行政主体对其工作绩效进行考核，因此出现了"只唯上不唯实、只唯己不唯民、只唯官不唯事"①的行动倾向。由此，网格化管理的运行呈现"治理悬浮"的样态，基层提供的公共服务内容与人民群众的实际需求关联程度弱化甚至"脱节"。更新升级的"双网格化"治理为企业、社会组织和人民群众办事搭建起方便快捷的"数字桥梁"，提升了公共服务的有效性、便捷性和可及性。

1. 精准对接服务需求，转变服务理念

"双网格化"治理通过线上网络网格、线下实体网格与基层一体化治理平台的关联，实现了基层社会治理过程中多元服务需求的及时高效收集和整合，提升公共服务的"靶向性"，奠定有效供给公共服务的信息基础。一方面，更加精细化的网格划分和线上网络网格的建立和运行，织密了服务网络、缩短了服务半径、延伸了服务触角，使网格员得以采取巡查走访和"进圈入群"等方式对辖区内人、防、地、事、物等信息进行掌握，了解居民群众的诉求建议；通过线上网络网格和线下实体网格，发布惠民政策、便民信息，践行事项提前告知、服务提前预约，推行"入户办、马上办、线上办"要求，提升公共服务的可及性和便捷性，实现减环节、减时间、增效能"两减一增"目标。另一方面，"双网格化"治理再造业务流程，构建基层社会事务融合治理"感知发现—决策指挥—反应处置—监督调度—办结反馈"的闭环工作机制，督促基层政府、相关部门和网格员以需求为导向，主动服务，实现"对上负责"与"对下负责"的统一。

2. 持续下沉服务力量，增强服务能力

全面的公共服务有赖于职能部门的协同联动。"双网格化"治理坚持党建统领的基本原则，构建大党委工作机制，推广实施"党建扎桩·治理结网"工程，不断加强基层社会治理的权威统合力度，将辖区内相关职能部门的资源、力量整合在一起，基层公共服务供给效率不断提升。一些区县

---

① 董振华：《"对上负责"与"对下负责"的统一》，《人民论坛》2020 年第 26 期。

主动引导区、镇街、部门及村干部深入网格，协助、配合网格员开展工作、提供服务，提升基层公共服务供给能力。比如，T区领导带头联系并下沉1个城区或农村网格；镇街班子成员包点治理情况复杂的网格；区级部门根据联系的村（社区），结对数个网格；部门机关干部、镇街干部在下沉网格的同时，向居住地网格"双报到"，参与网格治理；村（社区）专职干部常态进驻网格、开展工作。同时，按照"1+3+N"①的模式配置网格力量，多渠道打造"本领过硬"的网格化治理队伍，以确保基层"双网格化"的有效运转。

（三）有力推动共治格局

"双网格化"治理不断激活并赋能共治主体，增强主体参与的效能感，打造多元合作共治格局。

1. 打造共治平台

"双网格化"治理利用线上与线下的网格将多元治理主体汇聚在同一治理空间，并改变新型治理空间中的权力结构。一方面，在线上利用数字技术打造数字治理空间。数字空间具有去权威化、虚拟性、自由性和社群性。②在这一空间中，多元主体能够较为自由合理地表达自己的观点和评论，对重要议题开展平等协商；同时降低了相关主体参与治理的时间成本、金钱成本等。针对一些难以利用线上网格进行诉求上报的群体，由网格员通过线下日常走访、上门服务的方式进行录入、反馈，畅通其参与治理的渠道。另一方面，通过建设"共享客厅"、议事长廊和召开院坝会等方式搭建线下参与平台，依靠群众，让辖区群众由"旁观者"变成"参与者、监督者、受益者"。同时，建立党组织领导下的各类组织参与网格治理机制，引导群团组织、社会组织、社工组织、外卖和快递小哥等新就业群体共同参与基层社会治理。

---

① "1"是指一名网格长，"3"是指专职网格员、兼职网格员和网格指导员三员，"N"是指党员干部、志愿者和社会企业等多元力量。

② 田旭明：《数字社会的主要伦理风险及其应对》，《中州学刊》2022年第2期。

2. 激活共治主体

"双网格化"治理不断创新工作方式，激发共治主体的积极性、主动性。一是以利益激活内在动力。"双网格化"治理在实践的过程中创新开展积分制，将属地圈群敏感事件及时化解等事项形成量化指标，对村民日常行为进行考核打分，并给予相应精神鼓励或物质奖励，已形成一套务实管用的激励约束机制，较好地激活社会多元主体参与基层社会治理的主动性和创造性。二是以情感增强外在引力。"双网格化"治理充分利用情感强化多元主体参与治理的能动性，赋能基层社会治理。基层网格工作人员在工作中秉持"实在讲不清了再讲法"的情—理—法逐级递进的治理策略，通过"打感情牌"，和居民、企业等多元治理主体维持长久的关系，相互"帮忙"，共同推动基层社会治理共治格局的形成和发展。

四　多维互动："双网格化"治理赋能基层社会治理的作用机制

提升基层社会治理水平是一个长期和系统工程，离不开组织、技术与行动的良性互动和协同。"双网格化"治理的基层社会治理创新实践表明了灵活变化的组织载体、智能高效的技术工具和贯通协同的实际行动是基层社会治理效能提升的关键影响因素。

（一）组织维度：结构调适

"双网格化"治理赋能基层社会治理的基础是对治理主体的结构进行调适，使分散式的碎片结构整合为一体化的整体治理，突破传统"碎片化"条块分割管理模式的束缚与阻滞。

1. 整合职能部门，调整科层结构

基层社会治理中专业"条条"和属地"块块"之间的协调合作受到诸多限制，政策贯彻执行的成本也持续增加，需要政治权威加以消解。"双网格化"治理发挥党组织的统领整合作用，从功能和机构两个层面对传统科层结构进行调适，有效弥合了条块之间的裂隙。一是功能整合。"双网格化"治理在保持原有专业化分工的基础上，梳理党建、政法、公安和民政等各职能部门在基层社会治理过程中承担的职责事项，形成清晰的权责清单，打破镇街"七站八所"和人员身份界限，全覆盖构建党的建设、经济发展、民生服务和平安法治四大板块，推动层级化的科层结构逐渐转向扁平化的治理结构。二是权威整合。横向上，"双网格化"治理在市、县两级建设城市运行和治理中心，在镇街层面建设基层治理指挥中心，从物理层面统筹整合各类中心平台；以党建统领为核心，重塑科层组织内部的结构，由党组织负责人及主要成员组成领导小组，通过党建联席会将职能部门、企事业单位整合在一起，负责本层级基层社会治理相关工作。纵向上，通过区级领导联网进格、镇街班子成员包网进格、部门干部结网进格、镇街干部入网进格、村（社区）干部驻网进格的方式将不同层级的行政责任主体关联在一起，为"双网格化"治理的运行奠定灵活高效的组织基础。

2. 调节主体关系，优化治理结构

在推进"双网格化"治理的过程中，应不断调节治理主体之间的关系，促进基层社会治理结构的优化。一是引入多元主体。实施社会组织孵化培育工程，积极培育社会组织；以与居民切身相关的利益、日积月累的情感激活全民参与；以购买服务、公益创投等方式链接社会企业，初步形成"一核多元"的主体结构，更好发挥多元主体在基层社会治理过程中的功能作用。二是调整权力关系。"双网格化"治理通过线上与线下网格强化多元主体的知情权、参与权和监督考核权，调适主体间的权力结构，引导主体之间形成密切的伙伴关系，推动各方主体以平等的身份参与社会治理的实践，充分发挥各方力量组合的作用。

（二）技术维度：技术驱动

有效释能是数字赋能基层社会治理的关键环节。[①]"双网格化"治理运

---

① 李京:《深度媒介化视域下基层社会治理实践逻辑与效能审视》,《中国出版》2024 年第 2 期。

用科学技术不断提升基层社会治理的整体性、参与度，以数字化引领、撬动、赋能基层社会治理现代化。

1. 连接"信息孤岛"，技术驱动整体性治理

条块分割和行政壁垒导致的"信息孤岛"①，增加了基层社会治理的难度，同时也阻碍了基层社会治理目标的实现。"双网格化"治理以技术连接"信息孤岛"，提升基层社会治理效能。一方面，连接平台。各部门、各层级各自开发建设的数字技术场景因缺乏统一的管理形成一个个独立的"应用孤岛"。"双网格化"治理遵循系统性治理理念对基层社会治理进行顶层设计，开展"141"基层智治体系改革并由市委、市政府统一规划建设"一贯到底"的基层社会治理一体化智治平台，整合全市原有的政务数字应用，关联专项服务平台，打破了原先数字应用属地化、层级化和业务化管理的界限，有效减少了各部门、各地在数字化应用开发建设上存在的重复建设问题。另一方面，归集利用信息。由于多元数字平台的数据标准不一，基层社会治理的海量数据信息难以实现高效共享和有效利用。"双网格化"治理在一体化智治平台的基础上建设统一的信息采集系统，开发"一表通"智能报表，通过核心业务梳理、数据资源归集管理等措施，打造多跨数据底池、建立高频事项台账，规范化、标准化综合集成智能要素和智能模块，推动基层社会治理数据信息的整合更新和共享运用，打通了部门间、层级间的数据壁垒，在提升政府信息处理能力的同时，也为加强政府与社会之间、政府职能部门之间、政府层级之间的业务协同与合作提供技术支撑。

2. 赋能治理主体，技术驱动参与式治理

"双网格化"治理将传统的"信息孤岛"连接成"数据大陆"，提升了政府在基层社会治理过程中的整体治理能力。互联网技术凭借其高效、低成本以及跨越时空限制等优势成为民众赋能的新工具。②首先是心理赋能。心

① 周建新、王青：《粤港澳大湾区文化旅游融合：现实需要、发展基础和优化路径》，《福建论坛》（人文社会科学版）2021年第6期。

② 牛磊、原璐璐、丁忠民、赵一夫：《制度赋权与技术赋能：乡村内生性治理主体何以重塑——基于参与式治理视角的双案例分析》，《电子政务》2024年第4期。

理赋能主要关注"被赋能者心理状况，即这一努力是否被感知，让被赋能者产生存在感、胜任力、自我决定及影响力"①。从这一角度看，"双网格化"治理在运行过程中，通过线上网格与线下网格收集社会多元主体的诉求，开展针对性的公共服务，并增加办结反馈、监督评价这一工作环节，强化社会多元主体对于基层社会治理事务的发言权、影响力，有效激发基层工作人员、治理多元主体的自我效能感。其次是能力提升。基层社会治理相关信息通过"双网格化"治理的一体化智治平台实现实时共享、高效共享，增强了治理主体获取信息、参与治理的"实战能力"。另外，线上与线下网格的结合，强化了主体之间的关联，增强了主体之间组织化的力量，一定程度上提升了多元主体提出问题、解决问题的力量。技术的增权赋能使社会治理权力关系由自上而下的单向权力转变为上下互动协商的过程。②

（三）行动维度：协同联动

基层社会治理效能的有效提升，除了组织保障和技术赋能以外，还需要付出切实的行动才可以得到落实。"双网格化"治理坚持开展纵向上的层级联动和横向上的主体协同，合力推动基层社会治理。

1. 上下联动

在"双网格化"治理中，上级能够通过一体化智治平台实时了解、掌握下一层级社会治理情况，实现市、县（市、区）、乡镇、村社网格四级的"一屏通览""一点调度"。同时，推动治理资源的优化配置，将上级部门资源、工作人员等下沉到基层实体网格和网络网格中，使被层级壁垒所阻碍的上下级之间实现联动共治。在自下而上的过程中，实时梳理分析线上网格与实体网格内的动态信息，能够处理的事项及时处理。针对不能够处理的跨区域、跨部门等疑难事件，构建"网格吹哨　部门报到"问题联动解决机制，

---

① 杜晶晶、胡登峰、张琪：《数字化赋能视角下突发公共事件应急管理系统研究——以新型冠状病毒肺炎疫情为例》，《科技进步与对策》2020年第20期。

② 杜伟泉：《基层社会治理数字化转型研究——基于我国东部 M 市实践经验的分析》，《情报理论与实践》2021 年第 2 期。

由下一层级治理主体将事件、问题等实时上报至一体化智治平台并能够跟踪事件处置情况，各层级政府逐级协调处置，直至事情得到解决。同时，会根据下一层级基层社会治理的工作需要统筹推动应用场景的创新与改进。纵向层面看，"双网格化"治理有力推动"调度有方、服务到位、上下联动"，力求发挥基层社会治理的整体效应。

2. 左右协同

"双网格化"治理体系利用线上、线下双重网格整合调动横向资源。线下网格层面村社每周召开工作例会，相互交流各网格工作近况、存在困难等，凝聚各网格的资源、力量努力将问题解决在村（社）；县、镇街定期召开相关职能科室站所参加的联席会议，及时通报有关情况，分析研判形势，研究工作措施。线上网格层面，"双网格化"治理体系依托智治平台，再造业务流程，以人民群众的实际需求为导向，将关联事项进行拆解梳理，整合成"一件事"，由不同公共部门协同推进、共同服务，并明确多跨高频事件职责清单确保各服务主体正确履职，实现不同部门之间、不同领域之间的高效协同。除了政府系统各部门之间的协同以外，"双网格化"治理尝试解决内外融合难的顽疾，激发各类主体的优势与活力，推动高效能治理。比如，基层政府通过线上线下双网格及时公布社会治理相关信息，突破以往存在的信息垄断现象，信息在社会多元主体之间充分公开、共享，同时以政府购买服务、公益创投等方式与社会组织、营利组织等科层系统外部的治理主体合作，将社会资源链接到基层社会治理的过程之中，实现基层社会多元主体的协同努力，改进基层公共服务的供给模式，推动基层社会治理健康发展。

基于以上分析，我们可以发现"组织—技术—行动"三者构成了一个多维的互动体系。既具有政治权威、又能够灵活调适的组织可以较好地利用数字技术，保证技术治理价值不脱轨，有效促进条块之间的协同合作。技术的普惠性增权在驱动了传统社会权力结构的去中心化和现代社会权力结构的重塑[①]的同时，为治理主体之间开展高效的交流合作创造了更优的条件。通

过纵向与横向主体之间的协同合作，发现治理结构及技术运用上的不合理之处，推动结构的进一步优化和技术的迭代更新，更好释放基层社会治理的实际效能。

五 结语

面对实践过程中普遍存在的"悬浮化"、"碎片化"和"内卷化"等问题，亟须创新基层社会治理的模式，凭借数字技术的东风破除传统社会管理方式带来的结构僵化、沟通不畅等制约与束缚，不断提高基层社会治理效能。重庆市构建线上网格和线下网格的"双网格化"治理体系，开展线上线下的联动治理，推动基层社会治理体系更加完善。"双网格化"治理体系从组织、技术与行动三个维度发力，助力基层社会治理。组织层面，"双网格化"治理体系通过横向聚合和纵向交互的科层组织结构破解传统组织带来的治理低效难题，以多元主体的引入和赋能形成"一核多元"的主体结构破解原本基层社会治理"孤军奋战"的能力困境。技术层面，"双网格化"治理体系充分利用数字技术打破行政壁垒，连接"信息孤岛"，引领基层社会的整体性治理，利用数字技术赋能治理主体，撬动基层社会参与式治理。行动层面，构建"双网格化"治理体系、完善"网格吹哨　部门报到"的机制，实现基层社会治理过程中的上下联动、左右协同，切实提升基层社会治理的实践效能。

促进基层社会治理的良性发展，需要在组织、技术和行动等方面多措并举，以尽可能发挥网格化治理的优势，全面赋能基层社会治理。第一，健全基层社会治理职责清单、负面清单及清单外事项下派过滤机制，逐步构建科学规范、灵活调适的组织机构，推动基层社会治理体制机制良性运行；第二，不断深化数字化改革，完善网格化管理、精细化服务、信息化支撑的基层治理平台，推动基层社会高效能治理；第三，不断完善"网格吹哨　部门报到"问题闭环解决机制，持续开展求真务实的协同联动，合力推动基层社会治理现代化。

参考文献

专　著

习近平:《习近平谈治国理政》(第一卷),外文出版社,2018。

陈潭等:《大数据时代的国家治理》,中国社会科学出版社,2015。

程京武、江传月:《新时代精神文明建设机制论》,社会科学文献出版社,2022。

景朝亮、林建衡、李妍:《社区共同体建设路径研究》,社会科学文献出版社,2022。

景小勇:《社会视角下的国家文化治理研究》,文化艺术出版社,2016。

刘敏:《社区治理模式创新》,社会科学文献出版社,2022。

刘小均:《社会建设背景下社区善治研究》,中国社会科学出版社,2021。

邱梦华等:《城市社区治理》,清华大学出版社,2013。

王岩:《新时代中国精神文明建设研究》,中国社会科学出版社,2020。

詹小美:《新时代精神文明建设价值论》,社会科学文献出版社,2022。

中共中央文献研究室编《习近平关于社会主义文化建设论述摘编》,中央文献出版社,2017。

中国共产党中央委员会:《中共中央关于加强和改进党的群团工作的意见》,载中共中央文献研究室编《十八大以来重要文献选编》(中),中央文献出版社,2016。

朱光磊：《当代中国政府过程》，天津人民出版社，2008。

〔美〕埃米·古特曼、丹尼斯·汤普森：《审议民主意味着什么》，谈火生译，载谈火生编《审议民主》，江苏人民出版社，2007。

〔美〕艾利斯·马瑞恩·杨：《沟通及其他：超越审议民主》，聂智琪译，载谈火生编《审议民主》，江苏人民出版社，2007。

〔德〕恩格斯：《家庭、私有制和国家的起源》，人民出版社，2018。

〔美〕卡尔·科恩：《论民主》，聂崇信、朱秀贤译，商务印书馆，1988。

〔美〕罗伯特·A.达尔：《民主及其批评者》，曹海军、佟德志译，吉林人民出版社，2006。

〔美〕诺埃里·麦加菲：《民主审议的三种模式》，谈火生译，载谈火生编《审议民主》，江苏人民出版社，2007。

〔美〕约·埃尔斯特编《协商民主：挑战与反思》，周艳辉译，中央编译出版社，2009。

〔美〕约翰·克莱顿·托马斯：《公共决策中的公民参与：公共管理者的新技能与新策略》，孙柏瑛等译，中国人民大学出版社，2010。

〔美〕詹姆斯·博曼：《公共协商：多元主义、复杂性与民主》，黄相怀译，中央编译出版社，2006。

期　刊

蔡晓倩：《改革开放以来中国文化治理的历程考察与经验启示》，《理论导刊》2021年第6期。

陈家刚、张翔：《数字协商民主：制度规范与技术路径——江苏省淮安市"'码'上议"实践探索》，《江海学刊》2022年第6期。

陈尧：《从参与到协商：协商民主对参与式民主的批判与深化》，《社会科学》2013年第12期。

《重庆"渝快办"如何玩转指尖城市？》，《软件和集成电路》2020年第11期。

《重庆市打造"四办"政务服务体系 加快实施"全渝通办"》，《计算机与网络》2018 年第 18 期。

邓大才：《乡村建设行动中的农民参与：从阶梯到框架》，《探索》2021 年第 4 期。

樊佩佩：《多重约束下的协商议事能否推动社区治理合力形成？》，《学海》2023 年第 1 期。

韩福国、张开平：《社会治理的"协商"领域与"民主"机制——当下中国基层协商民主的制度特征、实践结构和理论批判》，《浙江社会科学》2015 年第 10 期。

韩万渠：《政民互动平台推动公众有效参与的运行机制研究——基于平台赋权和议题匹配的比较案例分析》，《探索》2020 年第 2 期。

何包钢、陈承新：《中国协商民主制度》，《浙江大学学报》(人文社会科学版) 2005 年第 3 期。

何包钢、王春光：《中国乡村协商民主：个案研究》，《社会学研究》2007 年第 3 期。

华钰文、陈雅、王锰：《我国文化数字化治理体系构建及要素分析研究》，《图书馆》2023 年第 10 期。

黄璜、谢思娴、姚清晨、曾渝、张权：《数字化赋能治理协同：数字政府建设的下一步行动》，《电子政务》2022 年第 4 期。

黄盼：《社区协商的困境、调适与超越——基于武汉市 W 社区的调查》，《理论月刊》2022 年第 12 期。

阚为、洪波：《协商民主如何嵌入中国民主治理场域——公民参与的视角》，《浙江学刊》2015 年第 1 期。

郎友兴、张品：《中国协商民主的新进展及对西方经验的超越——北京市朝阳区协商民主实践之分析》，《浙江大学学报》(人文社会科学版) 2017 年第 6 期。

浪潮集团：《重庆"渝快办"如何玩转指尖城市？》，《软件和集成电路》2020 年第 11 期。

李江静：《大数据对国家治理能力现代化的作用及其提升路径》，《中共中央党校学报》2015 年第 4 期。

李晓燕：《地方政府绩效评估中公众参与有效性困境的破解》，《行政论坛》2019 年第 3 期。

侣传振：《情感式协商：农村基层协商治理有效运行的内在逻辑——基于 C 镇古村落保护利用案例的分析》，《云南大学学报》（社会科学版）2023 年第 1 期。

马福云：《新冠肺炎疫情应急管理中的群团组织参与研究——以天津市科学技术协会为例》，《中国应急管理科学》2021 年第 11 期。

亓子龙、孟燕、方雷：《基层协商治理的实践逻辑与制度优化》，《中共中央党校（国家行政学院）学报》2021 年第 3 期。

任克强：《社会治理视域下城市社区居民的形式参与：逻辑、困境及其出路》，《南京政治学院学报》2018 年第 5 期。

陶振：《单元化应急管理：公共安全治理中条块冲突协调的新机制——以上海虹桥综合交通枢纽为例》，《湖湘论坛》2022 年第 5 期。

田先红：《项目下乡中多元化乡村治理主体、机制及效能——基于四川 S 市村民议事会的经验研究》，《北方民族大学学报》（哲学社会科学版）2020 年第 4 期。

佟丽华：《未成年人网络保护中的身份确认与隐私保护》，《中国青年社会科学》2019 年第 6 期。

王青斌：《论公众参与有效性的提高——以城市规划领域为例》，《政法论坛》2012 年第 4 期。

徐敏宁、陈安国、冯治：《走出利益博弈误区的基层协商民主》，《中共中央党校学报》2013 年第 4 期。

许文文：《公众参与的有效性：一项双案例比较研究》，《青年研究》2018 年第 3 期。

杨莉：《乡村治理中村民的参与有效与有效参与——基于民主立方理论的比较分析》，《探索》2022 年第 4 期。

杨威、罗夏君：《社会主义核心价值观融入精神文明建设制度探究》，

《道德与文明》2021 年第 5 期。

袁方成、张翔：《使协商民主运转起来：技术如何可能——对"开放空间会议技术"及其实践的理解》，《甘肃行政学院学报》2015 年第 4 期。

张大维：《高质量协商如何达成：在要素—程序—规则中发展协商系统——兼对 5 个农村社区协商实验的评量》，《华中师范大学学报》（人文社会科学版）2021 年第 3 期。

张明海：《新时代社会文明程度的理论意涵与提升路径》，《探索》2021年第 5 期。

郑燃、石庆功、唐义：《社会力量参与公共数字文化资源整合制度研究》，《图书馆论坛》2021 年第 8 期。

周黎安：《中国地方官员的晋升锦标赛模式研究》，《经济研究》2007 年第 7 期。

周振超：《全面提高基层智治体系实战效能》，《重庆日报思想周刊》2024 年 4 月 29 日。

报　纸

重庆市委网信办组织：《重庆市互联网发展报告（2022）》，2023 年。

《重庆酉阳：乡村治理数字化 跑出振兴"加速度"》，《农民日报》2022年 11 月 8 日。

《党建统领传统文化与现代化在基层治理中深度融合 重庆石柱"贵和工作法"：新时代"枫桥经验"在大山深处的生动实践》，《法制日报》2023年 8 月 29 日。

《提供近千项政务服务 增加用户体验增设"好差评"功能"渝快办"2.0版上线投用》，《重庆日报》2020 年 1 月 14 日。

《一碗茶的基层治理智慧——看重庆践行新时代"枫桥经验"》，《法治日报—法治网》2023 年 8 月 3 日。

《"渝快办"2.0 正式上线 新增 312 个便民缴费事项》，《重庆晨报》2020年 1 月 13 日。

《指尖触达 掌上通办 "渝快办"让群众办事更愉快—重庆市 "互联网 + 政务服务"指挥中心负责人就 "渝快办"上线有关问题答记者问》,《重庆日报》2018 年 11 月 28 日。

网络文献

《4000 余项 "一件事一次办"、83 项实现全程网办……"渝快办"3.0 来了!》,上游新闻网站,2021 年 7 月 28 日,https://baijiahao.baidu.com/s?id=1706516217884169632&wfr=spider&for=pc。

《重庆市石柱土家族自治县 "智惠"助治理 "贵和"促发展——新时代 "枫桥经验"在中益乡的新实践》,中国网,2021 年 9 月 9 日,http://union.china.com.cn/zhuanti/txt/2021-09/09/content_41669458.html。

《打造大山深处的 "110"石柱土家族自治县构建 "智能化防控 + 贵和工作法"乡村治理模式》,重庆石柱网,2023 年 1 月 12 日,http://www.zgsz.gov.cn/content/2023-01/12/content_10475216.htm。

《荣昌区:探索以 "小院 +"推动党建引领乡村善治》,七一网,2022 年 9 月 21 日,https://www.12371.gov.cn/Item/611882.aspx。

《完善 "渝快办"服务功能 在成渝地区双城经济圈实现 "一网通办"》,华龙网,2020 年 7 月 7 日,http://cq.cqnews.net/html/2020-07/07/content_50994154.html。

《寻找巴渝乡村振兴榜样 | 荣昌万宝村:打造智慧平台 "小院家"用数字技术赋能乡村基层治理》,重庆日报网,2023 年 7 月 6 日,https://app.cqrb.cn/html/2023-07-06/1416014_pc.html。

外文文献

Arnstein, S. R., "A Ladder of Citizen Participation", *Journal of the American Institute of Planners,* 1969, 35(4):216−224.

Bennet, T. T., "Culture and Governmentality", in Bratich, J.Z., Packer, J., McCarthy, C.(eds.), *Foucault, Cultural Studies and Governmentality*, Albany: State

University of New York Press, 2003.

Chambers, S., "Deliberative Democratic Theory", *Annual Review of Political Science*, 2003, 6(1):307–326.

Fung, A., Wright, E.O., "Thinking about Empowered Participatory Governance", in Fung,A., Wright, E. O. (eds.), *Deepening Democracy: Institutional Innovations in Empowered Participatory Governance.* London: Verso, 2003.

Fung, A., "Varieties of Participation in Complex Governance", *Public Administration Review*, 2006 , 66: 66–75.

Goodin, R. E., "How Can Deliberative Democracy Get a Grip?", *The Political Quarterly*, 2012, 84(4):806–811.

Lopes, A. V., Farias, J. S., "How Can Governance Support Collaborative Innovation in the Public Sector? A Systematic Review of the Literature", *International Review of Administrative Sciences*, 2022, 88(1):114–130.

Nye Jr, J. S., Owens, W. A., "America's Information Edge", *Foreign Affairs*, 1996, 75:20.

图书在版编目（CIP）数据

大城智治：超大城市基层治理的实践与探索 / 周振
超等著 . -- 北京 : 社会科学文献出版社 , 2025. 8.
ISBN 978-7-5228-5802-9

Ⅰ . F299.23

中国国家版本馆 CIP 数据核字第 2025B5C128 号

大城智治：超大城市基层治理的实践与探索

著　　者 / 周振超　金　莹　等

出 版 人 / 冀祥德
组稿编辑 / 任文武
责任编辑 / 高振华
文稿编辑 / 张萌萌
责任印制 / 岳　阳

出　　版 / 社会科学文献出版社·生态文明分社（010）59367143
　　　　　地址：北京市北三环中路甲29号院华龙大厦　邮编：100029
　　　　　网址：www.ssap.com.cn
发　　行 / 社会科学文献出版社（010）59367028
印　　装 / 三河市尚艺印装有限公司

规　　格 / 开　本：787mm×1092mm　1/16
　　　　　印　张：22　字　数：332千字
版　　次 / 2025年8月第1版　2025年8月第1次印刷
书　　号 / ISBN 978-7-5228-5802-9
定　　价 / 98.00元

读者服务电话：4008918866